W0089960

Christa Monks

Radtouren im Elsaß

40 Genußtouren in der Rheinebene und in den Vogesen

Mit 87 Fotos, davon 70 in Farbe,
30 Kartenskizzen zu den Touren
und einer Übersichtskarte

Bruckmann

Umschlag-Titel:
*Die Winzerstadt Riquewihr (Reichenweier) am Rand der Vogesen zeigt noch
den geschlossenen Ortskern der Renaissancezeit (Tour 35).*

Umschlag-Rückseite:
*Die Weinfelder bei Husseren-les-Châteaux werden von den »Drei Exen«
überragt, den drei Türmen der ehemaligen Eguisheimer Schlösser (Tour 31).*

Innentitel:
*Bergheim, an der Elsässischen Weinstraße gelegen, ist noch heute von seinen
mittelalterlichen Türmen und Mauern umgeben (Tour 35).*

Seite 7:
*Unterwegs auf der alten Bahntrasse zwischen Manspach und Altenach
(Tour 39).*

Bildnachweis
Association Départementale du Tourisme du Haut-Rhin, Colmar: 154, 155, 171;
Gerd Becht, Kaiserslautern: 30/31; Manfred Braunger, Freiburg: 90/91, 138, 158/159;
Dr. Kurt Kwasnitza, Zürich: 174; Claudine Löliger, Mulhouse, 181; Mauritius Bild-
agentur, Mittenwald: Umschlag-Titel; Office Départementale du Tourisme du Bas-Rhin,
Strasbourg (C. Fleith – J. L. Hess): 60, 67, 80, 83, 86, 95, 98, 102, 103, 107, 113, 114,
117, 120, 124/125, 130/131, 163; Josef Ernst Riedl, Pullach: 110/111, 150/151;
Martin Siepmann: 87, 139; Transglobe Bildagentur (Fotopic): Umschlag Titel, kleines
Bild; alle übrigen Fotos: Paul R. Monks, Landau-Mörzheim.

Die Kartenskizzen zu den Touren wurden erstellt von: Rehage Creativ Design, Heike
Rehage, München; – die Übersichtskarte durch das Ingenieurbüro für Kartographie
Heidi Schmalfuß, München.
Die Grafiken für die »Allgemeine Radkunde« fertigte Georg Sojer, Ruhpolding, an.

Layout: Gaby Herbrecht, München

Gedruckt auf chlorarm gebleichtem Papier

Die Deutsche Bibliothek – CIP-Einheitsaufnahme

Monks, Christa:
Radtouren im Elsaß : 40 Genusstouren in der
Rheinebene und in den Vogesen / Christa Monks. –
München : Bruckmann, 1995
(Erlebnis Rad)
ISBN 3-7654-2753-5

© 1995 F. Bruckmann KG, München
Alle Rechte vorbehalten
Gesamtherstellung: Bruckmann, München
Druck: Gerber + Bruckmann, München
Printed in Germany
ISBN 3-7654-2753-5

Inhaltsverzeichnis

Einführung

»Quel beau jardin« soll Ludwig XIV. ausgerufen haben, als er das Elsaß im Osten seines Reiches besuchte. Auf der Zaberner-Steige ließ er die Kutsche anhalten, um diesen Anblick zu genießen. Ein schöner Garten ist das Elsaß bis zum heutigen Tag geblieben: die elsässische Landschaft, von den runden Rücken der bewaldeten Vogesen, die die lieblichen Weinberge gleichsam beschirmen, bis hinunter zur Rheinebene, vom großen Strom getrennt oder verbunden mit Deutschland. Das Elsaß ist ein Paradies für den Radwanderer, der sich dieses Land mit allen Sinnen erschließen sollte. Denn wo sonst finden wir Kultur und Kulinarik in solchem Einklang wie im Elsaß? In Stein geschrieben ist die Geschichte des Landes in seinen Städten und Kathedralen, hinübergerettet über die Jahrhunderte. Kaum ein Land Europas hat so enge Bande an Deutschland wie das Elsaß. Ein Lied der Minne (vom 12. Jh.) und des Hasses ist es, das über die Zeiten die beiden verband. Elsaß, das ist die Utopie der Völkerverständigung und Toleranz, ein Stück Hoffnung im Herzen Europas. Es ist kein Zufall, daß die Geschicke Europas von Strasbourg aus geleitet werden.

Für den Radler erschließen sich diese Landschaft und seine Menschen hautnah und sinnenfroh. Immer sind die Städte, Dörfer und ihre Kunstwerke eingebettet in die anmutige Landschaft, und jede Radreise wird zum kulinarischen Höhepunkt, denn Sinnenfreuden sind auch Gaumenfreuden. So werden diese Radreisen in jeder Hinsicht zum Genuß.

Geologie

Im Erdaltertum, vor 400 Mio. Jahren, entstand das Variskische Gebirge, in dem die Vogesen und der Schwarzwald noch eine Einheit waren. Im letzten Drittel des Erdmittelalters, als vor etwa 200 Mio. Jahren die Saurier auf unserem Planeten auftauchten, brach das Variskische Gebirge der Länge nach an der Stelle ein, wo später der Oberrheinische Graben verlaufen sollte. Es dauerte dann noch bis zur letzten Hälfte der Erdneuzeit, bis sich nach der Faltung und Hebung der Alpen, vor etwa 40 Mio. Jahren, der Oberrheinische Graben bildete. So entstanden zu dieser Zeit die beiden fast spiegelbildlich gleichen Gebirgslandschaften des Elsaß und des Schwarzwaldes.

Geographie und Verwaltung

Das Elsaß ist eine Landschaft im Osten Frankreichs, die sich zwischen dem Vogesenkamm (Großer Belchen, 1423 m) und dem Oberrhein sowie zwischen dem Pfälzerwald im Norden und dem Jura im Süden erstreckt. Das Elsaß umfaßt die beiden Departements Haut-Rhin/Oberelsaß und Bas-Rhin/Unterelsaß und ist 8280 km² groß. Über 1,5 Mio. Menschen leben heute in dieser Region. Die Bevölkerungsdichte des Elsaß mit 189 Einwohner/km² ist die drittstärkste der 21 Regionen Frankreichs.

Die Hauptstadt des Elsaß ist Strasbourg mit 400 000 Einwohnern; Mulhouse ist mit 224 000 Einwohnern die zweitgrößte und Colmar mit 84 000 Einwohnern die drittgrößte Stadt des Elsaß. Die Aufteilung in die Verwaltungsgebiete Unter- und Oberelsaß geschah 1790, als sie in das Departement Bas-Rhin mit der Hauptstadt Strasbourg und die Region Haut-Rhin mit der Hauptstadt Colmar geteilt wurden. Südlich der Region Haut-Rhin liegt das Territorium von Belfort, das einzige Gebiet, das außerhalb der Departement-Gliederung geblieben ist. Die Grenze zu Lothringen verläuft überwiegend am Kamm der Vogesen, nur ganz im Norden erstreckt sich das Unterelsaß über die Vogesen weit westlich hinaus in das Tal der Saar, diese Ausbuchtung wird Alsace Bossue/das Bucklige Elsaß genannt.

Wirtschaft

Im Elsaß arbeiten 59% der Erwerbstätigen im Handels- und Dienstleistungssektor, 30%

in der Industrie und 6,3 % im Baugewerbe und nur knapp 4 % in Forst- und Landwirtschaft. Industrielle Betriebe sind haupsächlich in der Gegend von Mulhouse und Strasbourg angesiedelt. Neben Textilindustrie (Schwerpunkt Baumwollverarbeitung), Fahrzeug- und Maschinenbau, Erdölraffinerien und Nahrungsmittelindustrie gehören die reichen Kalivorkommen bei Mulhouse sowie die Wasser- und Kernkraftwerke am Rhein und Rheinseitenkanal zu den wichtigsten Wirtschaftsfaktoren und Erwerbszweigen. In der Landwirtschaft werden neben Obst vorwiegend Weizen, Gerste und Mais sowie Kartoffeln, Zuckerrüben, Futterpflanzen, Tabak und Hopfen angepflanzt. Das Anbaugebiet des Hopfens ist immerhin so groß, daß fast die Hälfte der französischen Bierproduktion aus dem Elsaß stammt. Das Anbaugebiet der berühmten elsässischen Weine umfaßt eine Fläche von ungefähr 12 500 ha. Die Jahresproduktion liegt im Durchschnitt zwischen 750 000 und 900 000 hl. Das ist rund ein Fünftel der französischen Weißweinproduktion.

Geschichte und Kultur

Frühzeit

»Das Land der Vogesen und das Land des Schwarzwaldes waren wie die zwei Seiten eines aufgeschlagenen Buches. Ich sah deutlich vor mir, wie der Rhein sie nicht trennte, sondern vereinte… Die eine der beiden Seiten wies nach Osten, die andere nach Westen.« So schrieb 1929 der Dichter René Schickele über den geographischen Doppelcharakter seines Heimatlandes. Das Elsaß war und blieb stets ein Durchgangs- und Siedlungsland, angefangen von der Jungsteinzeit (4000–1800 v. Chr.) über die Periode der Urnenfelder (1700–800 v. Chr.) bis hin zur Invasion der Kelten (etwa 450 v. Chr.), und diese Eigenschaft behielt das Elsaß im Laufe seiner Geschichte. Der Name Alsatius Pagus und für die Landesbewohner Alesationes taucht erstmals 625 auf und gibt den Sprachforschern bis heute Rätsel auf. Die Elsässer behaupten, der Name Alesationes bezieht sich auf die Bewohner, die an der Ill ansässig wurden, andere behaupten wieder, er bedeute: die in der Frem-

de Ansässigen (Alisâzon). Wie auch immer die These lautet, feststeht, daß das Elsaß Durchgangsland für viele Nationen und Völker wurde und daher in seinen kulturellen Wurzeln die Einheit in der Vielfalt auf das schönste demonstriert.

Römerherrschaft

Von 58 v. Chr. bis ins Jahr 450 war das Elsaß Grenzland des Römischen Imperiums. Gaius Julius Cäsar nahm im Jahr 58 v. Chr. die Gelegenheit wahr, sich in die politischen Geschicke des elsässischen Gebietes einzumischen, um der germanischen Expansion am Rand des »fruchtbaren gallischen Landes« einen Riegel vorzuschieben und um gegen die wilden barbarischen Menschen anzukämpfen. Mit dem Sieg über die Helvetier rückte das römische Heer durch die Belforter Senke in die Oberrheinische Tiefebene vor, um die Sueben zu schlagen. Man nimmt an, daß sich diese alles entscheidende Schlacht zwischen Mulhouse und Cernay auf dem Ochsenfeld ereignet hat. Von nun an bildete der Rhein bis zum Jahr 406 die politische Grenze des römischen Reiches.

An einigen keltischen Siedlungsplätzen ließen sich die Römer nieder, dabei entstand neben dem befestigten Militärlager auch noch eine zivile Außenstadt, wie in Argentorate (Strasbourg) und in Tres Tabernae (Saverne). Unter den Römern fand eine intensive Besiedlung und Urbarmachung der elsässichen Länder statt. Ein Gefüge von Handels- und Militärstraßen entstand. Dieses Straßennetz diente nicht nur dem Handel, sondern förderte auch den Kulturaustausch. Nachdem schon die ältere keltische Formenwelt durch römisch-hellenische Vorbilder beeinflußt worden war, erfolgte nun eine weitere kulturelle Verschmelzung. Das römische Heer förderte im Elsaß die Gründung zahlreicher Handwerksbetriebe, denn zum Beispiel Ziegeleien und Töpfereien dienten in erster Linie den Militärgarnisonen. So belieferte die große Töpfereiwerkstatt in einem Außenbezirk von Strasbourg die 8. Legion mit Ziegeln und Gebrauchske-

Von einer der vielen Brücken im Bruche-Viertel blickt man auf die alles überragende Kirche St. Peter und Paul.

ramik. Im 2. und 3. Jh. schossen Keramikbetriebe wie Pilze aus dem Boden. Seltz, Ittenwiller, Altenstadt und Brumath arbeiteten als staatliche Töpfereien. Im 3. Jh. wurde dann auch die Weinrebe zum festen Bestandteil der elsässischen Kulturlandschaft, was in Italien einen deutlichen Rückgang des Absatzes zur Folge hatte.

Alemannen und Merowinger

Das halbe Jahrtausend römischer Herrschaft und die daraus entstehende gallo-römische Verbindung haben im Elsaß den Grundstein für die spätere Entwicklung der Kultur gelegt. Im Jahr 213 tauchten im Gebiet zwischen Main und Limes schon die Alemannen auf, ein Bund germanischer Völkerschaften suebischer Herkunft. Der allmählichen Germanisierung des Elsaß konnte selbst der letzte große Sieg der Römer nicht mehr Einhalt gebieten. Nachdem die römischen Grenztruppen aus den Kastellen des Rhein-Donau-Limes abberufen worden waren, nahm das Bauern- und Hirtenvolk der Alemannen ab 389 in wachsendem Maß auch das Elsaß in Besitz. Sie legten zahlreiche Haufendörfer an und bebauten ihre Äcker nach dem Prinzip der Drei-Felder-Wirtschaft. Schon bald verloren die Alemannen jedoch ihre Unabhängigkeit. Die Schlacht bei Tolbiacum (Zülpich) im Jahr 496 bedeutete für sie den Anfang einer langsamen Eingliederung ins Frankenreich des Merowinger-Königs Chlodwig I. Die Merowinger erbten die römischen Steuerpfründe, und mit den Verwaltungsbeamten konnten auch die christlichen Gemeinden erneut im Elsaß Fuß fassen. Dank dem Neben- und Miteinander von römischen, gallischen, alemannischen und fränkischen Bevölkerungsteilen erhielt die elsässiche Kulturlandschaft allmählich ihr typisches Gepräge.

Herzogtum Elsaß und Klostergründungen

Eine Lockerung der merowingischen Zentralmacht ermöglichte dem elsässischen Landesherren Etticho, dem Vater der sagenumwobenen hl. Odilia und dem Ahnherrn des Etichonen-Hauses, die Schaffung eines eigenen Herzogtums Elsaß. Ein wichtiges Instrument christlicher Missionierung und des

Ausbau adelig-feudaler Herrschaftsformen waren im Elsaß die zahlreichen Klostergründungen, die allmählich zu fruchtbaren Kulturzentren und wichtigen Grundherrschaften heranwuchsen. Unter den Merowingern begann auch die Bekehrung der Alemannen, die sich allerdings von ihren Naturreligionen nur schwer zu trennen vermochten. Im Anfang der elsässischen Kirchengeschichte steht die Gestalt des irischen Missionars Columban, der im Jahr 610 in den burgundischen Vogesen das Kloster Luxeuil gründete und von dort aus seine Missionsreisen ins benachbarte Elsaß unternahm. Am Ende des 7. und 8. Jh. entstanden im Elsaß die Klöster Murbach, Wissembourg, Munster, Marmoutier, Ebersmunster, Niedermunster, Hohenbourg und Surbourg. Odilias Wohnsitz, das Kloster Hohenbourg, der spätere Heilige Berg, wurde bald zu einem Wallfahrtsort, zu einem religiösen Zentrum des Elsaß.

Im Jahr 925 wurde das Elsaß Teil des Herzogtums Schwaben. Die Staufenkaiser Friedrich Barbarossa (1152–1190) und Friedrich II. (1202–1250) wußten schon damals die wirtschaftlichen Vorzüge und die Naturschönheiten des Elsaß zu schätzen, besaßen doch beide großflächige Weingüter in der Gegend des alten Weindorfes Marlenheim. Im 13. Jh. entstanden immer mehr Städte, die den staufischen Kaisern und deren Reichsverwaltung ganz beträchtliche Steuern einbrachten. Unter den Staufern erreichte die Klosterkultur im Elsaß neue Höhepunkte. Zur Belehrung und Erbauung ihrer Schicksalsgenossinnen schrieb zu der damaligen Zeit Herrad, die hochgebildete und gewitzte Äbtissin des Klosters Hohenbourg, den »Wonnegarten«. Dieses Schriftgut beweist das hohe Niveau der damaligen Frauenbildung in den elsässischen Klöstern. Nicht nur in der Hagenauer Pfalz, dem Mittelpunkt des weiten staufischen Reiches, pflegte man die ritterlich-höfische Lebensart. Auch viele elsässische Grafen, Adelige und Ministerialen waren Interpreten und Schöpfer des Minnegesangs. Sie orientierten sich bei ihren lyrischen Lobpreisungen am Vorbild der provenzalischen Dichtkunst. In den beiden Landgrafschaften des Unter- und des Oberelsaß wurden während der gesamten Stauferzeit ungewöhnlich viele Bauten errichtet.

Das romanische, dreischiffige Langhaus der elsässischen Kirchen mit oder ohne Querschiff war dabei das häufigste Baumodell. Nach 1200 vollzog sich bei den elsässischen Sakralbauten allmählich die Wandlung von der Romanik zur Gotik.

Bildung der Stadtrepubliken

Im 14. und 15. Jh. entstanden nach dem Niedergang des Staufischen Hauses die elsässischen Stadtrepubliken. Der Freistadt Strasbourg fiel die führende Rolle bei der Umgestaltung der politischen Landschaft zu. Zehn elsässische Reichsstädte – Hagenau, Munster, Colmar, Mulhouse, Kaysersberg, Rosheim, Obernai, Sélestat, Turckheim und Wissembourg – schlossen sich im Jahr 1354 zur Dekapolis, dem Zehn-Städte-Bund, zusammen. Bis zur Französischen Revolution (1789) konnten sich diese stolzen Stadtrepubliken weitgehend behaupten, und weit über den eigentlichen politischen Bereich hinaus nahm der Stadtrat Einfluß auf fast alle Lebensbereiche der Bewohner.

Elsässischer Humanismus

Humanismus und Reformation fanden im Elsaß einen besonders fruchtbaren Boden. In breiten Laienkreisen des elsässischen Bürgertums bahnte sich eine Erneuerung des geistigen Lebens an, man kann von einem elsässischen Humanismus sprechen. Seine Gelehrsamkeit und hohe Bildung konzentrierten sich in erster Linie auf die Belange der Schule. Zum ersten großen Kristallisationspunkt der neuen Bewegung wurde die Lateinschule in Sélestat, aus der die meisten Elsässer Humanisten hervorgingen, unter anderem Jakob Wimpfeling, Peter Schott, Sebastian Murr, Johann Gallus und Beatus Rhenanus. Im Schatten der Humanisten-Hochliteratur entstand die für das Elsaß charakteristische Volksliteratur, so das älteste Schwankbuch des Franziskaners Johannes Pauli aus dem Kloster zu Thann oder der heitere Volkskalender des Konrad von Dankrotzheim. Die Leistungen der elsässischen Humanisten hätten aber ohne den Buchdruck nicht diese allgemeine Bedeutung erlangt. Zwischen 1434 und 1444 hielt sich in Strasbourg Johannes Gutenberg auf. Er erfand den Buchdruck mit gegossenen, beweglichen Lettern, und Strasbourg entwickelte sich bald zu einer der ersten Buchdruck-Stätten Deutschlands.

Der Einfluß der Reformation

Mit Martin Luthers Ablaß-Thesen schlugen im Elsaß die nationalen Gegensätze in religiöse um. Bereits einige Jahre vor Luthers reformatorischem Auftritt hatte der Strasbourger Münsterprediger Johannes Geiler von Kaysersberg leidenschaftlich zum Kampf gegen die Krebsschäden der alten Kirche aufgerufen. Auch die gepeinigten Bauern erhofften sich von der Reformation eine Verbesserung ihrer Lage. Nach den ersten erfolglosen Bauernerhebungen des Schlettstädter Bundschuhs im Jahr 1493 kam es 1524 zu erneuten Bauernrebellionen. Es dauerte nicht lange, bis die revolutionäre, frühkommunistische Bewegung über den Rhein griff. Guebwiller, Soultz, Riquewihr, Bergheim und Saverne fielen kampflos in die Hände der aufständischen Bauern. Strasbourg, Ensisheim und Thann behaupteten sich mit Erfolg gegen die Rebellen. Dem bedrängten Elsässer Adel eilte Ostern 1525 Herzog Anton von Lothringen zu Hilfe. Im Unterelsaß fiel dann bei Scherwiller und Saverne die Entscheidung. Nach langwierigen Verhandlungen zwischen den Bauern und dem Herzog wurde ihnen freies Geleit zugesichert, doch 16 000 Bauern wurden daraufhin von den Landknechtshaufen erbarmungslos niedergemetzelt.

Das Elsaß wird französisch

Der Dreißigjährige Krieg bürdete den Elsässern erneut Kriegslasten auf. Plünderungen, Abgaben und Exzesse von Seiten des durchziehenden Militärs richteten im Elsaß große Verwüstungen an. Mit dem Ende des Dreißigjährigen Krieges, 1648, wurde das Elsaß ein Teil Frankreichs. Die Entmauerung der Städte – die Schleifung der stolzen Städte der Dekapolis – läutete die endgültige Unterwerfung durch Frankreich ein. Mit dem Dekret vom 8. Januar 1790 wurden die beiden Departements Bas-Rhin und Haut-Rhin (Unter- und Oberelsaß) geschaffen. Ein anschließender Beschluß der Nationalversammlung in Paris verschob die französische Zollgrenze an den Rhein. Gemäß der

Parole der Jakobiner – »die Sprache eines freien Volkes soll für alle die gleiche sein« – wandte man sich gegen das Alemannische. In einer Proklamation wurde gefordert, daß »die Teutsche Tracht abzulegen ist, da ihre Herzen fränkisch gesinnt seien«.

Das Zeitalter der großen Kriege 1815–1945
Die besonders im Zweiten Kaiserreich unter Napoleon von Frankreich ausgehenden Bestrebungen, der französischen Sprache zu größerer Verbreitung zu helfen – nicht nur das frankophone Bürgertum, sondern auch der Bauer sollte französisch sprechen –, wurden durch den Krieg von 1870 zunichte gemacht. Frankreich mußte die Gebiete Elsaß und Lothringen an das Deutsche Reich abtreten. Die deutsche Verwaltung des Elsaß stieß zunächst auf erhebliche Schwierigkeiten, weil ein Großteil der Bevölkerung mit der Annektion nicht einverstanden war. Die gefühlsmäßige Abneigung der Elsässer gegen die Deutschen kam besonders bei der Einführung der allgemeinen Wehrpflicht zum

Soufflenheimer Töpferware: Baeckaoffa, Knoblauchtopf, Kaffeegeschirr und Schneckenpfannen.

Ausdruck. Bis zum Jahr 1895 zogen etwa 250 000 Einwohner in den französischen Teil Lothringens, um dieser Wehrpflicht zu entgehen. Der Erste Weltkrieg – am 3. August 1914 erklärte Deutschland Frankreich den Krieg – traf das Elsaß auf das schmerzlichste, da sich die Front von 1914 bis zum Ende des Ersten Weltkriegs, 1918, quer durch das Land zog. Allein auf der kleinen Bergkuppe des Vieil Armand/Hartmannsweiler Kopf wurden durch den krankhaften Ehrgeiz der Befehlshaber beider Seiten 60 000 Soldaten geopfert. Im November 1918 konnte das erschöpfte Elsaß endlich die einmarschierenden französischen Truppen willkommen heißen.

Die Zeit zwischen den beiden Weltkriegen war im Elsaß durch wirtschaftlichen Stillstand gekennzeichnet. 10 Jahre nach dem Ende des Ersten Weltkriegs verkündete der große elsässische Dichter René Schickele (1883–1940): »Der heutige Elsässer will sich nicht nur als französischer Staatsbürger fühlen. Er soll Frankreich lieben lernen, ohne Deutschland zu vergessen.« Bereits in den zwanziger Jahren machten sich im Elsaß relativ starke autonomistische Strömungen bemerkbar, weil die Pariser Regierung in der Schul- und Sprachfrage nicht kompromißbereit war. Erneutes Leid und Entbehrungen brachte der Zweite Weltkrieg. Nicht wenige Elsässer wurden in die Wehrmachtsuniform gezwängt und auf die Schlachtfelder geschickt. Da die deutsche Besatzungsmacht mit allen Mitteln versuchte, die unbequemen Elsässer gefügig zu machen, wehrten sich die Betroffenen mit massivem Widerstand oder mit Gehorsamsverweigerung. Nach dem Krieg und einem jahrzehntelangen Verbot des Deutschen in den Schulen sowie der Bevorzugung frankophoner Beamten im Elsaß gelang es der Zentralverwaltung nach 1945, die sprachliche Assimilationspolitik durchzusetzen. In der Dreisprachenzone des Elsaß sprechen auch heute 60–70 % der Bewohner das Elsässer Ditsch. Lediglich in den Städten befindet sich die Mundart auf dem Rückzug, da dort ungefähr zwei Drittel der jungen Menschen französisch sprechen. Die Arbeiterklasse jedoch sowie der Großteil der Landbevölkerung halten die Tradition der Mundart aufrecht.

Weinernte bei Rott. Aus den Anbaugebieten der berühmten elsässischen Weine kommt etwa ein Fünftel der französischen Weißweinproduktion.

Das Elsaß heute

1968 fand die große Wende statt mit dem Slogan: »Le Dialecte se porte bien/Der Dialekt ist gesund.« Der René-Schickele-Kreis, 1968 in Strasbourg gegründet, versucht das deutschsprachige Erbe Elsaß-Lothringens im Rahmen der République Française zu fördern und zu bewahren. Die Zweisprachigkeit wird für alle Elsässer als erstrebenswert bezeichnet, dennoch vollzieht sich die stärkere Berücksichtigung der Regionalsprache nur zögernd.

Früher als anderswo in Frankreich wandte man sich im Elsaß dem Natur- und Umweltschutz zu. Schon Anfang der siebziger Jahre wurde vielen Elsässern bewußt, daß die Natur seit Kriegsende stark in Mitleidenschaft gezogen worden war. Auslöser waren 1973–74 die Platzbesetzungen von Marckolsheim und die Kämpfe der badisch-elsässischen Bürgerinitiativen gegen den Bau des Kernkraftwerkes in Wyhl am Rhein. Den ersten grünen Kandidaten haben die Umweltschützer bereits 1973 in Mulhouse aufstellen können. Seither ist diese Bewegung ein fester Bestandteil der politischen Landschaft des Elsaß. Heute entfallen bei Gemeindewahlen etwa 10 % der Wählerstimmen auf ihre Kandidaten. Der Kandidat der Grünen für die Präsidentschaftswahlen 1988 war ein Elsässer, 1989 erfolgte der Einzug in den Stadtrat von Strasbourg sowie ins Europaparlament. Zahlreich sind die Naturschutz-Organisationen, deren wichtigste die Initiative um das Naturschutzgebiet der Kleinen Camargue an der elsässisch-schweizerischen Grenze darstellt. Ebenso bedeutend ist die Forschungsstation für Luftverschmutzung auf dem Donon, die seit 1987 arbeitet.

Kunst, Kulinarik und Savoir Vivre – der elsässische Dreiklang

Kunst und Kultur

Das Elsaß ist ein Schatzgarten der schönen Künste. Rund tausend bildende Künstler hat man allein für die Zeit von 1400–1700 im Elsaß gezählt. Aus der unschätzbaren Vielfalt dieses kreativen Potentials ragen unumstritten die beiden Meisterwerke in Colmar hervor: Grünewalds Isenheimer Altar und in der Dominikanerkirche Martin Schongauers Madonna im Rosenhag (1473). Baudenkmäler aus allen Jahrhunderten haben die Zeiten der Kriege und Verwüstungen wie durch ein Wunder unversehrt überstanden. Romanische Kirchen, gleich den Perlen eines Rosenkranzes, zieren die Dörfer und Städte vom Norden bis zum Süden, die meisten von ihnen erbaut unter den Staufern im 11. und 12. Jh. Zeugnisse der Baukunst sind auch die Burgen. Sie haben die Zeiten allerdings nicht überdauert, sie fielen der Zerstörung zum Opfer. Prachtvollster Bau und Lieblingssitz des Kaisers Barbarossa war die Kaiserpfalz zu Hagenau, wo einst die Mosaiken grüngolden von den Wänden leuchteten. Heute erinnert nur noch eine Straße in Hagenau an das einstige Château. Die gotische Zeit vom 13. bis zum 16. Jh. brachte so eindrucksvolle Glaubensstätten wie das Münster zu Thann oder die überwältigende Kathedrale zu Strasbourg hervor, mit ihren filigranen, zum Himmel strebenden Fassaden aus dem roten Vogesensandstein. Renaissance-Häuser aus dem 16. Jh. – Ausdruck bürgerlichen Wohlstands – finden wir in Colmar, Strasbourg und an der Weinstraße.

Der Dreißigjährige Krieg bringt dann im 17. Jh. die Bautätigkeit zum Stillstand. Erst Anfang des 18. Jh. setzt wieder reger Hausbau ein, der auch zur Blüte der dörflichen Wohnkultur wird. Die Dörfer des Outre-Forêt und die herrlichen Fachwerkhäuser des Sundgau sind dafür beredte Beispiele. Die Schönheit der Bauwerke, liebevoll mit Blumenschmuck versehen, steht im Einklang mit Natur und Landschaft. Es ist das »wunderbare Zusammenstimmen der Dinge, das die verschiedensten Töne zum schönsten Akkord vereinigt...«, wie schon der berühmte Humanist Erasmus von Rotterdam befand, »...kann man sich ein größeres Glück denken als diese Harmonie?«

Kulinarische Spezialitäten
Nicht nur für das Auge ist es ein Genuß, das Elsaß radelnd zu erfahren, sondern auch für den Gaumen. Kein Dorf, mit oder ohne historischen Anlaß, wo nicht mindestens einmal im Jahr ein Fest gefeiert wird. Das alle-

mannische Erbe mischt sich hier mit dem französischen Savoir Vivre, mit Finesse und Fantasie, was die aufgetischten Köstlichkeiten angeht, Keltisches und Christliches vereint sich beim Festanlaß: Sonnwendfeuer, Heidelbeer-, Wald- und brennende Tannenfeste, dann die Weinfeste mit geradezu dionysischer Ausgelassenheit. Hoch schätzt man das überlieferte Brauchtum. Die Tracht wird nicht als Folklore-Vehikel, sondern als Ausdruck stolzer Identität wenigstens zu den Festen getragen. Stolz ist man auch – und zu Recht! – auf die Harmonie aller Sinne, was die Eßkultur angeht. Das Land der sieben »Weisen« , der sieben Rebsorten, die schon im 16. Jh. ein für allemal festgelegt wurden, bringt Herz, Geist, Mund und Nase gleichermaßen in Einklang: Sylvaner, Gewürztraminer, Elsäßer Muskat, der Pinot Blanc aus der Familie der Clevner, der Tokayer, der Riesling, um all die hervorragenden Weißen zu nennen, Pinot Noir, der einzige Rote, ist eigentlich ein Roséwein. Im Elsässer Kulinarik-ABC steht vorneweg der *Baeckaoffa,* von dem es heißt, um seinen Namen zu verdienen, müßte er im Ofen des Bäckers gebacken werden. Feststeht, daß dreierlei Fleisch, nämlich Schwein, Hammel und Rind, einen Tag lang in Riesling mariniert wird, ehe man es in Lagen zwischen Kartoffeln und Zwiebeln im Steinguttopf gart. Man behauptet, daß immer am Backtag, wenn der Backofen noch genügend Hitze hatte, dieses Gericht nachgeschoben wurde. Um den Saft zu erhalten, verschloß man den irdenen Topf am Deckelrand mit einem schmalen Streifen aus Brotteig. Die Bäckerofen-Version wurde mir so berichtet: Man nimmt am Sonntag vor dem Kirchgang den Topf mit zum Bäcker, läßt das Gericht bei ihm im Backofen garen und holt nach gut zwei Stunden den Baeckaoffa wieder ab. Man hat somit der Messe beigewohnt, auch noch Zeit für einen ausgiebigen Plausch bei Guglhupf und Gewürztraminer gehabt, und das Sonntagsessen hat sich von selbst gekocht! Auf jeden Fall ist der Baeckaoffa ein Gemeinschaftsgericht, das mit dem gleichen Riesling, der schon für das Marinieren verwendet wurde, genossen werden sollte.

Der *Flammekuche,* ursprünglich nur im Nordelsaß und hier besonders in den Outre-

Fôret-Dörfern zu Hause, hat sich längst das ganze Land erobert. War beim Brotbacken ein Teigrest übriggeblieben, sann die sparsame Bäuerin auf ein Gericht nach Abschluß des Backtags. Der dünn ausgewalkte Brotfladen wurde mit Rahm, Ziebeln und Räucherspeck belegt und in den sehr heißen Brotofen geschoben – das war die Geburtsstunde des Flammekuche. In Minuten fertig – er darf auch schon mal ein paar schwarze Flecken von den Flammen der Holzkohle haben –, wird er auf einem Holzbrett dem Gast zugeschoben und ohne Nachfrage so lange nachserviert, bis das Stopzeichen kommt. Einziges Utensil auf dem Tisch ist ein scharfes Messer, das der Gast benutzt, um den Flammkuchen in mundgerechte Stücke zu schneiden. Also auch wieder ein Gemeinschaftsessen, zu dem ein Pinot Noir oder Blanc gleich gut mundet. Der Zwiebelkuchen wäre nun die fülligere Variante, sozusagen der reiche Vetter vom Flammekuche: Ein Mürbeteig, belegt mit Zwiebeln und Speck, mit einer Bechamelsoße übergossen und gebacken, wird zumeist als Vorspeise serviert. Als Getränk paßt dazu am besten ein Sylvaner.

Im Elsässer Kulinarik-ABC müßte vornean das *Choucroute* stehen. Nun sollen zwar schon die Chinesen beim Bau der Mauer im 3. Jh. vor Christus Kohl und Reis zu sich genommen haben, und es gilt auch als erwiesen, daß der Kohl über China nach Europa kam, wo er im 16. Jh. in Deutschland in einer Salzlake zur Gärung gebracht wurde. In den Adelsstand erhoben haben ihn allerdings die Elsässer. Sie machten aus dem bäuerlichen Kraut ein königliches Gericht: In Riesling oder Sylvaner gegart, mit Knoblauch, Gewürznelken und Wacholderbeeren, mit Würsten und Pökelfleisch versehen, ist es »traditionell« à l'Alsacienne, wird der Fleischberg gar zu hoch, der sich auf dem Kraut türmt, spricht man vom Choucroute Royale. Delikat verfeinert wird das Kraut, wenn statt mit Fleisch mit Fisch, Ente oder Fasan kombiniert wird. Wiederum heißt die Faustregel: immer den gleichen Wein trinken, der beim Garen des Gerichts verwendet wurde.

Besonders populär ist auch das *Schiffala,* was allerdings nichts mit der Seefahrt zu tun hat: Es handelt sich um geräucherte Schweineschulter, die man ebenfalls gut im Sauerkraut mitkochen kann und dann mit Strasbourger Würstchen, Räucherspeck und Salzkartoffeln serviert. Es ist jedoch auch üblich, einmal ohne Kraut auszukommen und das Schiffala mit Kartoffelsalat und frischen kleinen Zwiebeln zu verzehren oder mit einer scharfen Meerrettichsauce.

Unzählig sind die Gerichte, wo der Wein den Ton angibt, so der Hahn in Riesling der Hecht in Riesling oder die himmlische Matelote, jenes Fischragout aus Hecht, Schleie, Barsch, Forelle und vor allem Aalen, ebenfalls in Riesling gegart. Gerne ißt man im Elsaß zu Fischgerichten frische Nudeln nach Elsässer Art (sprich hausgemachte) – die Geschmackskombination muß probiert werden, um sich von der Köstlichkeit überzeugen zu lassen.

Der *Kugelhopf,* auch als Guglhupf oder in weiteren exotischen Schreibweisen bekannt, ist in seiner Grundfassung ein leicht süßer Hefekuchen, den man zwar auch am morgendlichen Frühstückstisch vorfinden kann – meist wird er jedoch zu einem Gewürztraminer oder Cremant, dem spritzigen Perlwein, serviert. Gerade der Kugelhopf ist es, der weitere Spielarten erfährt, zumal man ihn mit ungewöhnlichen Füllungen genießen kann: Die Lachs-und-Hecht-Mousse, im Fischsud serviert, ist ebenso delikat wie die Speck- oder Gänseleberfüllung. Die Krönung jedoch erfährt der Gänseleberfan mit der *Gänseleber-Brioche:* In einem Hefeteig werden in Cognac marinierte Gänselebern – in der Mitte mit einem Trüffel versehen – in der Briocheform gegart.

Berühmt sind auch die *Schnecken* nach Elsässer Art, sowohl in der Weißweinvariante als auch in Knoblauchbutter, um nur zwei der Möglichkeiten zu nennen. Ebenfalls in unzähligen Variationen gibt es die *Pasteten,* die sich hervorragend zum Picknick eignen: Ob von Wild, Kaninchen, Ente oder Schwein – auf die Gewürzkombination kommt es an. Uspünglich zum Mitnehmen für Hirten, Bauern und Feldarbeiter gedacht, hat sie sich längst einen Platz in der feinen Küche erworben. Hier sei besonders die Münstertaler Pastete erwähnt, deren Füllung aus magerem Schweinehack besteht, um-

Kœnigsbruck, Au Vieux Couvent: Wo einst die Nonnen beteten, genießen wir heute Tafelfreuden.

hüllt von einem Blätterteig. Direkt aus dem Backofen warm genossen, trinkt man dazu einen Sylvaner, Pinot Blanc oder auch einen Rosé (Pinot Noir).

Kein krönender Abschluß der Kulinarik, ohne wenigstens die köstlichen *Kuchen* zu erwähnen, die im Elsaß allerdings nicht zur Kaffeezeit, sondern als Nachtisch serviert werden. Da wäre die Apfeltorte – auf einem Mürbeteig gegarte Apfelhälften, mit einer Eicreme übergossen und dann überbacken. Man ißt sie lauwarm und trinkt dazu Gewürztraminer. Zur Beerenzeit gibt es allerorts die köstlichsten Tartes. Das sind in Blätterteig gebackene Obsttorten, die es in sämtlichen Beerenvariationen gibt. In den Vogesen werden es Waldbeeren sein, unten in der Rheinebene Beeren aus dem Garten. Noch lebt man im Elsaß im Einklang mit der Natur und den Jahreszeiten – die frischen Produkte aus der Landwirtschaft dominieren in der Küche.

Einkehr und Unterkunft

Für dieses Buch wurden auch Restaurants und Weinstuben erkundet, ebenso die Fer-

mes Auberges, jene herrlichen Einrichtungen für Radwanderer, eine Mischung aus Bauern- und Gasthof, wo mindestens 50 % der verwendeten Produkte vom eigenen Hof kommen sollten. Sie wurden geschaffen als Überlebenshilfe für die Landwirtschaft und sind längst zu einer willkommenen Institution geworden – eine besonders schöne Form, Land und Leute kennenzulernen. Auch in Vogesenhöhen bleibt das Elsaß ein Garten Eden, wo selbst das einfachste Bergbauerngericht zu einem kulinarischen Erlebnis werden kann.

Im Elsaß wird für den Radler die Selbstverpflegung zu einem wahren Genuß. Am besten ist es, nach einem relativ einfachen und leichten Frühstück ein selbst zusammengestelltes Picknick auf die Radtour mitzunehmen und sich die Hauptmahlzeit bei einer guten Einkehr für den Abend aufzuheben. Andererseits bieten natürlich die meisten Gasthäuser zwischen 12 und 14 Uhr preiswerten Mittagstisch, und man kann sich das Picknick dann sparen, wo in der jeweiligen Tourenbeschreibung besondere Hinweise auf eine gute Einkehr erscheinen – Möglichkeiten gibt es viele!

Wirtshausschild am »L'Arbre Vert« in Baerenthal.

Im Elsaß hat man die Qual der Wahl! Doch das **Picknick** verdient eine besondere Erwähnung. Beim Boulanger, dem Bäcker, beginnt die Auswahl mit dem baguette, petit rond oder flute, dem knackigen, dünnen Stangenbrot. In der Charcuterie, meist der boucherie, Metzgerei, angeschlossen, findet man die herrlichsten Terrinen und Pasteten: Wildente, Gans, Hase, Wildschwein, um nur einige zu nennen. Mit einer solch verlockenden Auswahl und dem bevorstehenden Picknick lohnt sich allein schon die Radtour.

Zum Abschluß dann zum Tee oder Kaffee aus der Thermosflasche die herrlichen Backwaren des Elsaß: die mille-feuilles, die éclairs au chocolat und éclairs à la vanille, die Obst- und Nußtorten und all die anderen feinen Backwaren, die den Picknickkorb in eine wahre Feinschmeckerquelle verwandeln und das Picknick zum kulinarischen Erlebnis machen.

Radeln im Elsaß

Von den nachfolgend angegebenen Reisewegen haben wir für unsere Radrouten jeweils die schönsten und unbefahrensten herausgesucht. Erwähnt seien hier die »Route des Crêtes«, eine 75 km lange Panoramastraße, die über den Col du Bonhomme entlang der Vogesen bis zur lothringischen Grenze hinunter nach Cernay verläuft. Die »Route Verte«, die sogenannte Grüne Straße, haben wir von Colmar bis hinauf zum Col de la Schlucht ein Stück des Weges begleitet, ebenso die »Route des Châteaux/die Burgenstraße«, die von Wissembourg durch den Naturpark Nordvogesen verläuft. Die »Elsässische Weinstraße«, 170 km lang, die sich von Marlenheim bis Thann hinunterzieht, haben wir auf Umwegen erkundet und uns die schönsten Teile davon ausgesucht. Auf Straßen des »Fritierten Karpfens« zwischen Mulhouse und der Schweizer Grenze haben wir den Sundgau erkundet.

Reisezeit und Klima

Für einen Radausflug entlang des Rheins, der Weinstraße, im südlichen Oberelsaß und im Sundgau ist das Frühjahr die ideale Reisezeit, denn durch die Burgundische

Pforte gelangen warme Winde aus dem Südwesten Europas in das Oberelsaß und die nördliche Tiefebene, so daß die Blütezeit hier merklich früher einsetzt als in den benachbarten Gebieten. Das Land um Colmar gehört außerdem zu den regenärmsten Gebieten ganz Frankreichs. Im Hochsommer kann es in der Rheinebene oft unerträglich heiß und schwül sein.

Die Vogesen bilden eine natürliche Barriere für Schlechtwetter, das aus dem Westen heranzieht. Insgesamt gesehen sind der spätere Frühling bis zum Sommeranfang und der Herbst die ideale Radwanderzeit in den zentralen und nördlichen Teilen des Elsaß. Die Ferienmonate des Hochsommers sollte der Elsaß-Reisende den Vogesen vorbehalten. Die abgeschiedenen Vogesentäler sowie der gesamte Naturpark Nordvogesen, die mit angenehmen Temperaturen und wenig Tourismus aufwarten, eignen sich ideal für diese Jahreszeit. Die Weinstraße sollte man in den Ferienmonaten des Hochsommers wegen des starken Reiseverkehrs meiden. Hier bietet sich der Spätherbst an oder der späte Frühling. Jede Jahreszeit hat ihre Schönheiten, und es läßt sich in der Rheinebene, ja selbst an der Weinstraße bis zum November radeln. Am schönsten ist jedoch die »fünfte Jahreszeit«, der Altweibersommer, wenn die Wärme des Sommers noch präsent ist, das Heu duftet und die Ernte eingefahren wird.

Das Rad für die Touren im Elsaß

Das beste Rad für das Elsaß – eine knifflige Frage. Nach eigenen Erfahrungen und nach der Beratung durch den ADFC (Allgemeiner Deutscher Fahrrad-Club) ergeben sich folgende Anregungen: Für die hügelige Weinstraße empfiehlt sich ein halbwegs bergtüchtiges Rad, wobei es weniger auf die Anzahl der Gänge ankommt als vielmehr auf einen geeigneten kleinen Gang, den Berggang. Mit dem Einbau eines geeigneten Ritzels kann der Fachhändler aus einem Stadtrad nahezu eine Bergziege machen. Selbstverständlich sind bei Touren mehrere Gänge immer sinvoll, denn dann läßt sich das bepackte Rad umso besser den Steigungen oder dem (Gegen-)Wind anpassen. Also: ein bergtüchtiges

7-Gang-Nabenschaltungsrad mit einer 1:1-Übersetzung für den Berg könnte bereits ausreichend sein. Noch universeller sind die Kettenschaltungsräder, die in Wartung und Komfort den Nabenschaltungen sehr nahegekommen sind. Vor der Vielzahl der möglichen Gänge (21 oder 24 etc.) sollten auch Anfänger keine Angst haben, das ist reine Gewöhnungssache.

Gute Bremsen sollten auf jeden Fall vorhanden sein. Die Rücktrittbremse nimmt längere, steilere Bergabfahrten übel (heißlaufen), hier sind gute Felgenbremsen, heute als Cantilever-Bremsen bekannt, die sichere Wahl. Dies gilt allerdings nur für sportliche Radler, die auf die Haut Kœnigsburg mit dem Rad hinaufwollen oder die Vogesenpässe fahren.

(Siehe auch die »Allgemeine Radkunde« mit weiteren Hinweisen über Radpflege, Reparaturen und Technik nach dem Tourenteil.)

Fahrradmitnahme im Binnenverkehr

In den Zügen, die in den Fahrplänen der SNCF mit einem Fahrradpiktogramm gekennzeichnet sind, dürfen die Fahrräder kostenlos mitgenommen werden. Für alles, was die Behandlung des Fahrrades anbelangt (Ein- und Ausladen), sowie für die Überwachung haben die Reisenden selbst zu sorgen. Das Verladen in den Gepäckwagen ist jedoch nur gestattet, wenn noch genug Platz vorhanden ist.

In mehr als 2000 Regionalzügen ist die kostenlose Mitnahme des Fahrrads möglich. In bestimmten Zügen können nur drei Fahrräder in den Gepäckabteilen untergebracht werden. Zusätzliche Informationen über die Verbindungen erhalten Sie vor Ort am Bahnhof in Frankreich.

Bahnhöfe mit Fahrradvermietung

Bahnhöfe mit Vermietung von Fahrrädern sind: Mulhouse, Colmar, Strasbourg, Sélestat und Saverne. Drei Sorten Leihfahrräder werden angeboten: Einfache (Vélo type traditionel), Sechs- und Zehn-Gang-Räder. Auskunft über die Fahrradausleihe erhält man in Strasbourg bei der SNCF; Tel. 88 32 48 12.

Touren um Wissembourg

Zwischen dem Pfälzer Wald und Saverne erstrecken sich die sogenannten Kleinen Vogesen. Im nördlichen Abschnitt, wo das Elsaß an Deutschland grenzt, sind die Täler sehr schmal und die Berge enger zusammengerückt. Dort verläuft zwischen Lothringen und dem Rheintal die Straße der Burgen. Die ganze Region hat man zum Naturpark Nordvogesen erklärt. Die fast 120 000 ha große und seit 1976 zum Naturschutzgebiet erhobene Landschaft grenzt im Norden an die Pfalz, im Süden an die Zaberner Steige und reicht im Westen bis hinüber nach Wissembourg, auch die Pforte zu Frankreich genannt – La Porte de la France. Die nördliche Landeshälfte entspricht dem Departement Bas-Rhin mit der Hauptstadt Strasbourg. Die südliche Grenze zum Oberelsaß ist der Landgraben, der sich hinter Sélestat an der Haut Kœnigsbourg vorbei zum Col de Saales hinaufzieht. Der oberste Vogesenkamm, der im Unterelsaß bis nach Saverne reicht, bildet die Begrenzung zu Lothringen. Von dort greift die Grenzlinie über die Vogesen hinaus ins »Buckelige Elsaß« und weit nach Westen bis ins Tal der Sarre hinüber. Den bedeutendsten Platz im nördlichen Landesteil nimmt die Stadt Strasbourg ein, mit ihren Sehenswürdigkeiten und Kunstschätzen, die weit über die Landesgrenzen hinaus Maßstab für Europa war und ist. Sélestat, seit dem Mittelalter eine Stätte der Gelehrsamkeit, verfügt über eine einzigartige Bibliothek, und auch das kleine Wissembourg war seit dem 9. Jh. ein Zentrum der geistigen Bildung, als der Mönch Otfried, dessen Konterfei wir noch im roten Sandstein der alten Klostermauer finden, zum ersten Mal in deutscher Sprache sein »Evangelienbuch« verfaßte.

Wissembourg – La Porte de la France

Gleichgültig, von welcher Seite man sich auch Wissembourg nähert, immer wieder überrascht die Schönheit seiner Lage. Ob man von Böllenborn über Germanshof aus dem Pfälzer Wald hinunterradelt und eine 9 km lange Talfahrt bis über Weiler nach Wissembourg hat oder ob man sich auf Weinbergwegen von Landau aus der Stadt nähert, unvergleichlich malerisch, mittelalterlich und unversehrt präsentiert sich uns Wissembourg, beherrscht von seiner roten Sandsteinkathedrale und den herrlichen Häusern, hinübergerettet aus dem Mittelalter in die Neuzeit. Um das Jahr 631 gründeten Benediktinermönche hier am Austritt der Lauter aus den Bergen in die Rheinebene ein Kloster. Die Gründung wird König Dagobert I. zugeschrieben, der auch das Kloster Klingenmünster in der nahen Südpfalz gestiftet hat. Eine Gründungsurkunde, die das Jahr 623 angibt, gilt allerdings als eine Fälschung der Mönche aus dem 11. Jh. Die Abtei erhielt durch Stiftungen und Schenkungen schnell ausgedehnten Grundbesitz im Elsaß, in Lothringen und in der Pfalz, auch jenseits des Rheins bis nach Oberschwaben und Mainfranken.

Das Kloster selbst wurde eine Stätte der Gelehrsamkeit, an Einfluß vergleichbar mit den großen Abteien Fulda, St. Gallen und Reichenau. Im 9. Jh. schrieb hier Otfried von Weißenburg, ein Schüler des Hrabanus Maurus in Fulda, sein Evangelienbuch in deutscher Sprache. Es hatte auch schon vorher Versuche deutschsprachiger Dichtung gegeben, doch Otfried ist der erste deutschsprachige Dichter, dessen Name uns bekannt ist. In 18 000 Versen gibt er eine Nacherzählung der Evangelien. Das Original der Dichtung mit eigenhändigen Randnotizen Otfrieds gehört heute zu den Schätzen der Wiener Staatsbibliothek. Auch das Weißenburger Skriptorium, die Schreibstube des Klosters, war weithin berühmt, aber heute ist die Klosterbibliothek in alle Winde zerstreut. Der größte Teil der Manuskripte liegt in Wolfenbüttel, wo Lessing mit ihnen arbeitete, als er dort Bibliothekar war. Ein weiteres Weißenburger Evangelienbuch (um 1200 entstanden) befindet sich in der Badischen Landesbibliothek Karlsruhe.

Das Restaurant du Saumon in Wissembourg, wo im Sommer Flammkuchen auch im Freien gebacken werden.

Ein Motiv aus Wissembourg mit Lauter und Waschplatz.

Nach dem Kloster entstand langsam eine Siedlung, die 1179 als Oppidum erwähnt wird. 1354 gehörte Wissembourg zu den freien Reichsstädten des Elsaß, die sich zur Dekapolis, dem Zehnstädtebund, zusammenschlossen. Die Geschichte Wissembourgs ist vor allem eine Geschichte des Streits zwischen geistlicher und weltlicher Macht. Die Stadt Wissembourg siegte, und im 16. Jh. wurde die ehemals mächtige Abtei in eine unbedeutende Probstei umgewandelt, die noch bis zur Französischen Revolution weiterbestand. Von den einstigen Gebäuden des Klosters ist nur die Abteikirche erhalten.

Die Stadt hat im Bauernkrieg 1525 und im Dreißigjährigen Krieg schwer gelitten. Seit 1648 ist sie französisch. Noch einmal geht Wissembourg in die Geschichte ein. Seit 1719 lebte in Wissembourg der polnische König Stanislaus Leszynski. Stanislaus wurde 1704 mit der Protektion des Schwedenkönigs Karl XII. zum polnischen König gewählt. Von den Russen vertrieben, erhielt er von Karl das Herzogtum Zweibrücken. Da dieses Gebiet jedoch nach dem Tod Karls XII. an den Pfalzgrafen kam, ging Stanislaus ins französische Exil nach Wissem-

bourg, bis sich plötzlich ein politisches Wunder ereignete. Die französische Krone ließ Ludwig XV. um die Hand Marias, die Tochter des Exilkönigs, anhalten. Aus 97 ins Auge gefaßten Kandidatinnen war die Wahl auf das Polenmädchen gefallen. Die Ferntrauung fand in Strasbourg statt. Ludwig war 15, Maria 22 Jahre alt! Wissembourg bekam vom königlichen Glanz so gut wie nichts zu sehen. Es blieb Grenzstadt, war historisch gesehen zur Pfalz hin orientiert und verlor durch die am grünen Tisch ausgeheckte Grenze sein Hinterland mit den Dörfern in der Südpfalz. Noch heute kommen Pfälzer Bäuerinnen mit ihrem Gemüse zum Markt nach Wissembourg, und zahlreiche Winzer haben noch Weinberge auf der elsässischen Seite.

Nicht nur die Bauersleute und Winzer fühlen sich hier in dieser Grenzstadt wohl, sondern auch zunehmend der Tourist. Wer einmal hier war, wird immer wiederkommen. Das stark durch seine Geschichte geprägte Städtchen, mit seinen mittelalterlichen Gäßchen mit französischem Flair und viel Kultur, hat, neben den herrlichen Gebäuden der Stiftskirche St. Peter und Paul, dem alten Salzhaus und dem Westerkamp-

Museum, dem in zwei Fachwerkhäusern mit geschnitzten Fensterrahmen aus dem 16. Jh. untergebrachten Heimatmuseum, auch noch eine fast intakte Stadtmauer, auf der es sich auf grünen Wegen herrlich flanieren läßt. Neben der schönen fachwerkumkränzten Winstub au Musée/Weinstube am Museum und den vielen heimeligen kleinen Gaststätten in und um Wissembourg, hier sei der Au Cygne/Schwan erwähnt, aber auch das preiswerte und gute Restaurant A l'Espérance/Zur Hoffnung genannt, läßt es sich in der Brasserie à la Vignette ganz gemütlich bei einem Champagnerbier sitzen. Unter unzähligen Biersorten kann man hier auswählen, doch am ungewöhnlichsten ist dieses Champagnerbier, das auf Sektbasis gegorene und unter Sektkorkenverschluß haltbar gemachte Bier. Hier erfährt man auch, daß das wohl berühmteste Bier unter den französischen Champagnerbieren das der »Sans Culottes« ist. Das Bier war das Getränk der Revolution. Auf ihrem Marsch zur Verteidigung des Landes begleitete die Revolutionstruppen, die »Sans Culottes«, das Nationalgetränk Bier. So ist das Champagnerbier gleichen Namens eine Erinnerung an eben jene jungen Hitzköpfe. Nichts ist so schön, wie an einem Sommertag, den Marktplatz überblickend, neben der Mairie in der Sonne zu sitzen und mit Freunden ein Glas Champagnerbier zu genießen oder auch unter den alten Katanienbäumen direkt neben der Lauter vor dem Gasthaus »Du Saumon« eine Karaffe Rouge oder Blanc zum mitgebrachten Picknick zu trinken. Dabei fällt der Blick auf das alte Salzhaus, wo unter dem luftigen windschiefen Dach einst das Salz trocknete. Zu jeder Jahreszeit wird man Wissembourg genießen können. Die Sträßchen von Wissembourg lassen sich auch mit dem Fahrrad sehr gut erkunden. Selbst die Stadtmauer ist mit dem Rad zu befahren – unvergeßlich der Blick über die Dächer und die laternengesäumten Gassen der Altstadt und den alten überdachten Waschplatz an der Lauter. Und wo findet man den Schutzpatron der Pilger und Radler? In der Kirche St. Peter und Paul befindet sich ein Fresko des Christopherus. Es nimmt fast die ganze Wand ein und mißt von den spitzen Schuhen bis zum Heiligenschein gute zehn Meter. Vom Boden abgehoben schwebt er gleichsam über den Pilgern und ist nicht nur wegen seiner Größe nicht zu übersehen.

1 Auf der Trasse des Friedens

Wissembourg – Altenstadt – Schweighofen – Bienwaldmühle – Scheibenhardt – Lauterbourg – Scheibenhard – Niederlauterbach – Schleithal – Wissembourg

Tourencharakter: Rundtour. Auf ebenen Waldwegen bis nach Lauterbourg. Rückweg auf einer ehemaligen Bahntrasse am Waldsaum, hinter den Dörfern auf der französischen Seite. Bequeme Tagestour, da die ganze Tour flach verläuft. Achtung Rheinauen-Tour: Schnaken ab Mitte Juni, dann Halt auf den Picknickplätzen an der Strecke nicht mehr anzuraten!

Länge der Tour: Ca. 50 km, empfohlene Zusatzstrecke 5 km entlang des Rheins.
Höhenunterschied: Ohne.

Die erste Tour könnte nicht gegensätzlicher sein. Sie beginnt im altehrwürdigen **Wissembourg,** das sein Gesicht trotz der Wirren von Kriegen und Revolutionen gewahrt hat, und führt nach **Lauterbourg**, von dem nach dem Zweiten Weltkrieg noch etwa 30 Häuser standen. Die ganze Tour ist ein Exkurs in die leidvolle Geschichte der beiden Nationen und hat doch eine Friedensbotschaft: So ist die Bahnstrecke, die wir jetzt als Radweg benutzen, einst aus strategischen Gründen gebaut worden. Das Dorf **Scheibenhardt/Scheibenhard,** in der Mitte geteilt, die eine Hälfte französisch, die andere deutsch, ist ein Symbol für die Europäische Einigung geworden.

Die Radwanderung führt uns auf der schönen pappelbestandenen Allee zuerst von Wissembourg nach **Altenstadt.** Hier steht an der Stelle der römischen Siedlung **Concordia** die romanische Kirche des Ortes, die im wesentlichen aus dem 11. und 13. Jh. stammt, ein besonderes Schmuckstück der Gemeinde. An der blumenüberrankten Brücke, wo sich die Bäche Le Mark und Sauer treffen, ist ein überdachter Waschplatz aus dem 18. Jh. Der Zufluß des Wassers wur-

de über eine Schleuse gestaut, so daß die Wäscherinnen in aller Ruhe waschen konnten; die Schleuse wurde dann geöffnet, um die Wäsche bei fließendem Wasser zu spülen. Noch heute findet sich auf dem Platz das Zeichen »RE 12.88 von W«, was bedeutet, daß noch im Dezember 1988 hier gewaschen wurde. Es zeigt die Tradition im Elsaß, obwohl die Waschmaschinen auch hier bereits in jedem Haushalt Einzug genommen haben. Es galt sich auszutauschen, den Dorfschwatz zu halten und die neuesten Neuigkeiten zu erfahren. Öffentliche Waschplätze waren ideale Plätze für Frauen, miteinander länger zu kommunizieren. Und was ließ sich nicht alles von der Wäsche ablesen. So erfuhr man an Waschplätzen zuerst von einer bevorstehenden Niederkunft, zuerst von einer Hochzeit und zuerst von einem Trauerfall.

Auf schönen breiten Forstwegen fahren wir durch den Bienwald, durchqueren dabei die Lauter-Niederung zwischen Altenstadt und Scheibenhardt, die unter Naturschutz steht. Hier verläuft die Lauter, trotz massiver Eingriffe zu Beginn des 18. Jh. beim Bau der Lauter-Linie, noch in den natürlichen Windungen.

Es lohnt sich immer wieder, nahe an die Lauter heranzutreten, um die Schönheiten dieses Naturschutzgebiets zu genießen. Die typische Niederungsflora der Erlenbuschwälder, Schilf- und Rohrflecken und Moore haben hier seltenen und bedrohten Tierarten das Überleben ermöglicht. Hier leben noch Piroll, Eisvogel und Neuntilde und ungewöhnliche Eulen. Auch seltene Frosch- und Krötenarten und eine große Anzahl verschiedener Libellen kann man hier beobachten. Auf dem Weg zur **Bienwaldmühle** befindet sich eine Wehranlage, um die Lauter zu fluten. Das Stauwehr, errichtet 1706 beim Bau der Lauterlinie, die dazu dienen sollte, die Österreichische Armee im Spanischen Erbfolgekrieg aufzuhalten. Die Lauter bildet seit 1815 die Staatsgrenze zu Deutschland. Außerdem sieht man am Wegrand gelegentlich noch Schützengräben und Schützengräbensysteme aus den vergangenen Weltkriegen. So werden wir stets daran erinnert, daß wir jetzt im Frieden radeln, wo einst heiß gekämpft wurde.

Blick von den Stadtwällen auf die Dächer von Wissembourg.

Nachdem wir die Bienwaldmühle zu einer Rast erreicht habèn, können wir eine Radlermaß in den herrlichen Gärten dieses auf deutscher Seite gelegenen Ausfluglokals genießen oder ein Picknick am Stauwehr machen. Die Bienwaldmühle wird zum ersten Mal 1152 erwähnt, sie war ursprünglich im Besitz der Abtei Wissembourg. Der dabei entstandene Weiler gehört zu Scheibenhardt. Auf dem kombinierten Auto-Rad-Weg durchradeln wir den Wald in Richtung **Salmbacher Forsthauspassage,** hier wird das Holz zur Weiterverarbeitung gewässert. Unmittelbar gegenüber des alten Forsthauses entdecken wir eine schöne Rastecke unter Bäumen. Auf holzgezimmerten Bänken blickt man über unendliche Lupinenfelder, die auf einer Waldlichtung stehen. Wir durchradeln auf der ganzen Strecke den **Mundatwald,** jenen heißumstrittenen Wald, der bald zu Deutschland, bald zu Frankreich gehörte. Zur Zeit ist er Deutschland zugesprochen.

Mit **Lauterbourg** erreichen wir die äußerste Nordostecke des Elsaß, dessen Grenzlage dem Ort immer wieder zum Verhängnis

wurde. 1258 war es Mitglied des Rheinischen Städtebundes, 1286 durch Rudolf von Habsburg erobert, im Dreißigjährigen Krieg zerstört, 1678 in Brand gesteckt. 1939 besaß die Stadt immerhin 785 Gebäude, 1945 waren nur 30 Häuser nicht zerstört oder beschädigt. Heute ist diese Stadt vom Wiederaufbau nach dem Krieg geprägt. An die Vergangenheit erinnern nur noch die restaurierte Kirche von 1716, Chor und Kanzel aus dem 15. Jh. und das ebenfalls restaurierte Rathaus von 1731. Am Nordostrand der Stadt ein barocker Torturm von 1706. Gute Einkehr direkt am Rhein bietet »Au Bord du Rhin«, dessen Vorgarten auf den Rhein blickt und in dem man sich schon einmal nasse Füße holen kann, wenn der Rhein überflutet ist. Ausgezeichnete Küche erwartet uns im Restaurant »La Poêle d'Or« – hausgemachter Preßkopf und Zander in Weißwein gehören zu den Spezialitäten.

Noch einmal überschreiten wir die Grenze, von Lauterbourg nach **Neu-Lauterburg,** wieder auf der deutschen Seite, und von hier weiter nach **Berg,** Richtung **Neuburg.** 2,5 km sind wir auf dem Rheinauenweg der Lauter gefolgt bis hinunter zur »Lautermuschel«, wo neben dem ausgebrannten Schiff – die eigentliche romantische Einkehr – jetzt ein Kiosk steht mit Selbstbedienung und ein paar Bänken.

Dieser Rhein-Hauptdamm, den wir bis zur Lautermuschel genommen haben, führt weiter bis nach Wörth, Hagenbach und Germersheim.

Wir fahren jetzt auf dieser Strecke zurück nach Lauterbourg, nur um einen Geschmack von diesem Rhein-Hauptdamm zu haben, der ganz idyllisch der Lauter bis zur Mündung in den Rhein entlangführt: abwechslungsreiche Auenlandschaft, die prächtige Silberweiden und Erlen gedeihen läßt, ein wertvolles Naturschutzgebiet mit urwaldähnlicher Vegetation.

Wir wenden uns bei Lauterbourg wieder unserem deutsch-französischen Radweg zu und kommen nach **Scheibenhard,** das Dorf, das gleich zwei Nationalitäten hat: 1206 wird es erstmals urkundlich erwähnt als »Schibenhart« und unterstand bis 1771 dem bischöflich-speyerischen Oberamt Lauterbourg. Durch die Grenzziehung im Zweiten Pariser Frieden wurde das Dorf 1815 in das französische Scheibenhard und das deutsche Scheibenhardt geteilt.

Von Scheibenhard bis Altenstadt radeln wir auf der ehemaligen Bahntrasse, die einst die Kriegsgüter hinter der Grenze beförderte und nun ein friedlicher Radweg geworden ist, und kommen nach **Salmbach** mit seiner großen Zahl schöner Fachwerkhäuser. Mit **Schleithal** erreichen wir das längste Dorf im Elsaß. Chor und Turm der 1867–75 erbauten neugotischen Kirche stammen von 1436.

In **Altenstadt** können wir nach Abschluß dieser Tour bei »Chez Claus« ein fürstliches Mahl am Abend einnehmen. Einladend grüßen die grünen Fensterläden dieses behäbigen bürgerlichen Restaurants, das feinste Küche bietet.

Sollten Sie die Tour an einem Wochenende machen, lohnt sich auf jeden Fall von Schleithal aus der kleine Umweg über Seebach, wo sich außerhalb des Ortes auf der D 34 »Le Relais Equestre Mischler« befindet. Schon von weitem sehen wir die weitläufigen Gestütsanlagen, Pferde weiden auf der Koppel, Deutsche und Elsässer halten hier ihre Pferde, und ab Freitag- bis Sonntagabend backt Mutter Mischler die köstlichsten Flammkuchen der ganzen Umgebung. Bei einem Elsässer Riesling, oder Pinot Gris oder Pinot Noir auf der Terrasse des Gasthauses streift der Blick weit über sanfte Wiesen bis hin zur spitzgiebeligen Kirche von Seebach und dem blauen Band der Vogesen. Hier wird der Gast nicht nur mit dem normalen Flammkuchen verwöhnt (ein hauchdünner Weißbrotteig mit Quark, saurer Sahne, Schinken, Speck und Zwiebelringen belegt), sondern bei Mutter Mischler erfährt er weitere Varianten. So kann man als Krönung der Flammkuchenbäckerei im Relais Equestre die Pizza Paysanne bestellen, die alle Mahlzeiten des Tages in einem beinhaltet: Schinkenspeck mit Spiegelei, Tomaten und Zwiebel sind auf diesem Flammkuchen versammelt. Besonders zu empfehlen für den Radler, der den ganzen Tag unterwegs war und sich Seebach für den frühen Abend als Belohnung gönnt.

Unter dem zart getönten Abendhimmel und dem Schein der Straßenlaternen von Seebach zurück zu unserem Ausgangspunkt. Wohlgestärkt und mit Gott und der Welt zufrieden, verläßt man Mutter Mischler.

Streckenbeschreibung

Hinweg: Wir fahren vom Bahnhof **Wissembourg** rechts ab Richtung Lauterbourg-Altenstadt und etwa 1 km auf dem Radweg. An der Altenstadter Kreuzung biegen wir links ab und fahren durch Altenstadt hindurch, überqueren die Lauter und biegen kurz danach rechts auf einen Schotterweg ab, der uns am Flughafen von **Schweighofen** (links von uns) vorbeiführt, mit der Eisenbahnlinie zu unserer Rechten. Nach etwa 3 km stoßen wir rechts auf den Bahnübergang, den wir überqueren, und stehen sofort vor dem Schild: »Deutsch-französischer Radwanderweg«, der uns auf den weiteren Weg durch den Bienwald hinweist. Wir radeln Richtung **Bienwaldmühle**, die wir nach etwa 7 km erreichen, begleitet von der Lauter zu unserer Rechten. Nach weiteren 5 km durch den Wald kommen wir in **Scheibenhardt** an, durchqueren den Ort und erreichen **Neu-Lauterburg** auf der Scheibenhardter Straße.

Der Waschplatz in Altenstadt an der Lauter.

Hier lassen wir die alte Zollstelle Lauterbourg rechts liegen und fahren (etwa 2 km) weiter nach Berg. Am Ende des Orts biegen wir rechts ab und radeln den Deich entlang, bis zur Einmündung der Lauter in den Rhein südlich von Neuburg, ca. 4 km. Wir benutzen dabei den Rheinauendamm, auf dem wir später wieder bis **Lauterbourg** zurückfahren.

Rückweg: Von Lauterbourg fahren wir in der Stadtmitte durch die neuangelegte Fußgängerzone Richtung D 3. Auf der D 3 überqueren wir die Autobahnbrücke und erreichen nach etwa 1 km **Scheibenhard.** Hier biegen wir links ab auf die D 244, Richtung Niederlauterbach. Nach einem weiteren Kilometer kurz vor dem Dorfeingang radeln wir rechts auf dem ausgeschilderten Fahrradweg, der uns hinter den Häusern von Salmbach 3 km, Schleithal 3 km Richtung Altenstadt bringt. Nach weiteren 2 km erreichen wir das Ende der Trasse der früheren Bahnstrecke, die gleichzeitig das Ende des Waldes markiert. Hier biegen wir rechts ab und fahren etwa 1,5 km durch eine Allee hinunter, durch die Pferderennbahn (Hippodrome) bis zur D 3.

Wir biegen links ab und radeln über **Altenstadt** zu unserem Ausgangspunkt Wissembourg zurück.

Variante: Abkürzung der Tour um ca. 5 km, wenn die Rheinauen-Tour nicht angehängt wird. Jedoch unbedingt empfehlenswerter Abstecher an den Rhein.

Nützliche Informationen

Ausgangsort: *Wissembourg:* 160 m, 7500 Einwohner, im Norden des Elsaß, Grenzort zur Pfalz, malerisch am Ausgang eines Vogesentals, durchzogen von der Lauter.
Ausgangspunkt: Vom Bahnhof Wissembourg rechts ab auf den Radweg – Großrichtung Lauterbourg.
Zielort: *Lauterbourg:* 19 km von Wissembourg, östlichster Punkt Frankreichs, Grenzort zu Deutschland (23 km nach Karlsruhe), zwischen der Lauter und dem Rheintal gelegen.
Einkehr mit Übernachtung: *Wissembourg:*
• Hôtel La Walck, 2, Rue de la Walck; Tel. 88 94 06 44. • Hôtel de l'Europe; 15 Rue de la Gare; Tel. 88 94 00 96.

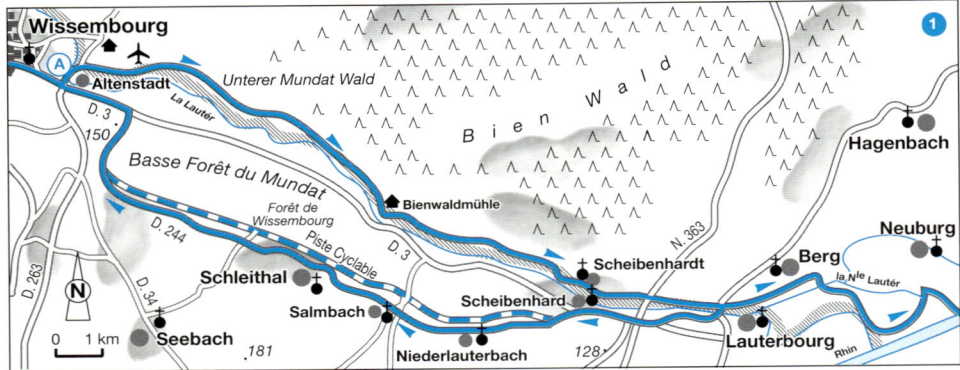

Einkehr: • Unterwegs in der Bienwaldmühle. *Lauterbourg:* • Au Bord du Rhin – direkt am Rheinufer, links vom Hafen; Spezialität: Fische in allen Variationen, nur nicht aus dem Rhein; Tel. 88 94 80 20; Montag und Dienstag Ruhetag. • Poêle d'Or/Goldene Pfanne; 35, Rue du Gal Mittelhauser; 67630 Lauterbourg; Tel. 88 94 84 16; Mittwoch und Donnerstag Ruhetag sowie Ende Juli bis Mitte August und 2 Wochen im Februar.
Auf dem *Rückweg* besonders zu empfehlen: • Restaurant Belle Vue, »Chez Claus«; Altenstadt; Tel. 88 94 02 30; Montag und Dienstag Ruhetag. – *Seebach:* • Relais Equestre de l'Outre Forêt; Familie Mischler, Tel. 88 94 77 92; Freitag bis Sonntag ab 17 Uhr geöffnet.
Sehens- und Wissenswertes: *Wissembourg:* • Kirche St. Peter und Paul.
• Musée Westercamp, ausgezeichneter Überblick über die lokale Geschichte, untergebracht in einem kleinen Ensemble schön verzierter Fachwerkhäuser; 3, Rue de Musée; Tel. 88 94 14 55 (Mairie) und 88 54 28 14; geöffnet Montag bis Samstag außer Dienstag 10–12, 14–18 Uhr, Sonntag und Feiertag 14- 18 Uhr (Juni bis Ende September); Samstag 10–12, 14–18 Uhr, Sonntag 14–18 Uhr (April, Mai). • Pfingstmontag-Umzug mit Elsässer Tracht und Volkstänzen auf dem Marktplatz.
Auskunft: • *Wissembourg:* Syndicat d'Initiative; 67160 Wissembourg; Tel. 88 94 10 11.
Karten: Deutsch-Französischer Radwanderweg Lautertal und 3615 IGN – Série Verte Nr. 12, 1:100 000.

2 Den Rhein entlang zu den Schiffern nach Mothern

Lauterbourg – Mothern – Neewiller-près Lauterbourg – Niederlauterbach – Scheibenhard – Scheibenhardt – Neu-Lauterburg – Lauterbourg

Tourencharakter: Rundtour. Flache Wegstrecke den Rhein entlang, Rückweg auf unbefahrenen Nebenstraßen; leicht wellig. Anschluß an Tour 1 möglich.
Länge der Tour: Ca. 20 km.
Höhenunterschied: Geringfügig.

Immer wieder scheint auf unserem Radweg durch das Ried das silberne Band des Rheins durch Erlen und Buschwerk. Inmitten des Rieds liegt **Mothern**, altes Fischer- und Schifferdorf mit herrlichen Fachwerkhäusern an schnurgeraden Straßen. In der Mitte der Hauptstraße fließt der in den fünfziger Jahren kanalisierte Karbach; man hat ihm ein Betonbett verpaßt, um Überschwemmungen zu vermeiden. Symbol des Dorfes ist ein weithin sichtbarer Anker am Karbach, der auf die Tradition der Schiffer als den ehemals wichtigsten Berufstand im Dorf hinweist: In den fünfziger Jahren gab es noch 200 Schiffer, die auf den Raddampfern die Güter bis Holland transportierten. Heute arbeiten nur noch 10 Schiffer auf den Schubschiffen, die zwischen Strasbourg und Holland verkehren. Der »wilde Rhein«, wie ihn die Einheimischen nennen, machte einen großen Bogen um das Dorf. Dennoch hat man ihn auch hier 1852 begradigt, und 25 ha Erlen- und Eichenwald aus der Gemarkung Mothern fielen dieser Begradigung zum Opfer. Gegen 1900 wurde der Rhein dann für die Raddampfer schiffbar, bis dahin konnten nur Flachboote auf dem Fluß fahren. Die nächsten 50 Jahre sollten die »große Zeit« der Schiffer werden.

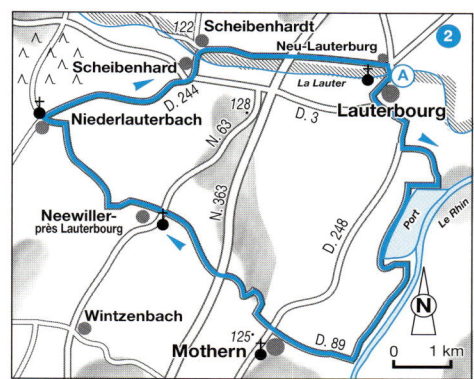

Heute sieht man die alten Schiffer meist gemächlich am Rhein entlangradeln, gelegentlich hält man an, um mit Blick auf den großen, einst wilden Fluß ein Schwätzchen zu halten. Die Jungen arbeiten auf der anderen Seite des Rheins bei Mercedes in Wörth und in anderen deutschen Industriebetrieben. Auch heute ist Mothern kein armes Dorf – man lebt gut von den Einnahmen der Kiesgrube, die bei der Begradigung des Rheins entstand.

Und die Wirtin vom »l'Ancre« erinnert sich an die Zeiten, als die »Illinger«, die Dörfler aus der Nachbargemeinde Illingen, sogar noch per Schiff den Rhein entlangfuhren, um in der Kirche von Mothern den Gottesdienst zu besuchen, denn Illingen hatte keine eigene Kirche. Vor Mothern legte man dann an und ging den einen Kilometer zu Fuß ins Dorf hinein. Im »Anker« kehrten Kirchgänger und Schiffer gleichermaßen gern ein; seit fünf Generationen im Familienbesitz, hält man das Erbe der »feinen Küche« auch heute noch in diesem Haus hoch. Jeden Tag – außer mittwochs – gibt es ein preiswertes Tagesgericht/Plat du jour, Spezialität ist u. a. der Salm in Sauerampfersauce, aber auch so typisch elsässische Gerichte wie Kalbskopf in warmer Vinaigrette gehören zu den Tagesempfehlungen. Moderate Preise bei hohem kulinarischen Genuß machen die Einkehr empfehlenswert.

Neewiller-près Lauterbourg: Das in der Rheinebene gelegene Dorf hat eine berühmte Kapelle, St. Antoine. Sie ist das Pilgerziel für Roma und Sinti: »Wer Wunder sucht und Heilung will, bei St. Antonius find' man viel«, liest man in der Kapelle. Eine Zigeunerin hatte vor einer Statue des St. Antoine gebetet – sie war halbseitig gelähmt und wurde

geheilt. Aus diesem Grund errichteten die Sinti und Roma 1828 diese Kapelle. Die Bilder an den Wänden sind symbolhaft für die Kraft der Predigten des hl. Antonius von Padua: selbst der Esel kniete sich, und die Fische kamen an die Wasseroberfläche, um das Wort Gottes zu hören.

Der alljährlichen Wallfahrt geht am Vorabend eine Lichterprozession voraus. Der Festtag des hl. Antonius am 13. Juni wird in großer Feierlichkeit und Farbenpracht von den Sinti und Roma begangen, und die umliegenden Gemeinden schließen sich dem Pilgerzug an.

Streckenbeschreibung

Wir fahren zunächst von **Lauterbourg** auf der D 248 Richtung Mothern. Nach etwa 1 km biegen wir links in die D 3 ein, Richtung Rheinhafen/Port du Rhin, und folgen dem ausgeschilderten Radweg. Von hier aus sind es 5,3 km den Rhein entlang nach Mothern. 5 km später stoßen wir auf die D 89, wo wir rechts abbiegen und den »Parcours« verlassen. Dann radeln wir durch eine kastanienbaumgesäumte Allee, über ein Bahngleis und erreichen nach etwa 0,4 km **Mothern.** Von hier aus bleiben wir auf derselben Straße, folgen dem Karbach und fahren unter der N 363 nach **Neewiller**, das wir nach weiteren 4 km erreichen. Nach **Niederlauterbach** sind es noch 3,5 km. Hier biegen wir an der Kirche rechts in die D 244 ein und fahren Richtung **Scheibenhard,** das wir nach 2,5 km erreichen. In Scheibenhard halten wir uns links und radeln zum ehemali-

*Mothern, das
alte Schiffer-
und Fischerdorf.*

*Die Idylle eines
Nebenflusses zeigt
sich mit üppiger
Vegetation, mit
Erlen und Silber-
weiden, nahe der
Mündung der
Lauter in den
Rhein.*

gen Grenzübergang nach Scheibenhardt auf der deutschen Seite.

Von hier aus sind es noch 3 km auf dem deutsch-französischen Radweg nach **Neu-Lauterburg**, wo wir die Grenze nach **Lauterbourg** überqueren.

Nützliche Informationen

Ausgangs- und Zielpunkt: Rheinhafen Lauterbourg.

Einkehr mit Übernachtung: *Mothern:*
• Hotel-Restaurant A l'Ancre; Spezialität: Salmfilet mit Sauerampfersauce, im Herbst gibt es Wildgerichte, abends Flammkuchen deftig oder süß mit flambierten Calvadosäpfeln; Tel. 88 94 81 99; Dienstagabend und Mittwoch geschlossen.

Auskunft: • *Wissembourg:* Syndicat d'Initiative; 67160 Wissembourg; Tel. 88 94 10 11.

Karte: 3615 IGN – Série Verte Nr. 12, 1:100 000.

3 Von der Perle des Tokayer zu den schönsten Dörfern des Outre Forêt

Wissembourg – Rott – Cleebourg – Bremmelbach – Birlenbach – Drachenbronn – Lobsann – Merkwiller-Pechelbronn – Kutzenhausen – Soultz-sous-Forêts – Hohwiller – Kuhlendorf – Rittershoffen – Hoffen – Schœnenbourg – Hunspach – Ingolsheim – Riedseltz – Oberhoffen – Wissembourg

---

 Tourencharakter: Rundtour, flachhügelig, auf wenig befahrenen Nebenstraßen.

 Länge der Tour: 50 km.
Höhenunterschied: 70 m.

Cleebourg zeigt sich mit engen Dorfstraßen und soliden Fachwerkhäusern, die ansteigend die Hauptstraße durch das Dorf säumen. Der Ort gehörte im 17. Jh. der schwedischen Krone. Er rühmt sich, des besten Weißweins in der Gegend, des Tokayer, Heimat zu sein. Wir befinden uns hier im nördlichsten Weinbaugebiet des Elsaß, das mit solchen Kleinodien wie Cleebourg für den Radler ein Geheimtip ist. In den Dörfern am Fuß der nördlichen Vogesen, Ausgangspunkte für zahlreiche Wanderungen, offenbart sich uns die historische Entwicklung, die Kultur und das Streben nach Vollkommenheit in der Vollendung der Weine: Die umliegenden Hügel von Cleebourg tragen alle Tokayerstämme, deren Anpflanzung General Lazare von Schwendi zugeschrieben wird, der sie aus Ungarn mitbrachte. Diese Reben sind somit weitläufige Verwandte des Tokayer »Furmint«. In Wirklichkeit sind die Anpflanzungen dieser Rebstämme im Elsaß viel älter. Mönche sollen den Tokayer zur Zeit der Kreuzzüge eingeführt haben. Als erste Winzer im Elsaß gelten die Römer.

Viel reizvoller jedoch sind die Legenden und die Sitten dieser anmutigen Gegend. So lautet eine Verordnung aus dem Jahr 1575 über die Anzahl der erlaubten sieben Weinstockarten: »Wir haben beschlossen, daß weder Bürger noch Fremde den Mut aufbringen, andere Stöcke als oben genannte anzubauen.« Auch erklärt die geographische Lage den Erfolg einer Auswahl von Weinen, zu deren Reife ein hervorragendes Klima besonders beiträgt. Im Schatten der Vogesen und vom Rhein durch ein mildes Klima verwöhnt, erstreckt sich das milde Hügelland, das dem Elsässer Wein sein besonderes Bouquet verleiht. Sieben Stocksorten ergeben sechs Weißweine und einen Roséwein, die dem Feinschmecker in der üblichen Langhalsflasche angeboten werden. Sie werden ausschließlich im Erzeugungsgebiet abgefüllt, was für Qualität bürgt. Das Zusammenfügen von Edelweinen wird Edelzwicker genannt. Die Qualitätsweine des Elsaß werden außer der Bezeichnung der Sorte mit Name und Anschrift des Winzers, des Händlers oder des Produzenten gekennzeichnet. Bei Angabe des Jahrganges wird die Aufmerksamkeit des Liebhabers auf erlesene Ernten gelenkt.

Noch immer unterscheidet man zwischen diesen sieben Rebsorten. Da wäre zuerst zu nennen der Sylvaner, weiß trocken. Man trinkt ihn hauptsächlich zu Fischen, Vorspeisen und Sauerkraut. Der Riesling, ein trockener Weißwein, dessen feines Bouquet zu Seemuscheln, Fischen und wiederum zu Sauerkraut paßt. Der Gewürztraminer, elegant und gediegen, eignet sich vorzüglich zu Käse und Nachspeisen, der Elsässer Muskat (le Muscat d'Alsace), trocken, duftig, ein Apéritif zum kalten Buffet, zu Nachspeisen oder zu Zwischenspeisen. Der Clevner oder Pinot Blanc, ein sehr geschmeidiger Weißwein, besonders mit Vorspeisen, Geflügel und weißem Fleisch zu genießen. Der rote Clevner, der Pinot Noir, ein fruchtiger Roséwein mit hervorragendem Bouquet, wird zu Wild, rotem Fleisch oder kaltem Buffet serviert. Und schließlich, die Perle aus Cleebourg, der Elsässer Tokayer: ein würziger Weißwein, zu Wild, rotem Fleisch oder zu Gänseleber zu empfehlen. Neben dem Tokayer wird in Cleebourg auch noch der Pinot Auxerrois angebaut (die Rebe kommt aus der Gegend von Auxerre).

Entgegen der doch sehr stark frequentierten Weinstraße zwischen Straßbourg und Colmar erleben wir hier, in dieser nördlichsten Weinbaugegend des Elsaß, eine vom Tourismus noch recht wenig erfaßte Gegend, in der der Radler durch anmutige Landschaft zu den Quellen des Tokayer gelangt. Wein und gute Küche auf dieser Strecke ergänzen sich aufs Idealste, und wir können zur Krönung des Tages in Cleebourg gleich zweimal Station machen: einmal im Au Tilleul/Zur Linde und dann in den Winzergenossenschaften Co-Opérative Viticole de Cleebourg, um die sieben Rebsorten zu probieren.

Die Dörfer des »Outre Forêt« nennt man Dörfer »hinter dem Wald«. In der Tat ist die Gegend nach allen Seiten hin abgeschlossen: im Westen die Vogesen, im Osten der Rhein, im Norden die Grenze und im Süden der große Hagenauer Forst. So haben die Dörfer in diesem Gebiet ihren herkömmlichen Charakter noch stark bewahrt; durch ihre abgeschlossene Lage sind sie besonders dem alten Brauchtum verbunden. Das zeigt sich in der Bauweise der Häuser und auch im Lebensstil ihrer Bewohner. Die schönen Höfe, die wir auf unserer Reise durch die Dörfer des Outre Forêt bewundern können, stammen meist aus dem 17.–18. Jh.

Nach dem Dreißigjährigen Krieg (1618 bis 1648), der mit unsäglichen Verwüstungen das Elsaß heimgesucht hatte, dauerte es nahezu 70 Jahre, bis wieder eine bäuerliche Architektur zustande kam. So war es der noch verbliebene Reichtum der Großbauern, der verantwortlich war für die Wiederherstellung der Gebäude und den Neuaufbau. In der Regel waren es die reichen Bauern, die in der Mitte des Dorfes siedelten; am Dorfrand bauten die Tagelöhner ihre bescheidenen Häuschen. So kann man an der Hauslage und der Architektur noch heute die wirtschaftliche Lage des einstigen Erbauers erkennen. Der Bauernhof ist stets eine geschlossene Einheit, wobei das Wohnhaus der Familie des Bauern vorbehalten war und der Giebel stets zur Straße ausgerichtet wurde. Die Wirtschaftsgebäude schlossen sich an. Zwischen Haupthaus und Stallungen lagen Brotofen, Brennkessel und Waschküche. Der Wohnraum für Mägde und Knechte lag über dem Geräteschuppen, dem Haupthaus gegenüber. Meist war nur das Wohnhaus unterkellert, die Kelleröffnungen waren mit sogenannten »Hexenbesen« aus Schmiedeeisen verschlossen, die nicht nur Diebe fernhalten, sondern das Haus auch gleichzeitig vor bösen Geistern jeglicher Art bewahren sollten. Auf ein steinernes Fundament wurde das Fachwerk aufgesetzt – im Volksmund nennt man die Anordnung der Holzbalken noch heute den »Mann«. Auf der Giebelseite, zur Straße hin, können wir im Querbalken, der das Unter- vom Obergeschoß trennt, den Namen des Erbauers und das Baudatum lesen. Das Schnitzwerk wurde nicht nur zur Zierde angebracht, es sollte auch dem Schutz vor Blitz und Brand dienen. Das Gebälk war mit leicht entfernbaren Holzzapfen zusammengefügt, somit konnte man dieses Gerüst jederzeit entfernen und an anderer Stelle auf steinernen Grundmauern wieder aufbauen. Es war durchaus üblich, seinen »beweglichen Besitz« von einem Dorf ins andere zu übersiedeln.

Der wichtigste Wohnraum in den Bauernhäusern war die Großstub' mit dem Herrgottswinkel, und natürlich durfte auch der salzglasierte Steinkrug aus Betschdorf voll Wein oder Schnaps nicht fehlen, um immer ein Gläschen für Besucher und Hausherren bereitzuhalten: elsässische Gastlichkeit, die sich über die Jahrhunderte erhalten hat.

Das Maison Rurale von **Kutzenhausen** ist ein besonders schönes Beispiel für diese bäuerliche Architektur. Das 1744 erbaute Wohnhaus hat noch eine sehr seltene Einrichtung in die Neuzeit hinübergerettet, die Aufschluß gibt über das ländliche Leben: In der Mitte des Gebäudes, das sich an den offenen Schuppen mit Schweine- und Hühnerstall anschließt, steht ein sich drehender Pfosten, König genannt, an den man die Rinder anspannte, um die Dreschmaschine in Bewegung zu setzen. Das Haus hat keinen »Mann«. Der auf die Straße gehende Giebel läßt erkennen, daß die beiden Stockwerke des Speichers ein symetrisches Fachwerk besitzen, wie es für die Rationalität des 18. Jh. typisch ist. Auf der Hofseite schützt ein breites Wetterdach das ganze Haus.

Typischer Zeuge der alten Tradition in Lebensstil und Bauweise ist das prächtige **Hunspach.** Die Dorfstraßen sind von den weißgekalkten Fachwerkhäusern mit ihrem bäuerlichen Blumenschmuck gesäumt, in einigen Fensterrahmen sieht man noch die leicht gewölbten Butzenscheiben, die den unbefugten Blick ins Haus hinein unmöglich machen. Sehenswerte Ortsbilder finden sich auch in den benachbarten Dörfern **Seebach, Hoffen** und in **Kuhlendorf**, wo wir die einzige Fachwerkkirche finden, kaum auszumachen unter den umliegenden Fachwerkhäusern. Die alte Kirche war ein Bet- und Schulhaus, die Schule war im hinteren Teil des Gebäudes untergebracht und war vor dem Neuaufbau 1986/87 dem Zusammenbruch nahe. Bei der Restaurierung hat man das Innere herumgedreht. Der Eingang wurde von der Straße auf die Seite verlegt, und die ehemalige Schule ist ein kleiner Saal, der bei größeren Kirchenfesten zur Kirche dazugenommen werden kann. Vor die alte Eingangstür hat man einen Vorhang mit einer aufgehenden Sonne angebracht, ein Geschenk der pfälzischen Landeskirche.

Auch die Tracht wird in den Dörfern des Outre Forêt noch manchmal getragen, und im Winter sieht man bei den Männern die schwarze gestrickte Wollmütze häufiger als alle anderen Kopfbedeckungen.

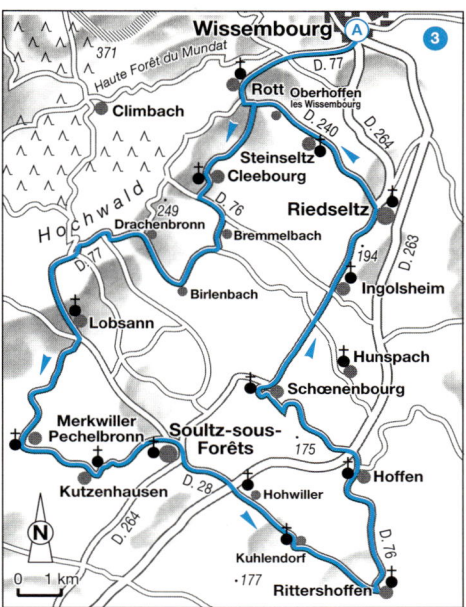

Der Bauerngasthof der Sieben-Quellen-Mühle/»Ferme-Auberge des Sept-Fontaines« bei **Drachenbronn** befindet sich in einem wunderschönen Fachwerkhaus aus dem 18. Jh. Das Gebäude wurde 1772 von einem Bediensteten des Barons Fleckenstein errichtet, der als Belohnung für seine treuen Dienste das Land zur Schenkung erhalten hatte. Er baute davon zwei Mühlen für seine Töchter – eine Getreidemühle (7 Quellen) für die ältere und eine Ölmühle für die jüngere. Die Mühle der Sieben Quellen wurde seit dieser Zeit von Generation zu Generation jeweils an die älteste Tochter weitervererbt und kam dabei nie in fremde Hände. Die heutige Besitzerin ist Lina Finck, die den Bauernhof zusammen mit ihrem Mann betreibt.

Nicht weniger als sieben Mühlen standen hier einst. 1924 wurden die sieben Quellen zum Gemeingut erklärt und zur Wasserversorgung der umliegenden Ortschaften gefaßt, der Mühlenbetrieb war damit zu Ende. Die großen Mühlenräder verfielen zunehmend. Nur die Achse des großen Mühlrades ist heute noch auf der Vorderseite zu sehen und erinnert an die Zeiten der Mühlen, die bis Mitte des 19. Jh. ihre Blütezeit hatten und für den Müller ein einträgliches Gewerbe waren.

Die Familie Finck hat sich ganz auf die Landwirtschaft verlegt und auf die Bewirtung ihrer Gäste im bäuerlichen Rahmen und in uralter elsässischer Tradition. So bereitet Lina Finck vor allem Gerichte, die selbst manche Elsässer nur noch vom Hörensagen kennen. Mit der täglich wechselnden Speisekarte erfährt man auch noch ein Stück Heimatgeschichte.

Merkwiller-Pechelbronn: An der Mairie von Pechelbronn steht die Jahreszahl 1735–1965. Seit dem 18. Jh. hat man hier Öl gefördert. Zuerst schmierten die Bauern ihre Wagenachsen mit dem Erdpech, dann benutzte man es als Heilmittel, und schließlich wurde hier bis in die Mitte dieses Jahrhunderts Erdöl gepumpt, das inzwischen längst versiegt ist. Ein kleines Museum gibt darüber Auskunft. Die Fördertürme des Öls sind noch zu sehen. Inzwischen hat man eine Thermalquelle entdeckt, es sind heiße Solequellen, die hier zu Tage treten, und ein bescheidener Kurbetrieb ist im Gange.

Vom »Winde verweht« ist die einstige Schönheit des **Château LeBel,** Stammsitz der Ölbarone. Verwaist liegt es in einem Park, umgeben von alten Laubbäumen, windschiefe Fensterläden und verblichene Vorhänge lassen die vergangene Pracht erahnen, und der aufstrebende Kurbetrieb von Merkwiller-Pechelbronn könnte sie zu neuem Leben erwecken.

Rittershoffen ist bekannt für seine Pferdezucht und die Pferderennen, die im Nordelsaß auf dem Lande eine jahrhundertealte Tradition haben. Sie erfreuen sich nach wie vor großer Beliebtheit. Rennen finden jährlich von Mai bis September statt. Zunehmend verlegen sich die Landwirte bei der Zucht auf Halb- und Vollblüter. Besonders traditionsreich ist das Pfingstrennen auf dem Wissembourger Hippodrome.

Cleebourg, eingebettet in eine malerische Landschaft, ist die Perle des Tokayer.

Kurz vor **Schœnenbourg** führt ein markierter Waldweg zum Befestigungswerk der **Maginot-Linie Schœnenbourg.** Die Bahngleise liegen noch, über die die Zufuhr von Gütern in diese unterirdische Stadt erfolgte, sie führen in den Bunker hinein. Unmittelbar vor dem Eingang des Bunkers liegt ein Stein zur Erinnerung an die Kämpfer der Maginot-Linie von 1939–1940, den man zur 50. Wiederkehr des Datums, 1990, aufgestellt hat. Nach André Maginot, dem Erfinder dieser Linie, hat man hier eine Allee benannt, die direkt zum Werk führt. Auf dem Weg hierher begegneten uns große Reisebusse aus Deutschland, meist ältere Generationen, alle unterwegs auf den Spuren der Kriegsvergangenheit. Das Artilleriewerk Schœnenbourg hat dieselbe unterirdische Stadt wie Lembach (Tour 8).

Direkt neben dem Werk finden wir auf dem Waldweg eine »**Banc Napoléon**« aus dem Jahr 1857. Der Sohn des französischen Kaisers Napoléon I. und der Kaiserin Marie-Louise, Roi de Rome genannt, wurde 1811 geboren. Um die Geburt zu feiern, ließ der Präfekt des Departements Bas-Rhin die Ruhebänke an den Hauptrouten errichten. Allein im Bas-Rhin im Unterelsaß schätzt man diese zum Gedenken und auch zum Nutzen der Gemeinschaft errichteten Bauwerke auf 450! Während des Zweiten Kaisertums wurden im Jahr 1854 auf Initiative des Präfekten César West (»nomen est omen«) neue Bänke aufgebaut, und zwar zur Erinnerung an die Hochzeit des Kaisers der Franzosen Napoléon III. mit Eugenie de Montijo. Die Schœnenbourger Bank ist ein Denkmal aus dem Jahr 1811 mit breitem Unterteil und einem während des Zweiten Kaisertums restaurierten Oberteil (1857). Die Bänke erlaubten es den Bäuerinnen, die auf dem Kopf getragenen schweren Lasten abzusetzen. Auch wir können an den Ruhebänken des Napoléon – auf französisch heißen sie »bancs reposoirs« – immer eine schöne Rast einlegen.

Streckenbeschreibung

Wir verlassen **Wissembourg,** indem wir uns am Bahnhof links wenden und uns nach dem Kreisverkehr nach rechts einordnen, auf die D 77 Richtung Rott/Climbach. Sofort nach dem Kreisverkehr beginnt die Straße allmählich anzusteigen, und wir radeln langsam bergan aus Wissembourg hinaus. Ein Radweg ist in Vorbereitung, aber noch nicht fertiggestellt, doch die Straße ist ohnehin recht unbefahren. Noch immer steigen wir sachte bergan; die Straße ist von Streuobstwiesen und Feldern umgeben. Sofort nach Wissembourg sind wir in ländlicher Umgebung.

Nach etwa 2 km erreichen wir die Kreuzung Climbach – Lembach – Rott, die wir auf geradem Weg überqueren Richtung **Rott,** das wir nach etwa 1 km auf fallender Fahrbahn erreichen. Rott hat schöne alte Fachwerkhäuser, zum Teil sehr reparaturbedürftig, und eine Kirche mit alter Befestigungsmauer. Auf der Rue Principale verlassen wir Rott auf ansteigender Straße. An der Kreuzung folgen wir links der Beschilderung nach Riedseltz in die D 240. Nach 200 m folgen wir einer scharfen Rechtsabbiegung und befinden uns nun auf unmarkiertem betonierten Weg, der parallel zur D 77 verläuft, vorbei an Obstplantagen. Streuobstwiesen, Maisfeldern und alten Laubbäumen. Trotz einiger Schlaglöcher auf der schmalen Straße ist dieser Weg unbedingt zu empfehlen. Auf der ersten Weggabelung halten wir uns nach links und radeln durch die Weinberge von Cleebourg auf Umwegen nach **Cleebourg** hinein.

Vorbei an Bauerngärten sind wir durch die Rue Berger auf die Rue Principale gestoßen, am Gasthaus »Au Tilleul« vorbeigekommen und radeln nun den Ort hinaus Richtung Bremmelbach. Wir lassen den erhöht liegenden Friedhof von Cleebourg zu unserer Linken, halten uns an der Kreuzung links und biegen ein auf die D 76 nach Bremmelbach. Am Waldsaum entlang radeln wir nach **Bremmelbach** hinein, dessen weiße moderne Kirche den höchsten Punkt des Dorfes markiert.

Wir verlassen Bremmelbach auf der D 76 und folgen an der Kreuzung rechts dem Weg nach Birlenbach. Rechts von uns liegt malerisch Cleebourg. Wir radeln jetzt direkt auf die Vogesen zu, wie es scheint, die Straße gesäumt von Maisfeldern und Apfelbäumen, im Laub glüht es rot aus dem dichten Grün. Neben uns ein verfallener Bunker der Ligne Maginot. Wir rollen in sachter Abfahrt nach **Birlenbach** hinein, durchfahren auf ansteigender Fahrbahn die Hauptstraße, gesäumt von wunderschönen Fachwerkhäusern, das Mauerwerk zwischen dem Holz ist blaugetönt. Die Straße aus Birlenbach hinaus folgt ein Stück dem Birlenbach. Nach 1 km Entfernung erreichen wir **Drachenbronn,** wo wir im kastaniengesäumten »Au Châtaignier« Rast machen.

Dann radeln wir durch den Ort und biegen links nach Camp de Drachenbronn, 1,4 km. An der Kreuzung angekommen, biegen wir wieder links auf die D 77 Richtung Lobsann ab, die nun bergab verläuft. 1 km nach der Kreuzung stoßen wir links auf unsere Ferme Auberge »des Sept Fontaines«, die sich malerisch mit blauem Stein zwischen dem Gebälk des Fachwerks aus dem Grün der Wiesen erhebt. Nach Lobsann sind es jetzt noch 3 km. Zwischen dichten Laubbäumen zu beiden Seiten der Fahrbahn haben wir eine herrliche Talfahrt, die sich über 2 km hinzieht und uns bis nach Lobsann führt.

Kurz bevor wir nach Lobsann hineinradeln, am Zeichen Marienbronn, finden wir rechter Hand eine Banc Napoléon. Auf der Kopfseite dieser Bank lesen wir die Zahl 1834; außerdem ist gegenüber ein sehr schöner Picknickplatz unter Birkenbäumen angelegt – so recht ein Platz, der einlädt zur Rast. Wir radeln nun in weiterer Talfahrt nach **Lobsann** hinein, das in Laubbäume eingebettet ist, durchqueren das Dorf vorbei am Lion d'Or, der Mairie und folgen der Beschilderung Merkwiller-Pechelbronn auf der D 314 nach Pechelbronn. Auf dieser leicht ansteigenden Fahrbahn durch herrlichsten Buchenwald erreichen wir nach 3,4 km **Merkwiller-Pechelbronn.** Nach der Beschilderung biegen wir an der ersten Abzweigung rechts ab, Richtung Lampertsloch mit dem Vermerk Cité LeBel/die Stadt von LeBel. Nach etwa 500 m stoßen wir auf das Château LeBel. Später radeln wir zur Kreuzung zurück und wenden uns nach rechts nach **Pechelbronn** hinein mit seinem Musée de Pétrole.

Wir biegen links ein in die D 28 Richtung Kutzenhausen, erreichen nach kurzer ebener Fahrt **Oberkutzenhausen.** Zu unserer Rechten markieren Ölförderpumpen, die sich in der grünen Landschaft hell abzeichnen, den Weg. Nach knapp 2 km erreichen wir **Kutzenhausen,** wo sich neuerdings ein ländliches Museum befindet: La Maison Rurale. Wir überqueren in Kutzenhausen auf einer kleinen Brücke den Seltzbach und radeln nun bergan durch das Dorf. In der idyllischen Ferme de Fleckenstein, mitten im Dorf von Kutzenhausen, mit Efeu und wildem Wein umwuchert, gibt es Zimmer zu mieten und Äpfel und Kartoffeln zu kaufen. Nach Kutzenhausen radeln wir, vorbei an einem Versuchsinstitut für Tiefengeothermik, das von der EU gefördert wird, nach Soultz-sous-Forêts, von wo aus wir weiter auf der D 28 nach **Hohwiller** radeln. Mit Hohwiller erreichen wir eines der schönen Villages Fleuris – der Blumendörfer des Outre Forêt. Es macht seinem Namen alle Ehre.

Wir verlassen Hohwiller und radeln auf einer schnurgeraden Straße, die uns erst in sachtem Schwung leicht abwärts rollen läßt, um dann leicht anzusteigen, nach **Kuhlendorf.** Wir radeln direkt auf die Dorflinde zu und verlassen dann Kuhlendorf, linker Hand die Bunker der Ligne Maginot, und kommen an den Hopfenfeldern vorbei, eine kleine Fläche mit meterhohen Gestängen zwischen den Maisfeldern. Wir erreichen **Rittershofen.** Eine kerzengerade Straße führt uns hinein in den Ort, der bekannt ist für seine Pferdezucht und die traditionellen Pferderen-

nen. Von hier aus nehmen wir die D 76 über Leiterswiller nach **Hoffen** mit seiner wunderschönen Mairie aus dem 17. Jh. und den geraniengeschmückten Häusern, wo die Blumen aus jeder Mauerritze zu sprießen scheinen. Unmittelbar hinter Hoffen nehmen wir die Unterführung der befahrenen D 263 und erreichen nach 3 km auf einer unmarkierten Nebenstraße **Schœnenbourg.** Nur 1 km entfernt von Schœnenbourg liegt Hunspach; nach Seebach sind es 6 km, in beiden Fällen ein lohnender Abstecher. Kurz vor Schœnenbourg führt ein markierter Waldweg zum Befestigungswerk der Ligne Maginot Schœnenbourg. Wir nehmen die D 264, die uns nach 3 km nach **Ingolsheim** bringt, einem kleinen Weiler, den wir durchrollen, weil hier die Straße sanft abfällt. Zwischen Ingolsheim und Riedseltz (2 km) verläuft die Straße in sanftem Bergauf und Bergab. Wir erreichen den Weinort **Riedseltz,** der uns zuerst einmal mit Neubauten empfängt. Riedseltz gehört mit Steinseltz zu den ältesten Dörfern der nördlichen Weinstraße. Ein Straßendorf, das wir von Anfang bis Ende durchqueren. Kurz vor Verlassen des Dorfes schwenken wir links in die D 240 nach Steinseltz (3 km) ein. Kaum 1 km später radeln wir in **Oberhoffen-lès-Wissembourg** ein. Im Ort steigt die Straße kräftig an, und wir biegen jetzt in die D 77 nach **Rott** ein. Von Rott aus geht es nur noch bergab nach Wissembourg hinein (3 km), wo wir über das Rondell wieder dem Bahnhof zustreben.

Nützliche Informationen

Ausgangs- und Zielpunkt: Bahnhof Wissembourg.
Einkehr mit Übernachtung: *Wissembourg-Cleebourg:* • Hôtel á la Cave de Cleebourg, das idyllisch zwischen Wiesen und Wäldern am Rand der Weinfelder liegt und für seine gute Küche berühmt ist. Spezialität: Fasan auf Sauerkraut; Route de Lobsann-Rott, 67160 Wissembourg; Tel. 88 94 52 18.
• Au Tilleul; Cleebourg; 94, Rue Principale, 67160 Wissembourg; Tel. 88 94 52 15, Fax 88 92 52 63; Dienstag Ruhetag; gute Küche und komfortable Unterkunft. – *Drachenbronn:* • Ferme-Auberge Moulin des Sept-Fontaines; Lina et Claude Finck; 67160

Drachenbronn; Tel. 88 94 50 90. Geöffnet täglich außer Montag und Donnerstag. In der ersten Januar- und Februarwoche geschlossen; 5 Gästezimmer.

Einkehr: *Wissembourg-Cleebourg:* • Weinprobe: in der Co-Operative Viticole de Cleebourg (67160 Wissembourg) läßt sich jener berühmte Tokayer probieren und noch andere Spitzenweine der Umgebung, und zwar von Montag bis Samstag 8–12 und 14–18 Uhr und Sonn- und Feiertag 9–12 und 14–18 Uhr. – *Drachenbronn:* • Restaurant Au Châtaignier; 37, Rue Louis Philippe Kamm, 67160 Drachenbronn; Tel. 88 94 50 43; Dienstag Ruhetag; Preiswerte Tagesgerichte/Plats du Jour, am Abend tischfüllende Flammkuchen! Spezialitäten: Wild, Fasan, Wildschwein und Couscous.

Sehens- und Wissenswertes: *Kutzenhausen:* • La Maison Rurale de l'Outre-Forêt, ein ländliches Museum, das Auskunft gibt über Lebensweise und Wohnkomfort eines Bauernhauses des 18. Jh.; Auskunft erteilt die Mairie; Tel. 88 80 40 57. • *Museum in Merkwiller-Pechelbronn;* geöffnet jeden Donnerstag 14.30–17 Uhr, vom 17. Juli bis 22. September. *Rittershoffen:* • Pferdezucht und Pferderennen, u. a. das Pfingstrennen auf dem Wissembourger Hippodrom. Auskunft erteilt die Fédération des Sociétés Hippiques Rurales du Bas-Rhin; 67690 Rittershoffen; Tel. 88 80 01 55.

Auskunft: • *Wissembourg:* Syndicat d'Initiative; 67160 Wissembourg; Tel. 88 94 10 11.

Karte: 3615 IGN – Série Verte Nr. 12, 1:100 000.

Die Fachwerkkirche von Kuhlendorf, die einzige ihrer Art im Elsaß.

4 St. Arbogast lädt ein zur Rast

Wissembourg – Schleithal – Seebach – Niederseebach – Trimbach – Croettwiller – Niederrœdern – Kœnigsbruck – Soufflenheim – Sessenheim

Tourencharakter: Flache Strecke, die meist durch den Wald führt. Anschluß und Rückkehr nach Wissembourg mit Tour 5.

Länge der Tour: 33 km.
Höhenunterschied: Geringfügig.

Auf einer längeren Strecke durchstreifen wir auf dieser Tour den **Hagenauer Forst**, seit dem Mittelalter auch »Heiliger Forst« genannt, da viele Klöster hier angesiedelt waren. Es ist wahrscheinlich, daß der Name »Heiliger Wald« St. Arbogast zu verdanken ist, jenem Eremiten und ersten Bischof von Strasbourg, der in der Waldeinsamkeit eine Eremitage hatte und am Rand des Waldes ein Kloster – Surbourg – gründete. In der Folge entstanden zahlreiche weitere Klöster, so 1147 Walbourg, im Jahr 1111 Biblisheim, 1133 Neubourg und 1147 Kœnigsbruck. Die revolutionären Umtriebe haben sie alle verschwinden lassen, mit Ausnahme der Kirchen von Surbourg und Walbourg.

Sommerliche Blumenpracht im Bilderbuchdorf Seebach.

Zahlreiche Funde aus der Bronzezeit weisen darauf hin, daß der Hagenauer Forst schon immer Kultgebiet war. Eine Aura des Geheimnisvollen umgibt diesen Wald noch heute – er zählt mit seinen 14 000 ha zu den größten zusammenhängenden Waldgebieten Frankreichs, ganz bestimmt aber ist er einer der schönsten Wälder. Zahlreiche Fahrradwanderwege führen quer durch den Wald, vorbei an vorgeschichtlichen Grabhügeln und vor allem vorbei an der Eremitage St. Arbogast, dem Heiligen »Contre la Fatigue«/»gegen die Müdigkeit«! Die schönen Picknickplätze im Wald laden auf jeden Fall immer wieder zur Rast ein bei St. Arbogast, der laut seines Namens selbst ein »Gast der Bäume« war.

Bevor wir den Wald erreichen, kommen wir nördlich des Forstes durch Seebach, eines der schönsten Dörfer »jenseits des Waldes«. Jeweils am Wochenende, folgend dem 14. Juli (französischer Nationalfeiertag), findet in **Seebach** die »Streisslhochzeit« statt. Das Fest beginnt am späten Nachmittag und geht bis 10 Uhr nachts. »Streissl« verweist auf die Blumenkrone, die die Braut trägt –

die verheirateten Frauen tragen eine Haube. Die Streisslhochzeit ist die jährliche touristische Vermarktung einer reichen Bauernhochzeit. Die letzte große, in diesem Stil gefeierte Hochzeit war im Jahr 1938. Der Festumzug in der landesüblichen Tracht ist eine Demonstration der bäuerlichen Kultur. Die Handwerker stellen sich vor, von den Töpfern bis zu den Drechslern und Wagenmachern, und ebenso die Bauern mit all ihren Fertigkeiten.

Am Rande des Waldes liegen die beiden Töpferdörfer – in der Südostecke Soufflenheim, und am Nordwestrand Betschdorf. Der Hagenauer Forst mit seinen Tongruben liefert das Rohmaterial für die keramische Industrie, die sich auf die Ortschaften Soufflenheim und Betschdorf konzentriert hat, während es vor hundert Jahren im Unterelsaß noch viele kleine weitere Töpferdörfer gab. In **Soufflenheim** wird solide, feuerfeste Ware hergestellt, die sich vorzüglich für die Zubereitung elsässischer Spezialitäten eignet. Besonders beliebt sind die »Baeckaoffa-Töpfe« für den berühmten Eintopf (mit Riesling mariniertes Fleisch und Gemüse), Guglhupf-Formen, Weinkrüge und Schnecken-pfannen, die durch ihre bunte Bemalung und die hübschen schlichten Muster – Blumenmotive, einfache Linien und Ornamente – oft auch zweckentfremdet als Souvenir und Ziergeschirr auf Küchen- und Zimmerregalen landen. Schlichtes Gebrauchsgeschirr erfreut sich ebenso großer Nachfrage wie die älteren Formen, die zu bestimmten Gelegenheiten und Festen des Jahres und Lebenslaufs Verwendung finden.

Soufflenheim verfügt über ein Denkmal ganz besonderer Art: Der Vater des jetzigen Erzbischofs von Strasbourg (Jean Echinger) hat als Töpfermeister seiner Gemeinde das Abendmahl mit den 12 Aposteln in Überlebensgröße aus Ton geschaffen – zur Ehre Gottes und aus Dank dafür, daß sein Sohn Priester wurde. Auf dem Berg gleich neben der Kirche ist dieses Werk hinter Glas zu bewundern. Am Maison Friedmann, gegründet 1776 und seither im Familienbesitz, befindet sich eine besonders schöne Auswahl von Elsässer Sprüchen, in Ton verewigt, an den Wänden der Töpferei. Immer sind damit Sinnsprüche verbunden, die auf die elsässische Lebensart hinweisen: »Speis' und Trank sind Gottes Gaben, iß' und trink, das will er haben, aber friß und sauf doch nie, bist ja Mensch und kein Stück Vieh«, oder: »Gottes Gnade, gesunder Leib, ein warmes Bett, ein frommes Weib, ein gut' Gewissen, viel bares Geld, das ist das Beste auf der Welt«. Der Liebe ist, wie sollte es anders sein, die französische Sprache vorbehalten: »S' unir c'est un début. Rester unis est un progrès. Vieillir ensemble, c'est un succès.«/»Sich zu vereinigen ist ein Anfang, zusammen zu bleiben Fortschritt, zusammen alt werden ist Erfolg«. Dazu ein Herz auf königsblauem Grund, Mann und Frau in Elsässer Tracht mit der berühmten Haube, die im Elsässer Volksbrauch auf den Ehestand hinweist.

Nur 3 km hinter Soufflenheim kommen wir in eine andere Welt – nach dem geschäftigen Treiben der Soufflenheimer Töpfer scheint hier die Zeit stillzustehen: Atempause in **Sessenheim**. Und hätte nicht Goethe das verschlafene Nest auf die Reisekarten aller Literaten gebracht, wer hätte je von Sessenheim gehört? Hier verliebte sich der gerade 21jährige Johann Wolfgang von Goethe –

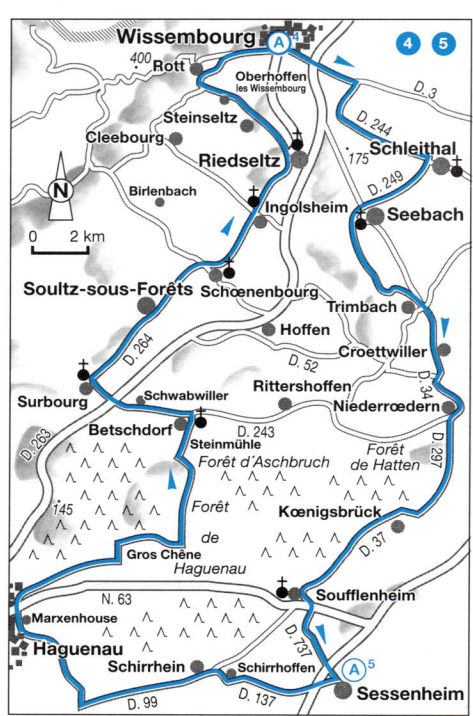

nachdem er im April 1770 in Strasbourg seine Rechtsstudien aufgenommen hatte – in die noch jüngere Frédérique Brion, eine Pastorentochter, die seine Sympathien offenherzig erwiderte. »Aus heitren blauen Augen blickte sie so sehr deutlich umher, und das artige Stumpfnäschen forschte so frei in der Luft, als wenn es in der Welt keine Sorgen geben könnte...«, erinnert sich Goethe in »Dichtung und Wahrheit«. Aber das Idyll von Sessenheim dauerte nur von Oktober 1770 bis August 1771. Goethe, zunächst im Überschwang der Gefühle Liebeslieder dichtend, erwies sich jedoch bald als ruhelos und unbeständig. Der von poetischem Drang und seelischen Neigungen Hin-und-Hergerissene entschied sich für die Poesie und gegen Friederike. Erst im Alter erkannte Goethe die Streiche des dummen Jungen. Frédérique entschloß sich, nach diesen Erfahrungen, nie zu heiraten. Bis zu ihrem Tod 1813 verfolgte sie aus der Ferne Leben und Werk des »Einzigen«. Es ist umstritten, ob Goethe das »Heideröslein« für Frédérique schrieb. Fest steht jedoch, daß er viele seiner bekannten Lieder und teilweise verlorenge-gangenen Dichtungen Frédérique widmete. Stark erinnert auch die »Gretchen-Szene« im »Faust« an die Episode mit Frédérique Brion, auch dies eine literarische Verarbei-tung der Liebesromanze. In der Kirche von Sessenheim, im Goethe-Memorial und in der »Auberge du Boeuf« befinden sich noch zahlreiche Erinnerungsstücke aus jener Zeit, die jährlich viele Besucher anziehen.

Streckenbeschreibung

Am Bahnhof **Wissembourg** wenden wir uns rechts dem gegenüberliegenden Radweg zu und folgen ein Stück der D 3, Richtung Lau-terbourg, wobei wir unseren Radweg aus Tour 1 aufgreifen. Nach 1 km erreichen wir die Altenstadter Kreuzung, die wir diesmal überqueren und nun 1,7 km ohne Radweg Richtung Lauterbourg folgen. Wir biegen da-bei nach Überquerung des Bahnübergangs rechts in das Hippodrom ab und folgen von nun an unserem Radweg bis **Schleithal.** In Schleithal biegen wir an der ersten großen Kreuzung in die D 249, Richtung Seebach. Wir erreichen zuerst nach 2 km Fronacker-hof, einen kleinen Weiler von 4 bis 5 Häu-sern. Nach knapp 2 km radeln wir in **See-bach** ein. Die meisten Fachwerkhäuser die-ses Bilderbuchdorfes wurden im 18. Jh. erbaut. Neben Hunspach ist Seebach das schönste Dorf der Outre Forêt-Dörfer. Wir durchradeln Seebach und kommen dann nach **Niederseebach,** von wo aus wir die D 645 nach **Trimbach** nehmen, das wir nach 4 km erreichen. Wir durchqueren **Croettwil-ler** Richtung Soufflenheim, vorbei an Mais-feldern, und befinden uns nach Verlassen des Ortes auf einer flachhügeligen Land-straße. Wir sind jetzt auf der D 34 und errei-chen **Niederrœdern** nach 6 km, ein hüb-sches Dorf. Neubauten mischen sich unter alte Fachwerkhäuser, und eine Explosion der Farben findet der Radler im August – für Blumenfreunde eine wahre Wonne.

In Niederrœdern folgen wir der großen Ausschilderung nach Soufflenheim auf der D 297. Von Niederrœdern aus befinden wir uns in herrlichem Mischwald. Ideale Radel-bedingungen: flache Strecke auf schattigen Waldstraßen (die Baumkronen neigen sich

über die Fahrbahn), bis wir nach 5 km auf ei-ne Abzweigung (nach Forstfeld) kommen. Wir schwenken jedoch rechts in die D 37 nach Soufflenheim. Immer auf Waldwegen erreichen wir **Kœnigsbruck** nach weiteren 3 km. Es geht weiter durch den Heiligen Wald nach Soufflenheim, das wir nach 5 km erreichen. Im Töpferdorf **Soufflenheim** neh-men wir die D 737 mit markiertem Radweg aus Soufflenheim hinaus nach Sessenheim und folgen dabei dem Radweg über die Bahngleise, vorbei an einem hohen Brenn-ofen der Töpfer von Soufflenheim, Wahrzei-chen für den Ort und Wegmarkierung für uns. Wir folgen der Straße D 737 über dem Rondell auf einsamer, flacher, pappelbestan-dener Allee, vorbei an einem Zementwerk 3 km Richtung Sessenheim. Wir überqueren eine Autobahnbrücke und radeln auf der D 737 nach **Sessenheim** hinein.

Nützliche Informationen

Ausgangspunkt: Bahnhof Wissembourg.
Zielort: Sessenheim; 1500 Einwohner; 33 km nach Wissembourg.
Einkehr mit Übernachtung: *Sessenheim:*
• La Croix d'Or; 1, Rue Goethe; Tel. 88 86 97 32; im Januar geschlossen; preis-werte Einkehr; Spezialität: Flammkuchen mit Knoblauch, Pferdesteak, Schnecken.
Einkehr: *Soufflenheim:* • Hotel-Restaurant A la Couronne; 21, Grand Rue Soufflen-heim; Montag Ruhetag; gutbürgerliche preiswerte Einkehr. – *Sessenheim:* • Auberge du Boeuf; Tel. 88 86 97 14; Montag und Dienstag Ruhetag; Spezialität: Nach gutem Essen herrliche Kuchen zur Kaffeepause in »Goethes Gesellschaft«.
Sehens- und Wissenswertes: *Sessenheim:*
• Memorial Goethe Museum; 67770 Sessen-heim, Rue Frédérique Brion; Tel. 88 86 97 04; geöffnet tägl. 9–19 Uhr; Eintritt frei. – *Soufflenheim:* • Töpferdorf; Einkauf von Töpferwaren zu sehr günstigen Preisen direkt in den Werkstätten.
Auskunft: • *Soufflenheim:* Office de Touris-me; Soufflenheim; Tel. 88 86 74 90.
• *Wissembourg:* Syndicat d'Initiative; 67160 Wissembourg; Tel. 88 94 10 11.
Karte: 3615 IGN – Série Verte Nr. 12, 1:100 000.

5 Von St. Arbogasts Eiche zum Kloster Surbourg

Sessenheim – Schirrhoffen – Schirrhein – Hagenau – Marxenhouse – Gros Chêne – Betschdorf – Surbourg – Soultz-sous-Forêts – Schœnenbourg – Ingolsheim – Riedseltz – Steinseltz – Oberhoffen – Rott – Wissembourg

> **Tourencharakter:** Flach durch den Hagenauer Forst – sanft hügelig von Surbourg bis Wissembourg. Als Fortsetzung der Tour 4 ist dies die zweite Etappe einer Rundtour.
>
> **Länge der Tour:** 50 km.
> **Höhenunterschied:** 150 m.

Mitten im Heiligen Wald, auf einer Flußinsel der Moder, lag einst die Kaiserpfalz von Hagenau. Heute weist nur noch ein Straßenname auf den einstigen Standort hin: »Rue du Château«. **Hagenau:** Die Kaiserpfalz von Hagenau wurde 1130 vom Grafen des Nordgaues, Hugo von Egisheim, errichtet, ging durch eine Erbschaft an Herzog Friedrich den Einäugigen von Schwaben, dessen Sohn Friedrich der I. Barbarossa sie um 1150 zur Pfalz ausbauen ließ. Von da an wurden in der oberen Pfalzkapelle bis 1208 die Reichskleinodien aufbewahrt. Die Pfalz von Hagenau hatte eine solche Bedeutung, daß sie von Barbarossa bis zu Friedrich II. fast als deutsche Residenz galt. Unter Ludwig XIV. wurden die Pfalzbauten abgetragen und aus den Steinen Fort Louis am Rhein erbaut. Architektur- und Skulptur-Fragmente werden im Hagenauer Museum aufbewahrt.

Hagenau wurde bereits 1257 freie Reichsstadt und 1354 Hauptstadt des elsässischen Zehn-Städte-Bunds. Trotz der Invasion der Armagnaken entwickelte sich Hagenau im folgenden Jahrhundert zu einem kulturellen Mittelpunkt, was besonders in der Buchdruckerkunst seinen Niederschlag fand. Das heutige Stadtbild ist durch viele Zerstörungen (1677 Brand, 1944/45 amerikanische Bombardierung) beeinträchtigt worden. Nur noch wenige Gebäude sind erhalten geblieben. So die romanisch-gotische Kirche

Ein romanisches Juwel mitten im Dorf: Surbourg, die erste Kirche des St. Arbogast, dem Schutzpatron gegen die Müdigkeit.

Saint-George (Rue Saint-George), in deren Turm die beiden ältesten Glocken des Elsaß hängen (von 1268), und die dreischiffige Säulenbasilika Saint-Nicolas, deren Gründung Kaiser Barbarossa zugeschrieben wird. Von den ehemaligen Befestigungsanlagen steht nur noch der Ritterturm aus dem 14. Jh. – Tour des Chevaliers.

Gros Chêne, inmitten des Heiligen Waldes: nach der Überlieferung befand sich hier an dieser Eiche die Einsiedelei von St. Arbogast. Hier soll er, abgeschieden von der Welt und nur der Ehre Gottes zugewandt, gelebt haben, bis er zum Bischof von Strasbourg berufen wurde. St. Arbogast kam im Laufe des 6. Jh. nach Elsaß, um zu missionieren. Am Rand des Waldes gründete er in Surbourg das erste Kloster des Elsaß. »Le Gros Chêne« oder »Dicke Eiche«, der Markierungspunkt des Eremitendaseins aller Jahrhunderte, wurde am 13. November 1913 vom Blitz getroffen. Von diesem mindestens 600 Jahre alten Baumriesen finden wir heute nur die Reste (mit Zement zusammengehalten!). Daneben hat man 1955 eine

Kapelle errichtet, und seitdem haben zahlreiche Pilgerfahrten stattgefunden. Das wichtigste Fest des Jahres ist das Patronatsfest des heiligen Arbogast am letzten Sonntag im Juli. Sternförmig laufen alle Wege an der dicken Eiche zusammen und führen von hier aus in alle Himmelsrichtungen des Heiligen Forstes.

Am Rand des Waldes kommen wir nach **Betschdorf,** neben Soufflenheim das zweite große Töpferdorf, berühmt für seine salzglasierte Ware. Sie ist zwar nicht feuerfest, aber wasserdicht. Die berühmten blauen Kannen, Krüge und Fässer eignen sich hervorragend als Behälter für Flüssigkeiten wie Öl, Wein, Bier, Schnaps, Wasser usw. Vor allem die Sahnetöpfe halten im Sommer die Milch frisch und gleichbleibend kühl.

Die **Abtei von Surbourg**, das erste Kloster im Elsaß, entstand gegen 570. St. Arbogast wählte, nachdem er zum Strasbourger Bischof ernannt wurde, sehr wahrscheinlich auf Befehl des Königs Dagobert II., Surbourg, um hier das Kloster für Mönche fränkischer Herkunft zu bauen. Sie lebten nach dem Gesetz des hl. Martinus, dem sie auch das Kloster widmeten. Später hatte Dagobert II., in Metz ansässig, das Kloster reichlich ausgestattet um die Einpflanzung des Christentums zu begünstigen. Die Legende geht, daß St. Arbogast den Sohn des Merowinger-Königs Dagobert geheilt hatte, als er bei der Jagd verletzt worden war. Eine schöne Holzschnittarbeit beim Eingang der Kirche weist auf diesen Vorfall hin. Im Jahr 950 wurden die Reliquien des hl. Arbogast vom St. Michaelsberg in Strasbourg nach Surbourg überführt. Doch im Jahr 1449 sollen die Reliquien gestohlen worden sein.

Die heutige Kirche entstand im 11. Jh. und ist das Ergebnis vier aufeinanderfolgender Bauperioden. Vom ursprünglichen Bau, der im letzten Drittel des 11. Jh. entstanden ist, sind das dreischiffige Langhaus, das Querschiff, die beiden Apsidiolen und der Vierungsturm erhalten. Ende des 12. Jh. wurde die Hauptapsis erneuert. Im 15. Jh. stattete man die Vierung und das rechte Joch des Chores mit einem Kreuzrippengewölbe aus. An den südlichen Querhausarm hängte man eine Sakristei an. 1935 schließlich setzte man vor die Fassade ein Westwerk in der Art

eines 2. Querschiffes. Trotz der Restaurierungen bleibt der Eindruck eines romanischen Gotteshauses besonders im Inneren der Kirche erhalten. Aus einem von 1736 stammenden Bericht des Stifts erfährt man, daß »die Nutzen ziehenden keineswegs vor Räubern, Missetätern oder Soldaten in Sicherheit waren«. Militärische Streifzüge geschahen seit einigen Jahrhunderten fast täglich. Manche Mönche wurden getötet oder gefangengenommen, ihr Haus sowie die Kirchen und Stiftsgebäude wurden verbrannt. Durch die Jahrhunderte hindurch erlebte die Stiftskirche neue Mißgeschicke, und was den Religionskriegen entfallen war, wurde bei der Ankunft der Schweden genommen, so daß die Stiftskirche völlig ruiniert war und schließlich von den Domherren verlassen wurde. So vergingen 40 Jahre (von 1632 bis 1672), ohne daß darin ein Gottesdienst gefeiert wurde oder ein Pfarrer in Surbourg wohnte. Erst 1714 wurde das Gotteshaus wiederhergestellt und ist seither Stadtkirche von Surbourg.

Friederikenkirche in Sessenheim –
nur noch die alte Kanzel und das Gestühl
erinnern an Goethe-Zeiten.

In der Ortsmitte von Surbourg erinnert ein spätgotisches Heiligenhäuschen an St. Arbogast, Hauptpatron der Diözese Strasbourg und Patron gegen die Müdigkeit.

Streckenbeschreibung

Vom stillen **Sessenheim** fahren wir zunächst Richtung Soufflenheim bis zum zweiten Kreisverkehr, wo wir links in die D 137 einbiegen. Wir folgen jetzt dem Radweg, der noch nicht ganz fertiggestellt ist, nach Schirrhoffen, vorbei an der Fabrik Vethal. Markierungspunkte an der Straße sind eine große Eiche und einige Neupflanzungen entlang der Straße. Immer unter Bäumen entlang geht es durch den Gemeindewald von Soufflenheim. Wir stoßen auf eine Kreuzung und halten uns rechts auf der D 137 nach Schirrhoffen. Mitten durch den Wald verläuft unsere Strecke auf einsamster Fahrbahn und flach verlaufender Straße. Offenes Feld folgt dann und wieder der Gemeindewald von Soufflenheim. Unsere Straße schwingt in einer sanften Rechtskurve nach **Schirrhoffen** hinein. Wir radeln durch den Ort und halten uns nach links, schwenken in die D 37 und kommen fast unmittelbar nach **Schirrhein.** Die beiden Orte sind eng miteinander verbunden. Am Ende von Schirrheim, am Rondell, halten wir uns scharf rechts und schwenken in die D 99, flach und laubbaumgesäumt; noch immer sind wir im »Heiligen Forst von Hagenau«. Wir radeln am Schießplatz von Oberhoffen vorbei. Am Ende dieser Militäranlage, mit weitläufigem Rasengelände, stehen Panzer aus dem Zweiten Weltkrieg. Unmittelbar nach dieser militärischen Anlage verläuft am Rand des Waldes eine schmale, unbefahrene Straße, die D 699, die wir bis zum Hagenauer Stadtteil **Marxenhouse** befahren, um der 6 km langen, stark befahrenen Straße nach **Hagenau** zu entkommen.

Nach Stadtbesichtigung fahren wir vom Stadtteil Marxenhouse weiter durch den Wald nach Gros Chêne. In Marxenhouse überqueren wir die N 63 und sehen sogleich die Beschilderung: Sentier du Gros Chêne. Dieser Beschilderung folgen wir bis zum Ende. Der befestigte Forstweg führt uns nach 5 km an die **Gros Chêne** und die Kapelle des St. Arbogast inmitten des Waldes, mit schöner Einkehr in der »Auberge du Gros Chêne«. Wir bleiben auf diesem herrlichen Waldweg bis zum Forsthaus »Heuscheuer« und radeln am Forsthaus vorbei bis zur Steinmühle am Ende des Waldes. An der Steinmühle überqueren wir die Sauer und den Bahnübergang und radeln nach Betschdorf hinein. In **Betschdorf,** wir haben den Wald hinter uns gelassen, biegen wir links in die D 243 ein und radeln in Richtung **Schwabwiller,** das wir nach 1 km erreichen. Unmittelbar nach Schwabwiller müssen wir die sehr befahrene Schnellstraße D 263 überqueren und sind nach etwa 100 m am Ortsrand von **Surbourg,** der ersten Klostergründung des Elsaß. Inmitten der abgeschiedenen Gemeinde Surbourg liegt die herrliche Kirche von St. Arbogast, die uns zur Rast einlädt.

Wir verlassen Surbourg in Richtung Soultz-sous-Forêts und sind sofort auf einer kastanienbaumbestandenen Allee, die Surbourg mit Soultz-sous-Forêts und weiter auch Schœnenbourg miteinander verbindet. Eine der herrlichsten Straßen, die seit der Öffnung der Schnellstraße wieder still geworden ist. Wir radeln leicht abwärts rollend, links von uns eingeschmiegt die Dörfer des Outre Forêt. Auf den eingestreuten Wiesen weidet das Vieh. Die Kammstraße, die sanfthügelig verläuft, mündet nach 2 km ein in Soultz-sous-Forêts. An der Kreuzung nehmen wir die D 264, überqueren das Bahngleis und sehen auf dem Wegweiser nach Wissembourg das weiße Radzeichen auf blauem Grund als eine empfohlene Wegstrecke für Radfahrer. **Soultz-sous-Forêts,** ein kleines Landstädtchen mit stark dörflichem Charakter, wo sich die protestantische und die katholische Kirche genau gegenüberstehen. Mit offenen Armen heißen sie willkommen – beide Kirchentüren stehen zu jeder Tageszeit weit offen. Vorbei geht unser Weg durch Soultz-sous-Forêts, vorbei an einer Fabrik, links geht es ab nach Retschwiller und Memmelshoffen, wir jedoch folgen unserer baumgesäumten Kammstraße und gelangen nach **Schœnenbourg.** Wir durchqueren den Ort. Der Blumenschmuck der Häuser reicht bis zum Trottoir und wir radeln direkt auf das »Buere Eck« zu, ein sehr einfaches Restaurant in einem uralten Fachwerkhaus, das Hausmannskost zu sehr moderaten Preisen bietet.

Auf der Rue de la Liberté verlassen wir Schœnenbourg in sachtem Bergab, weiterhin ist die Fahrbahn mit altem Baumbestand gesäumt. Links die Vogesen, rechts weite Felder. Noch 3 km sind es nach **Ingolsheim,** eines der ältesten Dörfer auf der Nördlichen Weinstraße. In Ingolsheim, das mit seiner roten Backsteinkirche von weitem grüßt, steigt die Fahrbahn allmählich an, um dann wieder sachte nach Riedseltz hineinzurollen, das wir nach 2 km erreichen. In **Riedseltz** biegen wir links in die D 240 und folgen der einsamen Wegstrecke, vorbei an einem Wegkreuz, an Feldern und vorbei am mäandernden Seltzbache ins schönste Dorf dieser Ecke hinein, nach **Steinseltz.**

Weinbergbegrenzt endet unser Weg auf der Weinstraße des Nordens, der D 77, Richtung Rott – Wissembourg. Mit dem Blick auf den Schwarzwald gleiten wir nach Wissembourg hinunter. Links von uns die Vogesen und vor uns im Talkessel liegt **Wissembourg.** Die mächtigen Türme der Peter-und-Pauls-Kirche grüßen zu unserer Linken.

Nützliche Informationen

Kartenskizze: Auf Seite 40.
Ausgangsort: Sessenheim.
Zielort: Wissembourg.
Einkehr mit Übernachtung: *Hagenau:*
• Hôtel Nationale; Place de la Gare/Bahnhofsplatz; Tel. 88 93 85 70; einfaches und preiswertes Hotel; Montag Ruhetag. • Les Augustins; 6 a Rue de l'Etoile; Tel. 88 73 51 52; nur Übernachtung möglich!
Einkehr: *Schœnenbourg:* • Buere Eck; Tel. 88 54 74 85; preiswerte Tagesgerichte; Dienstag Ruhetag.
Sehens- und Wissenswertes: *Hagenau:*
• Musée Alsacien, Volkskundemuseum; geöffnet täglich 8–12 und 14–18 Uhr, außer Dienstag morgens, Samstag und Sonntag nur 14–17 Uhr. • Musée Historique: geöffnet 1.9.–30.6. täglich 9–12 und 15–18 Uhr, außer Dienstag, Samstag und Sonntag 15 bis 17.30 Uhr, 1.7.–31.8., Montag, Mittwoch, Donnerstag und Freitag 9–12 und 14–18 Uhr, sowie Dienstag, Samstag und

Sonntag 14–18 Uhr. • Hagenauer Hopfenfest: (Auskunft: Office de Tourisme). • Ende August – Anfang September findet alljährlich das »Fête du Houblon« (Hopfenfest) statt, das meist mit einer kulinarischen Woche verbunden wird.
Betschdorf: • Töpfermuseum; 4, Rue de Kuhlendorf; Dienstag–Sonntag 10–12 und 14–18 Uhr; Ostern–Oktober; Gruppen nach Vereinbarung. • Töpferdorf; salzglasierte, wasserdichte Töpferware.
Auskunft: • *Wissembourg:* Syndicat d'Initiative; 67160 Wissembourg; Tel. 88 94 10 11. • *Hagenau:* 67500 Hagenau; Office du Tourisme; 1 Place Joseph Thierry; Tel. 88 73 30 41.
Karte: 3615 IGN – Série Verte Nr. 12, 1:100 000.

6 Vom Heiligen Wald zu den entweihten Steinen von Fort Louis

Kœnigsbruck – Leutenheim – Rœschwoog – Fort Louis und zurück

Tourencharakter: Flache, familienfreundliche Strecke.
Länge der Tour: 20 km hin und zurück.
Höhenunterschied: Ohne.

In völliger Waldeinsamkeit liegt **Kœnigsbruck.** Schon in vorchristlicher Zeit siedelten hier die Menschen. In den zahlreichen Erdhügeln im Wald um Kœnigsbruck hat man prähistorische Gräber entdeckt. Die Grabfunde kann man im Museum in Hagenau besichtigen.

Im 12. Jh. wurde hier ein Nonnenkloster errichtet, dessen Spuren getilgt sind. Das ehemalige Kœnigsbruck trug seinen Namen nicht umsonst: Hier weilte einst Kaiser Friedrich Barbarossa, der 1187 das Kloster reichlich beschenkte – 40 Jahre vorher hatte sein Vater das Kloster gegründet. Barbarossa stiftete u. a. dem Nonnenkloster ein Rheinschiff, das Zollfreiheit genoß und durch die unmittelbare Nähe des Rheins wertvolle Güter für das Kloster transportieren konnte. Die Zisterzienserinnenabtei Kœnigsbruck entwickelte sich zu den reichsten Klöstern des Landes und zeichnete sich durch mustergültige Bewirtschaftung seiner Güter aus. 1525 wurde es erstmals von den Bauern zerstört, im Dreißigjährigen Krieg verwüstet, 1672 wiederhergestellt und 1728 zusammen mit der Kirche durch Peter Thumb neu erbaut.

Von der Revolution wurde das Kloster aufgehoben und zerstört, bis auf die Mühle in der jetzt ein Sägewerk untergebracht ist. Die Nonnen flohen ins Tochterkloster Lichtenthal bei Baden-Baden, wohin sie auch das Klosterarchiv retteten. Die Altäre aus der Klosterkirche finden wir in der Rœschwooger Kirche. Anzunehmen ist, daß der Name Kœnigsbruck durch die häufigen Besuche Kaiser Friedrich Barbarossas entstanden ist, der eine besondere Vorliebe für dieses Kloster hatte. Die »Bruck« des Königs führte über die Sauer, die auch eine Mühle gespeist hatte und jetzt das Sägewerk mit Wasser versorgt.

Auf das ehemalige Kloster weist nur noch der Name eines Feinschmeckerlokals hin: »Au vieux Couvent«. Wo einst die Nonnen beteten, können wir heute Tafelfreuden genießen – kleine feine elsässische Tellergerichte entsprechen höchsten kulinarischen Ansprüchen und sind mit Finesse zubereitet.

Auf alten Klosterwegen radeln wir aus dem Heiligen Wald zu einem Fort, das unrühmliche Geschichte schrieb – **Fort Louis:** Wo heute wilde Schwäne im Rhein tümpeln, über die ehemaligen Festungswälle der Efeu wuchert und sich an den Ufern des Rheins letzte Reservate der einst ausgedehnten Rheinauen bewahrt haben, befand sich im 17. Jh. ein waffenstrotzendes Befestigungswerk, benannt nach seinem königlichen Erbauer. Auf Anordnung Ludwig XIV. errichtete Sebastian Lepestre, Marquis de Vauban 1687 mit Fort Louis eine jener Befestigungen am Rhein, die das Elsaß in einen Teil Frankreichs verwandelten. Der Baumeister des Königs ließ zum Bau dieses Bollwerks die Steine der staufischen Kaiserpfalz Hagenau abtragen und verwendete sie als Mauerwerk.

Vor dem einst waffenstrotzenden Fort Louis am Ufer des Rheins tümpeln heute wilde Schwäne.

Streckenbeschreibung

Wir radeln von **Kœnigsbruck** etwa 100 m bis zum alten Forsthaus Richtung Soufflenheim. An der Abzweigung am Forsthaus schwenken wir nach links in die D 163 nach Leutenheim. Es folgen 3 km einsamste Wegstrecke am Saum des Waldes entlang. Aus der Ferne begrüßt uns die spitzgiebelige Kirche von Leutenheim, das wir nach 3 km erreichen, ein Endlosdorf, vorbei an Neubauten im Wechsel mit dem traditionellen Fachwerk. Hier führt die Straße weiter nach Rœschwoog 2 km. In **Leutenheim** biegen wir nach rechts und folgen der Straße nach Rœschwoog über Autobahn-Brücke und Bahngleise. Nach 2 km erreichen wir **Rœschwoog** – Ziegeleibetrieb, Bahnstation und Steinmetzdorf. Wir lassen Rœschwoog hinter uns und radeln 3 km weiter auf der D 319 nach Fort Louis. Wir bewegen uns direkt in Richtung Rhein, vor uns auf der anderen Rheinseite der Schwarzwald im Hintergrund. Wir radeln auf einer schönen flachen Straße vorbei an Viehweiden, vorbei an Baumriesen, die die Fahrbahn säumen. Wir erreichen **Fort Louis** – gegründet 1687 – und folgen der D 319 direkt an den Rhein hinunter, dem wir von hier aus bis nach Strasbourg entlangradeln könnten. Wir wenden uns jedoch wieder Fort Louis zu und folgen erst der Rue des Remparts, dann der Rue Vauban. Zu unserer Rechten, jetzt efeuüberwuchert, die Festungswälle. Mit dieser Strecke nach Fort Louis sind wir einerseits in einem Naturschutzgebiet des Bas-Rhin und andererseits bei den Festungswällen aus dem 17. Jh., aus den Zeiten Ludwig XIV., gewesen.

Auf dem gleichen Weg radeln wir wieder zu unserem Ausgangspunkt Kœnigsbruck zurück.

Nützliche Informationen

Ausgangspunkt: Ehemaliges Kloster, jetzt Gasthof »Au Vieux Couvent«; Kœnigsbruck.
Zielort: Fort Louis, 1687 gegründetes Befestigungswerk am Rhein.
Einkehr mit Übernachtung: *Neuhaeusel-Roeschwoog:* • Ferme Auberge Ecurie du

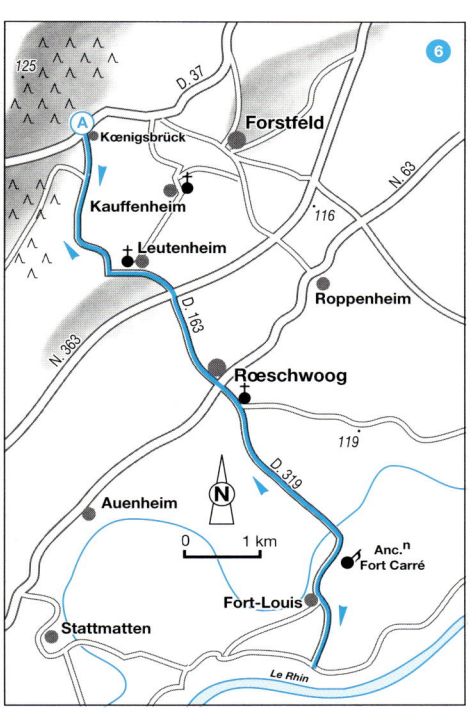

Rhin; 33, Rue des Roses, 67480 Neuhaeusel; Tel. 88 86 40 64; nur ab Freitagabend bis Sonntagabend geöffnet. Sehr preiswerte, ländlich deftige Einkehr und Unterkunft – unbedingt vorbestellen!
Einkehr: *Kœnigsbruck:* • Auberge Au vieux Couvent; Tel. 88 86 40 28; Montag und Dienstag Ruhetag.
Sehens- und Wissenswertes: *Kœnigsbruck:* • Prähistorische Grabhügel im Wald von Kœnigsbruck. – *Fort Louis:* • Befestigungsanlagen aus dem 17. Jh.
Auskunft: • *Wissembourg:* Syndicat d'Initiative; 67160 Wissembourg; Tel. 88 94 10 11.
Karte: 3615 IGN – Série Verte Nr. 12, 1:100 000.

7 Auf Goethes Spuren nach Strasbourg

Sessenheim – Drusenheim – Au Port du Rhin – Offendorf – Gambsheim – Kilstett – La Wantzenau

Tourencharakter: Durchgehend flach – Waldwege wechseln mit Nebenstraßen und Radwegen entlang des Rheins.
Länge der Tour: 25 km.
Höhenunterschied: Geringfügig.

Diese Tour beginnt im »Croix d'Or«, dem »Goldenen Kreuz« zu Sessenheim. Der Wirt hat sein Leben ganz der privaten Goethe-Forschung gewidmet; an den Wänden im Gastzimmer entdecken wir zwei alte Stiche, in Eichenholz gerahmt. Der eine – Ankunft in Sessenheim – zeigt Goethe im Kreis seiner Freunde im Haus des Pfarrers Brion mit seiner Familie. Das zweite Bild: Abschied Goethes von Sessenheim – man sieht im Hintergrund sein Pferd und im Vordergrund wacht Vater Brion über die beiden Töchter. Diese beiden alten Stiche überblicken die Gaststube und setzen von Anfang an den Tenor, der hier herrscht: Der Sohn des Hauses spielt die Orgel in der »Friederiken-Kirche«, Vater treibt Studium und die Mutter bekocht die Gäste. Bei Flammkuchen mit hauchdünnen Knoblauchscheiben, Pferdesteaks und Schnecken kann sich der Gast so richtig wohl fühlen.

Der Wirt ist es auch, der uns ein Stück des Wegs »auf Goethes Spuren« begleitet. Unmittelbar am Dorfausgang von Sessenheim eine erste Spur: der **Friederiken-Pavillon,** ein überdachtes Holzrondell auf einer Anhöhe. Wo jetzt die Dorfjugend mit Mountainbikes die Kuppe rauf und runter rast und im sonst flachen Gelände ein Hindernis-Rennen fährt, soll einst Goethe mit Friederike getändelt haben. Im Volksmund ist diese Friederiken-Ruhe allerdings mit dem Grab eines Keltenkönigs verbunden, einer der vorgeschichtlichen Grabhügel, so wie wir sie unzählige Male im Heiligen Forst von Hagenau gefunden haben.

Dann auf dem Weg nach Drusenheim die **Goethe-Eiche.** Sie steht direkt an der Böschung des Kanals, dessen Vertiefung noch immer zu sehen ist. Er verlief einst zwischen Strasbourg, Drusenheim, Sessenheim bis nach Fort Louis und war nach Vauban benannt, dem Baumeister König Ludwig XIV. Zu Zeiten Goethes hatte dieser Kanal also schon über 100 Jahre bestanden. 400 Jahre soll die Eiche alt sein, der man Goethes Na-

men gegeben hat. Um diese Eiche in Sessenheim rankt sich eine Legende: »Im Eichenschatten Herr Goethe saß, mit seiner Liebst' ein' Apfel aß und sprach zu ihr von Abschiedsleid, sie weinte still voll Bitterkeit. Ein Apfelkern entfiel der Hand, darauf der wilde Baum entstand.« Bis vor einigen Jahren war hier ein wilder Apfelbaum direkt aus der Wurzel der Eiche gewachsen, deshalb hat man diese Geschichte damit verbunden. Noch immer sind die Episoden, die sich um Goethe und Friederike ranken, in Sessenheim lebendig, wo man das Erbe des Dichterfürsten hochhält.

Im Oktober 1770 traf Goethe zum ersten Mal mit seinem Freund Weyland in Sessenheim ein, und »fürwahr an diesem ländlichen Himmel ging ein allerliebster Stern auf«, dichtete er damals auf Friederike. Von dieser Eiche aus führte sein Weg zurück nach Strasbourg, und Friederike soll ihn immer bis hierher begleitet haben. Hier soll es auch gewesen sein, wo er mit Friederiken die Fische briet, die kecken Brüder aus dem Rhein, die damals noch eßbar waren.

Der Kanal ist jetzt mit Gestrüpp und Buschwerk überwuchert, doch Goethes Ritt entlang dieses Altarmes des Rheins, Richtung Strasbourg, läßt sich immer noch nachvollziehen. Besonders im Spätherbst, wenn die Tage kürzer werden und die Nebel schon des Nachmittags über Erlen und Buschwerk wabern, wenn die milde, feuchte Rheinluft sich mit der untergehenden Sonne verbindet und wässrige Fließbilder schafft. »Wer reitet so spät durch Nacht und Wind...«, wenn Erlen und Kopfweiden Gestalt annehmen und im Mondlicht Trugbilder schaffen. Der Erlkönig zerrt dann am Mantelsaum des Reiters und läßt ihn sein Pferd anfeuern. Ein knappes Jahr lang ritt Goethe bei Wind und Wetter, zu jeder Jahreszeit diesen Weg entlang des Kanals und der alten Dorfstraße zwischen Strasbourg und Sessenheim. Den Wechsel der Jahreszeiten festgehalten in den Volksliedern, die er damals alle Friederike widmete. »Oh Liebe so golden, so schön wie Morgenholden,

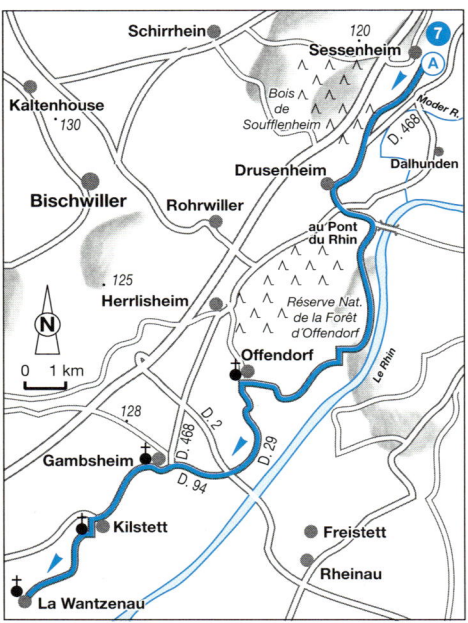

Herbststimmung am Altrhein bei Drusenheim.

auf jenen Höhen. Du segnest herrlich das frische Feld, im Blütendampf die volle Welt… Oh Mädchen, Mädchen, wie lieb' ich dich, wie blinkt Dein Aug', wie liebst Du mich…« Im August 1771 verließ Goethe das Elsaß, um sich nach Frankfurt zu begeben. Noch ein letztes Mal ritt er nach Sessenheim, um sich zu verabschieden und Friederike noch einmal zu sehen: »Da ich ihr die Hand noch vom Pferde reichte standen ihr die Tränen in den Augen und mir war sehr übel zumute.« Friederike erkrankte und erholte sich erst nach sehr langer Zeit. 1787 verließ sie Sessenheim und lebte zuerst in Rothau im Breuschtal und dann in Meisenheim, wo sie begraben liegt. Noch im hohen Alter sagte Goethe: »Sie hat mich geliebt, schöner als ich es verdiente…«

La Wantzenau, einst Schiffer- und Fischerdorf, noch immer ganz ländlich, obwohl schon Vorort von Strasbourg, empfängt uns am Ortseingang mit seiner schönen, 1828 erbauten, neoklassizistischen Kirche. Wie ein griechischer Tempel thront diese Kirche über dem flachen Straßendorf. In zahlreichen Gasthäusern, fachwerkverbrämt und mit Blumenschmuck bis zum Boden, erwartet den Gast die Spezialität der Wantzenau: gefüllte Küken. Wem sich bei dem Gedanken schon der Magen hebt, sollte lieber zu der anderen Spezialität greifen: Matelote – ein Ragout aus mehreren Fischsorten – oder die etwas älteren »Mischkrazzerli« (Backhähnchen) genießen. Ein herrliches Picknick mit selbstgekauftem Baguette, Pastetchen aus der Charcuterie und etwas »Grünzeug« läßt sich im »Cerf« veranstalten. Hier kann man auf den Tischen im Freien, beim frisch gezapften Bier aus der urigen Wirtschaft, fernab des allgemeinen kulinarischen Rummels der Wantzenau, Naturfreuden an dem idyllischen Ufer der Ill genießen. Goethe hätte seine wahre Freude!

Streckenbeschreibung

Wir verlassen Sessenheim am Croix d'Or und radeln von der Dorfmitte Richtung Sportplatz. Hier setzen wir unsere Fahrt zunächst auf einem Schotterweg fort, der uns auf der alten Dorfstraße durch den Sessenheimer Wald nach Drusenheim führt.

Nach etwa 1500 m führt rechter Hand ein Pfad zur Goethe-Eiche und zum alten Kanal. Deutlich sind die Vertiefungen des alten Kanals sichtbar. Nach unserem Besuch an der Goethe-Eiche kehren wir auf unseren Weg zurück und radeln auf der nun asphaltierten Straße weiter, die allerdings zahlreiche Schlaglöcher aufweist. Nach einer Waldfahrt von etwa 2 km mündet unsere Straße in die D 468 ein, die uns nach weiteren 1000 m nach **Drusenheim** führt. Wir durchqueren Drusenheim Richtung Au Pont du Rhin, der Fährverbindung zwischen Frankreich und Deutschland, und biegen nun vor den Schranken rechts in die Uferstraße ein. Wir bleiben etwa 6 km auf diesem Weg und umrunden den Port d'Offendorf. Am Ende des Weges stoßen wir auf eine Einmündung, die links zum Rhein und rechts nach Offendorf führt. Wir biegen rechts ab und erreichen nach 1 km **Offendorf.** Von hier aus nehmen wir die D 29 nach **Gambsheim,** das wir nach weiteren 4 km erreichen. Wir durchqueren den Ort und fahren 1 km auf der D 468 nach **Kilstett.** In Kilstett verlassen wir auf der 2. Abbiegung links die D 468 und radeln durch die Teichlandschaft der Wantzenau. Nach 2 km erreichen wir **La Wantzenau.**

Nützliche Informationen

Ausgangspunkt: La Croix d'Or, Sessenheim.
Zielort: La Wantzenau, Vorort zu Strasbourg; 25 km.
Einkehr mit Übernachtung: *Sessenheim:*
• La Croix d'Or; 1, Rue Goethe; 67770 Sessenheim; Tel. 88 86 97 32; im Januar geschlossen.
Einkehr: *(Strasbourg-) La Wantzenau:*
• Zimmer; 23, Rue des Héros; Tel. 88 96 62 08; Sonntagabend und Montag Ruhetag. • Le Cerf; direkt an der Ill; Picknick mitbringen; nur Getränke; Montags Ruhetag.
Sehens- und Wissenswertes: • Goethe-Eiche am ehemaligen Vauban-Kanal, zwischen Sessenheim und Drusenheim. • Friederiken-Ruhe, Holzpavillon auf vorgeschichtlichem Grab errichtet.
Auskunft: • *Wissembourg:* Syndicat d'Initiative; 67160 Wissembourg; Tel. 88 94 10 11.
Karte: 3615 IGN – Série Verte Nr. 12, 1:100 000.

Vom Col du Pigeonnier zu den Burgen

8 Auf der Straße der Vielfraße – zu den martialischen Festungen

Wissembourg – Col du Pigeonnier –
Climbach – Col du Pfaffenschlick –
Pfaffenbronn – Lembach – Wingen –
Petit Wingen – Gimbelhof
Burgen: Fleckenstein, Loewenstein,
Hohenbourg

 Tourencharakter: Ein Anstieg auf
knapp 500 m zum Col du Pigeonnier ist zu bewältigen, danach flachhügelig mit sachten Talfahrten. Anschluß
an Tour 9.
Länge der Tour: Ca. 25 km plus
6 km zu den Burgen.
Höhenunterschied: Ca. 300 m.

Mit dem Col du Pigeonnier sind wir in den
Naturpark Nordvogesen eingetreten. Endlose Laubwälder, schroffe rote Sandsteinfelsen, von Burgruinen bekränzt, fruchtbare
Täler, die sich in das Hügelland schmiegen.
Die Landschaft ist durch ihre geologische
Struktur stark geprägt. Die Täler, fruchtbar
durch Löß und Mergel, an den Hängen erstrecken sich Wiesen und Obstgärten,
während die Höhen mit dichtem Mischwald
bedeckt sind. Von herausragender Schönheit
ist diese Landschaft im Frühling, wenn der
Mischwald alle Schattierungen des Grüns
annimmt, und dann wieder im Herbst, wenn
von Gelb bis Rot die Bäume die Landschaft
markieren.

Zur »Straße der Vielfraße« hat man das
gesamte Tal der Sauer erklärt, wo sich ein
kulinarischer Höhepunkt an den anderen
reiht. »La Route Gourmande« nennt man in
der französischen Sprache diese Strecke. Eine Route für Feinschmecker ist sie ohnehin,
wobei der »Gourmet« ebenso auf seine Kosten kommt wie der »Gourmand«/Vielfraß –
eingedenk der reichlichen Portionen, die
man im Elsaß dem Gast zubilligt. Zuerst

müssen wir jedoch die geographischen
Höhepunkte überwinden, den Col du Pigeonnier und den Col du Pfaffenschlick, auf
dessen Höhe auch gleich ein weiterer kulinarischer Höhepunkt auf uns wartet – bei
Madame Seraphine. Dort macht die Dame
des Hauses ihrem Namen alle Ehre, wenn
sie im Restaurant »Col du Pfaffenschlick«
am Kochtopf steht. Besonders himmlisch ist
ihr »Bœuf à la Bourguignonne«. In Climbach erwartet uns das »Cheval Blanc«, auch
wieder eine alte Poststation, mit Entenbrust
in Schwarzbeersoße, und im nahen Lembach grüßen gleich mehrere Tempel der
Gaumenfreuden. In Pfaffenbronn gibt es ein
hervorragendes Flammkuchenlokal, das allerdings nur am Wochenende geöffnet hat.
In Wingen, wo man im August das Fest des
Waldes feiert, haben schon die Römer gern
gelebt, wie eine römische Estele zeigt. Die
Spezialität von Wingen sind hausgeräucherte Forellen, die man hier kaufen kann, und
im Hotel »A la Couronne«/»Zur Krone«
können wir Rehrücken mit Pfifferlingen aus
dem nahen Wald genießen – eine Spezialität
des Hauses. Auf dem Bauernhof der Familie
Heil kann man noch selbstgebackenes Brot
aus dem Steinofen kaufen. Petit Wingen hat
eine bäuerliche Einkehr, das »Restaurant de
la Hohenbourg«, wo es eine Beleidigung ist,
nach der Speisekarte zu fragen: irgendetwas
brutzelt immer auf dem Ofen.

Eine besonders ausgiebige Rast – eventuell mit Übernachtung – können wir in der
Ferme Auberge **Gimbelhof** einlegen und uns
die Burgenbesichtigung für den nächsten
Tag aufheben. Die hervorragende und reichliche Küche kann man nur würdigen, wenn
man keine größeren Anstrengungen auf dem
Rad mehr vor sich hat. Landschaft und Burgeneinsamkeit erfahren durch die Gaumenfreuden zusätzliche Höhepunkte.

Dreh- und Angelpunkt im Tal der Sauer ist
Lembach, das neben seiner unterirdischen
martialischen Festung auch einsame Höhepunkte der Kochkunst mit seinen Gasthöfen
bietet. Das Dorf, in einem Kessel gelegen,
wo Hainbach und Sauer zusammenfließen –

Fleckenstein – wie ein rotes Sandsteinschiff scheint die Burg über der Landschaft zu schweben.

Zwischen Wissembourg und Rott. Allein im Unterelsaß gibt es 450 Ruhebänke zu Ehren Napoleon I. und III. Die »Bancs Napoléons« wurden zwischen 1811 und 1857 errichtet.

man nennt dieses Gebiet den Lembacher Graben – ist geologisch eine Besonderheit. Die Wechsellagerungen von Buntsandstein und Muschelkalk offenbaren sich in der nahen Umgebung von Lembach in den zahlreichen, heute außer Betrieb stehenden Steinbrüchen. Das Dorf ist umgeben von Hügeln, die eine Höhe von etwa 500 m erreichen. Der Regelsberg im Nordosten, der Kraehberg im Westen und der Hochwald im Osten. Längs der beiden Bäche, des Hainbachs im Ostwesten und der Sauer im Nordsüden, hat sich Lembach entwickelt. Jahrhundertelang bildeten zwei heute noch bestehende Mühlen die nördliche sowie die südliche Grenze des Dorfes – die Fleckmühle, auch Obermühle genannt, und die Neumühle, auch Niedermühle. In den Anfängen des 18. Jh. dehnte sich das Dorf auf den östlichen Anhöhen aus, am Anfang des 20. Jh. vollzog sich die Vergrößerung nach Norden und Süden längs der Hauptstraße und der Sauer.

Lembach ist nicht nur Ausgangspunkt für Wanderungen zu den mittelalterlichen Burgen, sondern es beherbergt auch gleich zwei kulinarische Höhepunkte: »Le Cheval Blanc« und »L'Arbre Vert« vermitteln dem Besucher typisch elsässische Gastlichkeit. Auch einen überdachten Waschplatz gibt es noch entlang der Sauer.

Zu dem Abstecher auf die Felsenburgen gehört auch noch ein Abstecher ganz anderer Art, nämlich der in die Tiefe zu den Katakomben der **Ligne Maginot,** jenem betonierten Bollwerk, das zwischen 1930 und 1935 entstand. Fast 50 Großlager wie der Lembacher Four à Chaux und hunderte Kasematten wühlen sich entlang der französischen Grenze in die Erde. Gemäß den Konventionen des Völkerbundes liegt das Wehr 5 bis 15 Kilometer hinter der Grenze, denn dies sollte und wollte nur eine Verteidigungslinie sein. Der Four à Chaux wurde in einen Kalksteinhügel hineingebaut, in dem sich ein Steinbruch und eine Kalkbrennerei befunden hatten. Er gehört zu den größten und vollständig erhaltenen Bunkeranlagen der Ligne Maginot. Von den Mannschaftsunterkünften bis zum Stromkraftwerk, von der Apotheke bis zum Operationsraum und zum Leichenhaus – es mangelte an nichts in dieser unterirdischen Militärstadt. Bei den Ausgrabungsarbeiten in der ehemaligen Kalk-

grube stieß man auf einen artesischen Brunnen, der das fertige Werk mit Wasser versorgte. Überdies gab es jeden Tag für jeden Soldaten einen halben Liter Wein aus dem bunkereigenen Weinkeller. Dazu manchmal »Schlachtplatte«. Zeit hat man gehabt, und Gewehre hat man gehabt, da ist man eben jagen gegangen, um die Kost aufzubessern. Aber dann, als der Krieg wirklich begann, schwiegen die Waffen. Um den Bunker herum bewegte sich von 1939 bis 1940 monatelang nichts – kein Freund, kein Feind. Im September 1939, nach dem Angriff des nationalsozialistischen Reiches auf Polen, waren die elsässischen Gemeinden, die in der Nähe der Ligne Maginot lagen, in den französischen Südwesten evakuiert worden. In der leergefegten, für den Krieg vorbereiteten Zone kam es einen langen Winter nicht zur Feindberührung. »Drôle de Guerre«, den »Komischen Krieg« nennt man in Frankreich diese Zeit, die immerhin von September 1939 bis Mai 1940 dauerte. Im Mai gab es dann Artillerieeinsätze gegen feindliche Patrouillen, und im Juni wird der Four à Chaux durch 27 Stukas massiv bombardiert. Am 1. Juli ergibt sich die Besatzung des Four à

Chaux und wird am 2. Juli entwaffnet. Von 1940 bis 1944 wird das Werk durch die Wehrmacht besetzt, und ab 1951 bis 1953 erfolgt die große Wiederinstandsetzung. Seit 1983 ist die Besichtigung durch den Verkehrsverein von Lembach möglich.

Von den Katakomben zurück ans Tageslicht wenden wir uns der erfreulicheren Geschichte Lembachs zu. Da wäre zunächst die alte Postwechselstation »Weißes Rössl«/ »Cheval Blanc«, die ihrem Umfang und ihrer Architektur nach zu den bemerkenswertesten Gebäuden Lembachs zählt. Bereits im 18. Jh. wurde hier ein Wirtshaus betrieben. Der Küfer und Gastwirt Johann Jakob Schiellein vom Weißen Rössl stirbt am 15. 7. 1754 auf der Ziegelhütte unweit von Lembach auf dem Heimweg von Cleebourg, wo er Wein geholt hatte, liest man im Pfarreiregister. Damals schon war das Rössl eine Postwechselstation von kleinerem Ausmaß. Der Enkel Ludwig Schiellein nimmt um die Jahrhundertwende bedeutende Vergrößerungsarbeiten am Gebäude und dem Innenhof vor, die dem Gasthof sein jetziges Aussehen verliehen. Auf einer Tafel über dem jeweiligen Eingang zum Gasthaus kann man lesen:

*Fachwerkpracht
in Climbach.*

»Klugen Tadel muß man ehren, denn der leitet uns zur Pflicht, aber auf die Sprüche hören fördert unsere Werke nicht.« Und die andere Inschrift auf dem Innenbogen: »Wer seine Pflicht aus Liebe tut, drum weils Gott gefreut, dem fehlt es nie an frohem Muth, die Arbeit macht ihm Freud. Wenn sie gleich Last und Mühe bringt sie auch süße Ruh, mit Müh' der Vogel baut und singt, ist er denn mehr als Du?« Gebaut im Jahre 1809. Der Kunstmaler Regamey, begeisterter Anhänger der Revolution, hat im Jahre 1793 den Hofeingang gemalt auf seinem Bild »Das Erwachen der Sans Culottes in Lembach«. Eine Kopie dieses geschichtsträchtigen Werkes hängt in dem Empfangsraum der nun über die Grenzen des Elsaß bekanntgewordenen Auberge. Das Cheval Blanc erfreut sich besten Zuspruchs aus aller Herren Länder und ist ein kulinarischer Tempel, der höchsten Ansprüchen genügt – auch an den Geldbeutel werden hohe Ansprüche gestellt!

Zum Grünen Baum »L'Arbre Vert« ist ein weiteres schönes Fachwerkgebäude, das nach und nach umgebaut und vergrößert wurde und dessen Küche zu den kulinarischen Höhepunkten unserer Reise gehört. Der älteste Teil des Gebäudes stammt aus

dem Jahre 1772, was man an den Inschriften auf dem Eckpfosten über dem Brunnen und dem Eingang zum Gasthaus feststellen kann. Elf Jahre später, 1783, wurde die Scheune angebaut, und schließlich eine weitere Scheune im Jahre 1833. Mit dem Anbau eines Tanzsaales wurden Haupt- und Nebengebäude miteinander verbunden, um das heutige, ein »L« darstellende Ensemble zu bieten. Die beiden Brunnen werden von dem sogenannten »Nagelsbrunnen« gespeist, im Gegensatz zu den meisten anderen Brunnen der Ortschaft. Auch im »L'Arbre Vert« finden wir eine vorzügliche Einkehr – bei zivilen Preisen. Der Koch ist ein Meister seines Faches.

Fleckenstein: wie ein riesiges rotes Sandsteinschiff scheint die Burg über der Landschaft zu schweben. Die einst mächtige Burg war von einem gewaltigen Wassergraben umgeben und wuchs aus dem Fels gleichsam wie der »Turm zu Babel« über 5 Stockwerke empor, gekrönt von einem stattlichen Palas. Gegründet wurde die Burg von Gottfried und Gutta von Fleckenstein aus dem Geschlecht der Staufer, geschichtlich erstmals erwähnt wurde sie 1129. Sie errichteten hier ihren Stammsitz und dehnten ihre Gebietsherrschaft Zug um Zug bis hinüber zum Rhein aus. Schon 1276 wurde ihre Burg von Kaiser Rudolf von Habsburg, und 1315 von den Strasbourgern erfolglos belagert. Die lange Zeit als uneinnehmbar geltende Festung wurde schließlich 1680 von General Montclar geschleift. Der letzte Freiherr von Fleckenstein – Heinrich Jakob – starb 1720 in Trierbach. Seit 1904 gilt die Ruine als historisches Monument und kann besichtigt werden.

In der **Burg Löwenstein** soll einst ein Raubritter namens Lindenschied gehaust haben. Von hier oben überfiel er die Handelswege. Seine Verfolger täuschte er dadurch, daß er seine Pferde falsch beschlug, wehalb er im Volksmund auch der »Linkenschmied« hieß. Doch man kam ihm auf die Spur, und zu Baden soll er mit Sohn und Knecht enthauptet worden sein. Noch heute reitet er stets dann den Berg hinab, wenn ein Krieg bevorsteht.

Dies ist die Geschichte, die sich um Löwenstein rankt, vom Hörensagen überliefert. Die Geschichtsbücher schweigen zu Löwenstein, und die Steine der verwitterten Burgruine sind längst von Moos, Gestrüpp und Bäumen überwuchert.

Der Ursprung der **Burg Hohenburg** bleibt im Dunkel. Im 13. Jh. nennt man als Besitzer Puller von Hohenburg. Der erste Puller, der als Erbauer der Burg gilt (1224), war Vertrauter von Rudolf von Habsburg und zu seiner Zeit ein bekannter Minnesänger. Die Gemarkungen der Puller breiteten sich im Norden des Fleckenstein aus, und beide Burgen verbanden gemeinsame Besitzungen, was

sehr oft zu Rivalitäten führte. 1384 wurde die Hohenburg von dem Thronanwärter Robert I. eingenommen, aber aus Vorsicht zog man es vor, mit den Belagerern zu paktieren. Prinz Robert I. erhielt daher das Recht, einen Teil der Burg einzunehmen, und 1442 wurde die Burg nach einem wütenden Widerstand belagert und eingenommen. Die Dynastie der Puller von Hohenburg endete tragisch im Jahre 1482 mit dem Tod des Richard von Hohenburg, dem letzten seiner Linie. Er war nach Beschreibung seiner Chronisten ein sehr schwermütiger Mensch.

Der Hohenburger Franz von Sickingen (1481–1583) übernahm dann die Burg und schloß hier die Reformationsverträge, deren Bruch zum Feldzug gegen Trier führte, bei dem er im Kampf den Tod fand. Die Burg wurde zwar damals vernichtet, aber 1542 von seinem Sohn Franz Konrad im Renaissance-Stil wieder aufgebaut. Am Portal des Treppenhauses kann man noch die Jahreszahl 1578 lesen. Während des Dreißigjährigen Krieges gingen die Sickinger nach Böhmen, und die Burg verfiel. Von da an stand sie leer, und ihre Zerstörung erfolgte durch französische Truppen des Generals Montclar. Von dem noch verbliebenen Turm sieht man bei guter Sicht bis weit nach Deutschland hinein.

Streckenbeschreibung

Von **Wissembourg** fahren wir zunächst auf der D 77 Richtung Rott bei mäßigem An-

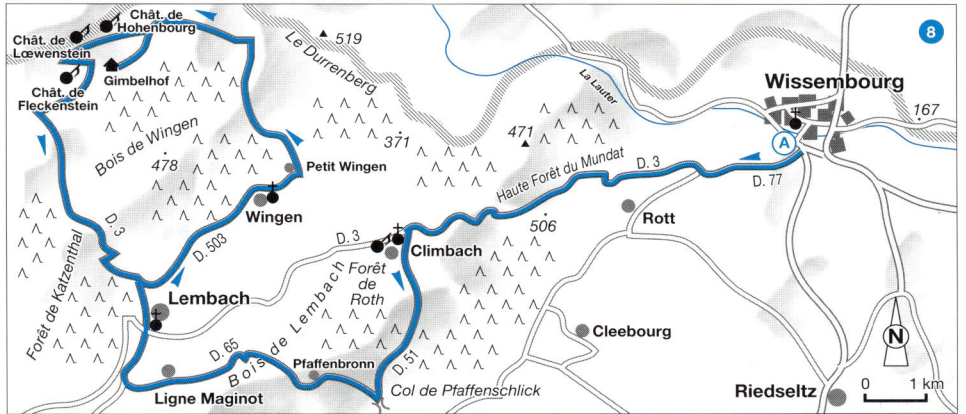

stieg. Nach ca. 1 km biegen wir rechts ab auf die D 3 Richtung Climbach. Die Straße steigt zunächst langsam an, wird jedoch immer steiler und kurvenreicher, bis wir uns dem Col du Pigeonnier bei knapp 500 m Höhe nähern. Diese Paßstraße gewährt immer wieder schöne Einblicke in das Tal hinunter, das von der Sauer durchzogen wird. Nach etwa 3 km erreichen wir den höchsten Punkt dieser Straße, wo man nun noch eine Viertelstunde dazugeben kann, um den 506 m hohen Gipfel des Scherhol zu ersteigen. Man hat von hier unvergleichliche Ausblicke auf das nördliche Weinland bis hinunter nach Lembach und das gesamte Sauertal. Nach weiteren 4 km kommen wir in **Climbach** an. Am Ortsausgang von Climbach können wir einen Abstecher zu der Ruinenkapelle aus dem 12. Jh. machen. Wir biegen am Dorfrand links ab und folgen dem ausgeschilderten Weg zur Kapelle, wo auch ein schöner Picknickplatz mit Feuerstelle zur Rast einlädt.

Zurück in Climbach biegen wir mitten im Dorf links ab auf die D 51 Richtung **Col du Pfaffenschlick,** den wir nach ca. 3,5 km erreichen. Auf dieser Lichtung steht als einzige Behausung das Gasthaus »Col du Pfaffenschlick«. An der Kreuzung biegen wir rechts in die D 65 und lassen die Räder nach Pfaffenbronn ca. 1 km und nach Lembach (ca. 4 km) hinunterlaufen, vorbei am »Four à Chaux«, dem Eingang der Ligne Maginot mit dem davorstehenden Panzer aus dem 2. Weltkrieg. Die D 65 mündet in die D 27 ein, wo wir rechts einbiegen Richtung **Lembach** Mitte. Wir durchqueren das Dorf Richtung Niedersteinbach, biegen am Dorfende scharf rechts in die D 503 nach **Wingen,** das wir nach ca. 3,5 km erreichen. Nach ca. 1,5 km führt uns diese Straße nach Petit Wingen. Wir verlassen die D 503 am »Restaurant de la Hohenbourg« und folgen der Nebenstraße links Richtung Col du Litschhof/Gimbelhof. Nach weiteren 5 km, zunächst auf einer leicht ansteigenden schmalen Teerstraße durch den Wingener Wald, später auf einem unbefestigten Waldweg, erreichen wir zunächst Litschhof und dann **Gimbelhof**. Der Weg zu den drei Burgen ist an der »Ferme Auberge Gimbelhof« ausgeschildert.

Wegbeschreibung zu den Burgen
Länge: 6 km. Vom Gimbelhof radeln wir bergab auf dem Schotterweg zum Col du Litschhof (etwa 1 km), von hier folgen wir dem ansteigenden ausgeschilderten Weg zur Hohenbourg (ca. 2 km). Nach weiteren 200 m erreichen wir die Ruine Löwenstein. Von hier aus radeln wir zunächst 1,5 km bergab durch den Fleckensteiner Forst, bis unser Weg in eine asphaltierte Straße einmündet, die uns nach etwa 500 m bergauf zum Fleckenstein führt. Nach unserer Besichtigung radeln wir auf einem schmalen Feldweg (am Forsthaus Fleckenstein vorbei), der uns nach 1,5 km zum Gimbelhof zurückführt.

Nützliche Informationen

Ausgangspunkt: Bahnhof Wissembourg.
Zielort: Gimbelhof.
Einkehr mit Übernachtung: *Lembach:*
• Ferme Auberge Gimbelhof; 67510 Lembach; Tel. 88 94 43 58; Montag und Dienstag Ruhetag. Voranmeldung erforderlich.
Einkehr: *Col du Pfaffenschlick:* • Restaurant Col du Pfaffenschlick; Montag Ruhetag. – *Climbach:* • Au Cheval Blanc; 2 Rue de Bitche; Tel 88 94 41 95. – *Lembach:* • Auberge du Cheval Blanc; Tel. 88 94 41 86; Montag und Dienstag Ruhetag, ebenfalls geschlossen 8.–26. 2. und 4.–22. 7. – L'Arbre Vert; Tel. 88 94 42 56; Mittwoch und Donnerstag Ruhetag. – *Wingen:* • A la Couronne; Tel. 88 94 40 33; Montag Ruhetag. – Sowie zahlreiche Lokale auf der »Straße der Vielfraße«.
Einkaufen unterwegs: *Lembach:* • In der Bäckerei Ehrstein; Spezialität: Holzofenbrot.- *Wingen:* • Billmann Josef; Spezialität Räucherforellen. • Bauernhof Heil (Steinofenbrot).
Sehens- und Wissenswertes: *Lembach:*
• Four à Chaux – Besichtigung der Ligne-Maginot, unterirdische Militärstadt des 20. Jh.
Auskunft und Fahrradmiete: • *Lembach:* Office du Tourisme; Tel. 88 94 41 86 – hier auch Auskunft zu den Führungen im Werk »Four à Chaux«.
Karte: 3615 IGN – Série Verte Nr. 12, 1:100 000.

9 Unterwegs auf der Burgenstraße – zum Dorf der 13 Brunnen

Gimbelhof – Niedersteinbach – Wengelsbach – Obersteinbach
Burgen: Wasigenstein – Froensburg – Petit Arnsbourg – Lutzelhart

Tourencharakter: Flachhügelig auf der Burgenstraße, nach Wengelsbach im mäßigen Auf und Ab. Den Anstieg zu den Burgen bewältigen wir zu Fuß. Als Fortsetzung der Tour 8 möglich; in Obersteinbach Anschluß an Tour 10

Länge der Tour: 23 km.
Höhenunterschied: Ca. 150 m.

Die Burgenstraße durchzieht eine wunderschöne Landschaft und berührt eine Kette von Burgenruinen, so dicht wie selten in Europa: Teilweise in den Fels gehauen, demonstrieren die Zugänge, die Kammern, Treppen, Zisternen und Verliese, Pechnasen die ganze »armselige Ritterschaftsherrlich-

keit« mit ihrer Enge und Bedürfnislosigkeit. Einst schützten und überwachten die Burgen das Umland. Beim Bau der Burgen leisteten die Bauern für diesen Schutz Fronarbeiten. Ab dem 13. Jh., dem Zerfall des Staufischen Kaiserreichs, wurden viele der »Armen Ritter« zu Raubrittern und die Burgenstraße eine unsichere Wegstrecke, die es zu meiden galt. Kaum ein Stein steht mehr von der einstigen Burgenherrlichkeit: Des Sonnenkönigs Feldherr, General Montclar, hat sie fast alle zerstören lassen. Den »Garten Eden« im Osten seines Reichs holte sich Ludwig XIV. mit Gewalt. Über Obersteinbach ragt noch der Petit Arnsbourg mit Steintreppen und Leiter empor. Sagenumwoben ist die Burg Wasigenstein, die Einzug in die Nibelungensage fand.

Die Doppelburg **Wasigenstein** ist durch einen tiefen Felsspalt geteilt. Östlicherseits die Burg Großwasigenstein, westlich davon die Burg Kleinwasigenstein. Zur Hauptburg Großwasigenstein führt eine kühne Felsentreppe zum Bergfried, wo einst der große Palas stand. Kleinwasigenstein war eine Vorburg mit eigenem Eingang. Die im 12. Jh. als Staufische Reichsburg erbaute Festung ist am Fuß durch eine Ringmauer gesichert. Auf

Auberge Gimbelhof, Etappe zwischen Tour 8 und 9 – Landschaft und Burgen erfahren durch die Gaumenfreuden zusätzliche Höhepunkte.

dem talwärts gelegenen Fels steht ein Wohnturm mit Spitzbogenfenstern. Im 15. Jh. ging Wasigenstein in den Besitz der Fleckensteiner über und wurde 1680 durch französische Truppen zerstört.

Bekannt geworden ist die Burg vor allem durch die Nibelungensage. Sie war Kampfplatz der Helden aus dem Walthari-Lied, das im 10. Jh. durch den Sankt Galler Mönch Ekkehart aus alten Quellen übersetzt wurde. Es war die Zeit, als der Hunnenkönig Etzel in deutsche Lande einfiel und bis an den Rhein vorstieß. Er nahm Schätze und Geiseln an seinen Hof mit zurück, darunter befanden sich Hagen von Tronje, Vasall des Burgunderkönigs von Worms, Hildegund, Tochter des Frankenkönigs von Chalons, und Walther, Sohn des Gotenkönigs von Aquitanien. Nach Hagen gelang es auch Walther und Hildegund, aus der Festung Etzels zu entfliehen. Die Königskinder führten beachtliche Schätze mit sich, nach denen der Nibelungenkönig Gunther von Worms trachtete. Während die Liebenden Walther und Hildegund in Wasigenstein rasteten, holte sie dort König Gunther, der Hagen im Gefolge hatte, ein, um ihnen ihre Schätze abzunehmen. Es kam zu einem gewaltigen Kampf, in dem Walther die 12 Ritter Gunthers erschlug. Dann stand er Gunther und Hagen selbst gegenüber. Der ungleiche Kampf endete damit, daß jeder der drei Helden schwere Verletzungen davontrug. Walther verlor seine rechte Hand, Gunther ein Bein und Hagen ein Auge. Daraufhin schlossen sie Frieden, und Walther konnte Hochzeit mit Hildegund feiern. Soweit die Darstellung der deutschen Übersetzung des lateinischen Walthari-Liedes. Allen Anzeichen nach fand der große Kampf in der Nähe der Burg Wasigenstein statt.

Die Geschichte hat auf dem Felsen seltsame Zeugnisse hinterlassen: Skulpturen und Graffiti, die bis zum heutigen Tag nicht zu entschlüsseln waren. Nach neuesten Forschungen konnte man folgende Relation herstellen: erster Besitzer Wolfram von Hagenau (1166–1192) und die Familie von Ritter Engelhart von Hagenau, dessen Sohn der Burg den Namen Wasigenstein gab. Diese letzteren teilten sich die Felsen, und jeder von ihnen errichtete eine eigene Burg. In der

Nachfolge teilten sich die Familien die beiden Burgen, die bis zum Schluß 14 Miteigentümer zählte. In der Mitte des 15. Jh., nachdem die 14 Herrschaften doch etwas überzählig waren, endeten die Besitzverhältnisse damit, daß das Geschlecht der Puller von der Hohenburg Herren von Kleinwasigenstein wurden und die Fleckensteiner Herren von Großwasigenstein. 1711 nahmen die Herren von Hanau-Lichtenberg das Erbe der beiden Burgen an, die aber bereits Ruinen waren. Man zweifelt, welches genaue Baudatum für die beiden Burgen in Frage kommt. Zweifellos waren sie jedoch bereits zum Zeitpunkt des Dreißigjährigen Krieg aufgegeben, und die Truppen von Montclar vollendeten im Jahr 1676 lediglich das, was die Zeit schon an Zerstörung geschafft hatte.

Die **Froensbourg:** Erstmals wird die Froensburg 1269 erwähnt. Am 27. August dieses Jahres versprechen die Herren von Froensbourg, dem Erzbischof von Strasbourg im Krieg gegen Friedrich von Windstein zu Hilfe zu kommen. In der Mitte des 14. Jh. gehört auch ein Teil der Burg Reinhard von Sickingen. Die Besitzer der Froensburg mußten diesen Teil wahrscheinlich aus Geldmangel an ihn abtreten. Reinhard von Sickingen hält daraufhin einige Gefangene in der Burg, womit er sich den Zorn des Charles IV zuzieht. Es ist dem Bischof von Straßbourg Jean de Lichtenberg auferlegt, zwischen den streitbaren Herren Frieden zu stiften. Also zieht er mit einer Koalitionsstreitmacht aus den Städten gegen die Froensburg an, die im Verlaufe dieser Attacke eingenommen und zerstört wird. Ihrer Unterkunft beraubt und durch kaiserliches Edikt mit dem Verbot des Wiederaufbaus belegt, erhält die Familie, die in dieses Abenteuer nicht verwickelt war, eine schöne Entschädigung. Im Jahr 1389 wird das Verbot des Wiederaufbaues wieder aufgehoben, was Emmerich und Siegfried von Löwenstein erlaubte, die Burg wieder herzustellen. Dennoch werden ihnen Bedingungen auferlegt, wie das Recht, dort Gefangene zu halten und jederzeit Asyl zu gewähren für alle, die gegen die Pfalz ankämpfen. Es sollten jenes Asylrecht sein und diese Verfügungen, die es den Rittern der Froensburg erlaubten,

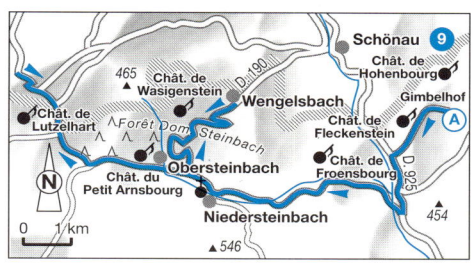

in Frieden zu leben. Vom 15. Jh. an wird es hier keine Scharmützel mehr geben. 1481 kommt die Froensburg an die Herren von Fleckenstein, die die vollkommene Restaurierung der Burg übernehmen. Aus dieser Zeit finden wir an der Tür noch ein Wappen. 1677 erfolgte dann die vollkommene Zerstörung der Burg durch die Truppen des Generals Montclar, der auch die anderen Schlösser der Umgebung verwüsten ließ.

Obersteinbach, das Dorf der 13 Brunnen im Herzen der elsässischen Burgenlandschaft, ist Ausgangspunkt für zahlreiche Rad-Wanderungen zu den Burgen der Umgebung. Die 13 Brunnen werden vom Lutzelhart gespeist. Lutzelhart ist eine der Burgen, die das Dorf gleich einer Schutzmauer umgeben: Gleich hinter dem Restaurant Wachtfels überragt die Ruine Wachtfels auf einem Felsen den Ort. Lutzelhart, Petit Arnsbourg sind weitere Wanderziele, die man von Obersteinbach aus besuchen kann.

Das Burgenmuseum »Maison Châteaux-Forts« ist also nicht umsonst gerade in Obersteinbach angesiedelt. Es bietet Auskunft über die mittelalterliche Wehrarchitektur und hat eine hervorrragende Fotografiensammlung aller Burgen, so daß man vor dem Start eine erste Auswahl treffen kann.

Unser Etappenziel und Übernachtungsquartier ist das Hotel »Wachtfels«, schon seit Generationen in Familienbesitz. Monsieur Fichter jun. hat ganz wie der Vater das Flair für gute Saucen und raffinierte Tellergerichte. Empfehlenswert sind die Hechtklößchen in Riesling und die »Marinierte Ente à la Maison«. Auch bei den herrlichen Nachspeisen wird man nicht nein sagen.

Von **Petit Arnsbourg,** die Obersteinbach überschattet, steht noch ein mächtiger Turm, der wie ein Finger ins Land zeigt. Das genaue Datum der Errichtung der Burg liegt im dunkeln. Sie war Lehen der Abtei Wissembourg und wurde von den Wasigensteinern unterhalten. Zum ersten Mal erwähnt wird die Burg im Jahr 1335. Zu dieser Zeit hatte Friedrich von Wasigenstein einen Kaufmann belästigt, und als Repressalie wurde seine Burg belagert, aber nicht zerstört. Nach dem Tod von Friederich von Wasigenstein im Jahr 1360 gelangte die Burg in die Hände von Johann von Ochsenstein, der Kanonikus

zu Strasbourg war. Der Abt Eberhart von Wissembourg erhob daraufhin eine Beschwerde, die die Rechte der Abtei Wissembourg bestätigte. Diesem Recht wurde jedoch nicht Genüge getan, und Kaiser Karl IV. gab die Burg Ottmann von Ochsenstein, einem Bruder des Johann. Im Jahr 1420 war die Hälfte des Gebäudes in Hypothek übergegangen an Ludwig von Lichtenberg. Seine Erben, die Herzöge der Deux-Ponts-Bitche, kauften 1494 den anderen Teil. Als die Familie ausstarb (1570), hätte das Haus wieder an die Hanau-Lichtenberg-Linie zurückgehen sollen, aber es wurde von den Herren von der Lorraine/Lothringischen Linie, die zu dem Hause Bitche gehörten, beansprucht. Letztendlich geht es 1606 an die Herzöge von Hanau-Lichtenberg. Weitere Informationen sind nicht sehr genau. Ebenso ungewiß ist, wann ihre Zerstörung erfolgte.

Die **Burg Lutzelhart** wurde im 12. Jh. von den Herzögen von Lothringen errichtet, um ihr Gebiet Bitche gegen die ehrgeizigen Pläne der Salier und ihrer Nachfolger, der Hohenstaufen, zu sichern. Sie wurde wichtig nach der Gründung der Abtei Sturzelbronn (um 1135), die Simon von Lothringen als Grablege für seine Familie erwählt hatte. 1450 ging Lutzelhart an Wirich von Hohenburg. Ein Brief aus dieser Zeit teilt uns mit, daß die Burg und die umliegenden Güter samt der Wälder, die zur Heizung des Schlosses nötig waren, ebenfalls an ihn übergingen. Und neben dem Recht, Holz zu schlagen, erhielt er auch das Recht, 200 Schweine in diesem Wald zu halten, die mit Eicheln gemästet wurden, und außerdem das Recht, 200 Wildpferde zu halten.

Im Jahr 1570 werden die Hanau-Lichtenberger Burgbesitzer, nachdem die Linie der Lothringer ausgestorben war. Die endgültige Zerstörung erfolgte unter General Montclar.

Wasigenstein, wo Hagen sich mit Gunther schlug.

Streckenbeschreibung

Ab **Gimbelhof** fahren wir vom »Chateau de Fleckenstein« bergab etwa 1,5 km, bis unser Weg in die D 925 einmündet. Hier biegen wir links ab und radeln ca. 1,5 km bis zur Kreuzung, mit dem Fleckensteiner See zu unserer Rechten. An der Kreuzung biegen wir rechts in die D 3 ein, die uns nach ca 5 km nach Niedersteinbach und weiteren 1,5 km nach Obersteinbach führt.

Zu den Burgen wählen wir folgenden Weg: Von Niedersteinbach aus folgen wir der D 190 nach Wengelsbach. Unmittelbar nach Wengelsbach auf absteigender Fahrbahn biegen wir linker Hand in den Parkplatz Klingelfels ein und folgen von dort aus zu Fuß dem mit einem roten Rechteck markierten Waldweg 1,5 km zur **Ruine Wasigenstein,** etwa 20 Minuten. Nach dem Abstecher, der hin und zurück 13 km beträgt, fahren wir nach Niedersteinbach zurück.

Die **Froensbourg** erreicht man auf halber Strecke zwischen dem Fleckensteiner See und Niedersteinbach. Am besten verläßt man die Straße am Parkplatz, der zum Hof

Froensbourg führt, und begibt sich dann auf den Weg, der mit dem blauen Rechteck gekennzeichnet ist. Dieser führt nach 30 Minuten Fußweg zur Ruine Froensbourg. Während des Aufstiegs läßt man rechts einen ersten Weg liegen und nimmt den Forstweg. Nach einer Linkskurve sieht man rechts vor sich das Château.

Auf dem Gelände des Hotels »Chez Anton« in Obersteinbach finden wir den Wegweiser zur Ruine der **Petit Arnsbourg**. Wir folgen dem rot-weißen Rechteck, um schließlich auf einem Forstweg nach 15 Minuten Gehzeit zur Ruine zu kommen.

Am Ortsausgang von Obersteinbach auf dem Weg nach Bitche liegt die **Burgruine Lutzelhart.** Nach 1 km auf der D 3 biegen wir nach rechts ab, Richtung Forsthaus Lutzelhart, vorbei am Picknickplatz. Wir folgen dann der gelben Markierung, die uns nach 15 Gehminuten zur Ruine Lutzelhart führt. Der unbefestigte Weg läßt sich auch mit dem Rad fahren.

Nützliche Informationen

Ausgangspunkt: Ferme Auberge Gimbelhof, nördlich Lembach, Zielort der Tour 8.
Zielort: Obersteinbach; 200 Einwohner; inmitten der Burgenstraße gelegen.
Einkehr mit Übernachtung: *Obersteinbach:* • Wachtfels, 62 Rue Principale; Tel. 88 09 55 08; Mittwochabend und Donnerstag Ruhetag.
Einkehr: *Niedersteinbach:* • Cheval Blanc – wo Mitterand und Kohl sich treffen, um bei gutem Essen Politik zu machen; 11, Rue Principale; Tel. 88 09 55 31; Donnerstag Ruhetag, geschlossen 17.–30. 6. und 1.–10. 12.
Sehens- und Wissenswertes: *Obersteinbach:* • Burgenmuseum/Maison Chateaux-Forts; 42, Rue Principale, Obersteinbach; geöffnet 1. 7.–31. 10. Montag–Freitag 14–17 Uhr, Samstag 15–18 Uhr, Sonntag 10–12 und 15–18 Uhr; 1. 3.–30. 4. nur Sonntag 14–17 Uhr; 1. 5.–30. 6. nur Samstag, Sonntag und Feiertag 15–18 Uhr.
Auskunft: • *Lembach:* Office du Tourisme; Tel. 88 94 41 86.
Karte: 3615 IGN – Série Verte Nr. 12, 1:100 000.

10 Besuch auf Burg Hohenfels

Obersteinbach – Neunhoffen –
Dambach – Burg Hohenfels –
Wineckerthal – Obersteinbach

Tourencharakter: Rundtour. Flach
bis auf den Aufstieg zur Burg.
Als Fortsetzung der Tour 9 möglich;
Anschluß an Tour 11.
Länge der Tour: 25 km.
Höhenunterschied: Ohne.

So recht eine Genußtour ist »Besuch auf
Burg Hohenfels«, und es stellt sich die Frage, die Tafelfreuden vor oder nach den
Burgbesuch zu legen. Vom Schwarzbachtal
aus radeln wir durch lichten Mischwald
noch vor dem Anstieg zum Hohenfels unserem kulinarischen Höhepunkt entgegen. Das
Restaurant »Le Gourmet d'Alsace« befindet
sich in Neunhoffen direkt neben der kleinen
Fabrik gleichen Namens, die Feinschmek-
kerprodukte in alle Welt verschickt. Lokal
und Fabrik haben sich weit über die Grenzen des Elsaß hinaus einen guten Ruf gemacht. Spezialität sind Schnecken in allen
Variationen: gekocht, gebraten, in Blätterteig, in Knoblauchsoße. Durch das große
Fenster im Gastraum kann man das Gesche-
hen in der Küche verfolgen.

Die Entstehung der **Burg Hohenfels** liegt
im Dunkeln. Erstmals wird der Hohenfels im
13. Jh. erwähnt. Sehr schnell wechselt die
Burg ihre Besitzer, die sie als Pfandrecht benutzen. In der Folge sind es die Familien von
Lichtenberg, die Deux-Ponts-Bitche/Zwei-
brücken-Bitche-Linie, die Ochsensteiner,
die Fleckensteiner, die Hanauer und zum
Schluß Eckbrecht von Durckeim. Die
Durckeimer besitzen die Burg von 1542 an
bis zur Französischen Revolution. In der
Zwischenzeit scheint es, daß die Burg erstmals, 1423, durch die Truppen aus Hanau
und Strasbourg zerstört wurde und ein zweites Mal, 1525, während des Bauernkrieges
durch Feuer. Diese Zerstörung wird in den
archäologischen Archiven bestätigt. Die Ruine kann uns mit viel Phantasie einen Ein-
blick in Wohnen und Leben des 16. Jh. ver-

mitteln. Teile der Inneneinrichtung und Gebrauchsgegenstände befinden sich im Museum Niederbronn.

Streckenbeschreibung

Von Obersteinbach nehmen wir die D3 in
Richtung Sturzelbronn und nach 6 km biegen wir links ein nach Neunhoffen/Dam-
bach. Wir radeln auf einer schmalen laub-
baumbegrenzten Straße, die vollkommen
eben verläuft, an ein paar Einzelhöfen vorbei. Den ganzen Weg begleitet uns der
Schwarzbach. Nach 5 km erreichen wir
Neunhoffen, wo sich ein Feinschmeckerlo-
kal befindet und ebenso eine kleine Fabrik,
»Le Gourmet d'Alsace«. 1 km nach Neunhoffen erreichen wir **Dambach,** wo mitten
im Dorf die Abzweigung zur **Burg Hohen-**

*Burgruine Hohenfels. Nur mit
viel Phantasie läßt sich das Leben auf
der Burg nachvollziehen.*

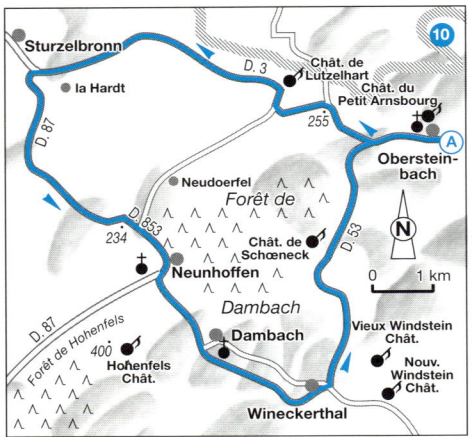

11 Memento mori: Zur verlassenen Abtei Sturzelbronn und zum Beinhaus von Schorbach

Obersteinbach – Sturzelbronn – Camp de Bitche – Bitche – Schorbach und zurück

> **Tourencharakter:** Hügelig von Untersteinbach bis Sturzelbronn, flach bis zur Abbiegung nach Schorbach; von dort aus leichte Steigung durch das Hollertal.
>
> **Länge der Tour:** 48 km hin und zurück.
>
> **Höhenunterschied:** 70 m.

fels markiert ist. Zwischen den Häusern Nummer 32 und 38 verläuft der Fußweg mit dem gelben Kreuz zur Ruine Hohenfels, 30 Minuten.

Von Dambach sind es 2 km nach **Wineckerthal.** Hier biegen wir links ab in die D 53 und erreichen nach 8 km **Obersteinbach.**

Nützliche Informationen

Ausgangspunkt und Zielort: Obersteinbach, Rue Principale.
Einkehr: *Neunhoffen:* • Le Gourmet d' Alsace, Neunhoffen; 67110 Neunhoffen; Tel. 88 09 22 22; Montag Ruhetag; preiswerte Tagesgerichte und »natürlich« Schnecken. • Zum Mitnehmen der Feinschmeckerprodukte: Verkauf in der Pâtisserie Le Gourmet d'Alsace; Tel. 88 09 23 98; täglich geöffnet von 7–12 Uhr und 13.30–16.30 Uhr (außer Mittwoch- und Samstagnachmittag).
Sehens- und Wissenswertes: *Niederbronn:* • Maison de l'Archéologie des Vosges du Nord; 44, Avenue Foche; Tel. 88 80 36 37; Gebrauchsgegenstände aus der Burg Hohenfels; geöffnet 1.4.–30.11., tägl. 14–18 Uhr, außer Dienstag; ansonsten tägl. 14–18 Uhr, außer Montag, Dienstag und Samstag.
Auskunft: • *Lembach:* Office du Tourisme; Tel. 88 94 41 86.
Karte: 3615 IGN – Série Verte Nr. 12, 1:100 000.

An der alten Heeresstraße nach Bitche finden wir in einer Waldlichtung die Reste der **Abtei Sturzelbronn** aus dem 12. Jh. Über einer bemoosten Sandsteinbank, aus Klostertagen hinübergerettet, lesen wir die Inschrift: »Dem Andenken der altehrwürdigen **Zisterzienserabtei Sturzelbronn,** gegründet und reich ausgestattet durch die Herzöge von Lothringen – Simon I. (1115–39), Matthäus I. (1139–76), Friedrich Herr von Bitche (gest. 1207 nach langem segensreichen Wirken) – 1633 im Dreißigjährigen Krieg zerstört und 1789 aufgehoben«, 1895 gewidmet von der Gesellschaft für lothringische Geschichte und Altertumskunde. Die schmiedeeiserne Tafel, am Felsen befestigt, erinnert an eine längst verlassene Abtei, aufgehoben 1789 im Jahr der Französischen Revolution. Von der reichen Klosteranlage und der Grablege der lothringischen Herzöge ist nichts mehr vorhanden. Nur vereinzelte Reste aus der Abteikirche haben überlebt. Eine Portallünette, einige Profilsteine und ein Sarkophag stehen im Friedhof. Die fein skulpturierte Lünette stellt das Geheimnis des Firmamentes dar und ist ein seltenes Beispiel der Steinmetzkunst jener Epoche. Von der Abtei geblieben ist das Portal, das an die einst mächtige Klosteranlage erinnert.

Schorbach, abseits der großen Wege im Hollertal gelegen, ist vor allem bekannt we-

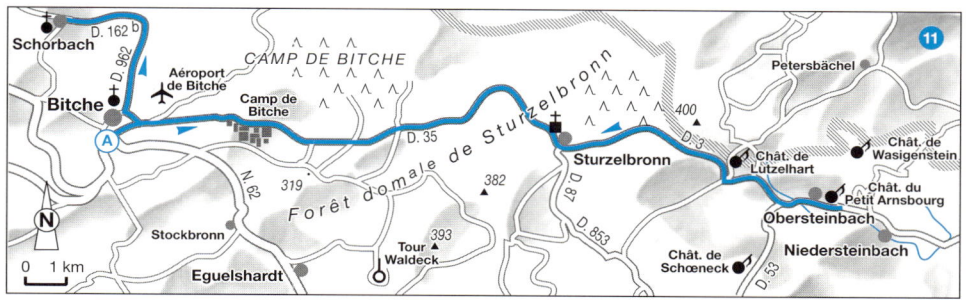

gen seines Beinhauses. Aus leeren Augen-
höhlen starren uns im Beinhaus die fein säu-
berlich aneinandergereihten Schädel an, die
man bei einer Neubelegung des Friedhofs
im Schutz des geweihten Ortes lassen wollte
– anrührendes Beispiel des Respekts vor
dem Tode: Memento mori!

Das in der Nähe der Kirche gelegene
Beinhaus besticht durch die wunderschöne,
aufgelockerte Fassade, die mit Rundbögen
und zehn verschiedenartigen Säulen geschmückt ist. Der gotische Mittelpfeiler fällt
aus dem Rahmen des andererseits romanischen Gesamtbilds. Archäologen des vori-
gen Jahrhunderts verlegten die Gründung
zurück in das beginnende 12. Jh. Heute neigen die Kunsthistoriker eher zu einer späte-
ren Datierung – Anfang des 16. Jh.

Eine weitere Kuriosität stellte die Portallünette dar, die in die Ostfassade der Kirche
einbezogen ist. Sie ist mit einer langen Inschrift dekoriert, auf der das Datum der Ein-
weihung – 1143 – und die als Schutzpatrone
angerufenen Heiligen erscheinen. Die Lünette ist einmalig in ihrer Art und bildet mit
den unteren Zonen des massiven viereckigen Turms die einzigen Überreste der ursprünglichen Kirche.

Streckenbeschreibung

Wir fahren von **Obersteinbach** auf der D 3
Richtung Sturzelbronn. Kurz vor Sturzelbronn ändert sich die Straßennummer in
D 35. Wir erreichen **Sturzelbronn** nach
10 km. Nach weiteren 9 km auf der gleichen

*Schorbach –
zehn verschieden-
artig gestaltete
Säulen schmücken
das Beinhaus.*

Sturzelbronn – romanische Portallünette der einstigen Abteikirche.

Straße kommen wir in **Camp de Bitche** an und folgen zunächst der D 35 bis nach **Bitche** (2 km). Am ersten Kreisverkehr in Bitche biegen wir rechts ab und folgen der Beschilderung nach **Schorbach,** zunächst auf der D 962. Nach etwa 2 km auf dieser Straße biegen wir links in die D 162ᵇ ab, die uns nach weiteren 2 km nach **Schorbach** führt.

Nützliche Informationen

Ausgangs- und Zielpunkt: Obersteinbach, Rue Principal.
Einkehr: *Sturzelbronn:* • Au Relais des Bois; Tel. 87 06 20 30; Mittwochabend und Donnerstag Ruhetag. Hervorragende Küche. Der Koch hat im Cheval Blanc in Lembach gelernt. Köstliche Terrinen und Pasteten (Spezialität gefüllte Entenpastete, Ballotine de Canard). Im Sommer kann man auf der Terrasse tafeln.
Camping: *Sturzelbronn:* • Camping à la Ferme/auf dem Bauernhof; Tel. 87 06 20 46. • Parc Résidentiel de Loisirs du Muhlenbach; Tel. 87 06 20 15.
Einkaufen unterwegs: *Schorbach:* • Armand Ott; hausgepökelte Schinken direkt vom Erzeuger; 20, Rue des Romains; 57230 Schorbach; Tel. 87 96 00 90.
Auskunft: • *Lembach:* Office du Tourisme; Tel. 88 94 41 86.
Karte: 3615 IGN – Série Verte Nr. 12, 1:100 000.

12 Von den Burgen zu den keltischen Quellen von Niederbronn-les-Bains

Obersteinbach – Wineckerthal – Jaegerthal – Reichshoffen – Niederbronn-les-Bains
Burgen: Burg Schœneck – Vieux Windstein – Nouveau Windstein

Tourencharakter: Flachhügelig, Anstiege nur zu den Burgen, die wir zu Fuß erreichen. Anschluß an die Touren 13 und 14.
Länge der Tour: 20 km.
Höhenunterschied: 50 m.

Mitten durch die nordvogesischen Wälder, durch Wineckerthal und Jaegerthal führt uns der Weg auf einsamsten Straßen, an den Burgen Schœneck, Alt- und Neu-Windstein vorbei, nach Niederbronn-les-Bains, wo vor den Rittern die Kelten und die Römer ihre Spuren hinterlassen haben.

Das älteste Dokument, das die **Burg Schœneck** ausweist, stammt von 1287. Es sagt aus, daß Konrad von Lichtenberg die Burg den Strasbourger Bischöfen abgekauft hat. 1301 erfolgte die offizielle Übergabe an Jean von Lichtenberg, einem Mitglied seiner

Familie. In der ersten Hälfte des 16. Jh., zwischen 1545 und 1547, zeichnet als Besitzer Cuno Eckbrecht von Durckeim, der das Gebäude für Artillerie ausrüsten läßt. Die neu befestigte Burg wird allerdings im Jahr 1680, wie sollte es anders sein, von General Montclar, ohne Zweifel auf Anweisung des Königs von Frankreich, zerstört. 1820 kauft die Familie De Dietrich, noch heute Arbeitgeber der Region, Schœneck mit allen umgebenden Wäldern. Im Jahr 1878 beginnt man die Burg wiederherzustellen, um sie als historisches Monument zu bewahren. Trotz der Nachbildung in jüngerer Zeit ist eine Besichtigung lohnenswert, da mehr als die sonst übliche Burgruine zu sehen ist.

Alt- und Neu-Windstein: Die Burgen Vieux Windstein und Nouveau Windstein trennt ein Hügel. Alt-Windstein, datiert auf das Jahr 1205, soll von Henri de Windstein, Abt in Neuburg, errichtet worden sein, der hier eine Felsenbefestigung anlegen wollte. Dieses Haus hat offensichtlich zu Kriegszeiten dazu dienen sollen, Mönchen ein Versteck für ihre Schätze zu bieten. Anderen Quellen zufolge soll Neu-Windstein 1339 von Wilhelm von Windstein errichtet worden sein, um das alte Windstein zu ersetzen, das 1332 verschwand. Das Schloß erlitt schreckliche Verwüstungen im Dreißigjährigen Krieg, wo es von Truppen des Grafen von Lothringen eingenommen wurde. Seine Zerstörung wurde durch französische Truppen vollendet, die sich in den Besitz des Schlosses begeben wollten, nachdem sie ein erstes Mal davon von Wolff Eckbrecht von Durckeim abgehalten worden waren, der zu der Zeit Oberst in der kaiserlichen Armee war. Von **Neu-Windstein** sind noch beachtliche Baureste vorhanden, so die gut erhaltene Fassade des zweistöckigen Palas, dessen Spitzbogenfenster im Obergeschoß die einstige Schönheit erahnen lassen. Von der Ruine hat man einen weiten Blick auf die Oberrheinische Tiefebene.

Alt-Windstein, auf einem gegenüberliegenden 160 Meter langen und sehr schmalen Sandsteinfelsen, wurde 1212 als staufische Reichsburg erbaut und den Windsteinern als kaiserliches Lehen übertragen. In den Fels gehauene Vertiefungen beweisen, daß Rittersaal, Wohngebäude und Stallungen mit Tragbalken angebaut waren. Ähnlich wie bei Fleckenstein sind Gänge, Kammern und Verliese aus dem Fels herausgeschlagen, ebenso ein 40 Meter tiefer Brunnen. Als sich ein Onkel Johann von Windsteins 1332 als Raubritter betätigte, wurde die alte Burg bei einer Strafexpedition zerstört. Danach baute man südlich davon zuerst Neu-Windstein und erneuerte später Alt-Windstein. Beide Burgen wurden 1680 von dem französischen Heerführer Montclar zerstört.

Niederbronn-les-Bains ist der wichtigste Kurort des Elsaß mit dem einzigen Casino. 1987 wurden die Kuranlagen renoviert, und während die Umgebung tiefe Wälder und viele malerische Burgruinen bietet, tritt im Stadtbild allerdings auch Industrie in Erscheinung. Im Dreißigjährigen Krieg verwüstet, erholte sich der Ort erst im 18. Jh. als das Haus de Dietrich in Niederbronn und Umgebung mehrere Werke der metallverarbeitenden Industrie gründete. Heute gibt es im Elsaß kaum einen Haushalt ohne de-Dietrich-Herd! Halbkreisförmig wird Niederbronn von den Vogesen umschlossen, was ein besonders mildes Reizklima für die Erholungssuchenden bietet. Die Stadt ist Ausgangspunkt für viele Spaziergänge und Wanderungen durch Wälder und Täler und hat sich trotz Casino und Kurbetrieb ihre fast ländliche Idylle bewahrt. Im Stadtmuseum ist nachzulesen, daß bereits die Kelten und die alten Römer die Heilkraft des Wassers aus den beiden Thermalquellen zu schätzen wußten. So hat man am Reisberg im Niederbronner Wald eine gallo-romanische Thermalanlage entdeckt, die darauf schließen läßt, daß hier bereits zu Römerzeiten reger Kurbetrieb im Gange war. Die keltische Quelle wurde inzwischen unter dem Namen »Celtic« als berühmtestes Heilwasser mit gutem Erfolg vermarktet. Die zweite große Quelle, die römische Quelle, sprudelt vor dem Casino und ist besonders gut für Knochenkranke und Rheumatiker. Besuchenswert ist in Niederbronn das »Maison de l'Archéologie des Vosges du Nord« mit seinen bedeutenden Fundsammlungen von der Antike bis zur frühindustriellen Kulturstufe. Die beiden Kirchen von Niederbronn stammen aus dem 19. Jh. Die Kirche St. Martin, 1886

Schon die Römer kurten hier. Vor dem Casino in Niederbronn-les-Bains sprudelt die römische Quelle, besonders heilend für Knochenkranke und Rheumatiker.

neu erbaut, steht auf einer alten Kultstätte aus der Merowingerzeit (6.–7. Jh.).

In **Reichshoffen,** Stadtteil von Niederbronn-les-Bains, ist im einstigen Stadtschloß ein Eisenmuseum eingerichtet.

Streckenbeschreibung

Wir verlassen **Obersteinbach** und folgen der D 53 nach Wineckerthal, Windstein, Jägerthal und Niederbronn-les-Bains, das 20 km entfernt liegt. Auf unserem Weg haben wir zur Rechten zuerst die **Burg Schœneck,** zu der wir zu Fuß einen lohnenden Abstecher machen können. Nach etwa 3 km auf der D 53 biegen wir rechts in einen Weg ab, der zum Forsthaus »Fischeracker Hof« führt. Von dort nehmen wir den markierten Weg »Henri-Mellon« und folgen dem »gelben Diamanten«, der uns zu Fuß in etwa 20 Minuten zur Ruine Schœneck bringt. Nach unserem Abstecher zur Burg Schœneck wen-

den wir uns wieder der D 53 zu und fahren nach Windstein.

Nach 4 km erreichen wir dann **Wineckerthal,** einen Weiler mit etwa vier Häusern. Unsere Straße biegt jetzt links in Richtung Jaegerthal ab. Nach etwa 2 km stoßen wir auf eine Abzweigung (links), die uns nach **Windstein** führt. Vom Dorf Windstein aus können wir die Ruinen **Alt- und Neu-Windstein** besuchen, ein weiterer, sehr lohnender Abstecher. Dazu folgen wir in Windstein vom Parkplatz aus der Markierung mit dem roten Rechteck mit weißen Streifen und sind in etwa 10 Gehminuten bei der Ruine Neu-Windstein. Gegenüber, auf einem roten Sandsteinfelsen, sehen wir Alt-Windstein.

Alt-Windstein. Auf einem 160 Meter langen, sehr schmalen Sandsteinfels erhebt sich die Ruine der einstigen Stauferburg. 1680 hat sie der französische Heerführer Montclar, zweifellos auf Anordnung des Sonnenkönigs, zerstört.

Nach unserer Burgenbesichtigung kehren wir zur D53 zurück und wenden uns erneut unserer Hauptroute zu, die uns nach etwa 2 km zu der einsamen Siedlung **Jaegerthal** führt. Sie ist direkt am Schwarzbach gelegen, der unterhalb zu einem See aufgestaut ist. Den Talweg entlang radeln wir in Richtung Reichshoffen.

Wir kommen an das Wasserreservoir von Reichshoffen. Ein geteerter Weg, markiert mit rotem Ring auf weißem Grund, führt von hier in ein Vogelschutzgebiet, das wir umradeln können. Wir fahren auf unserer Hauptstrecke weiter und erreichen nach kurzer Zeit **Reichshoffen**. Wir folgen der D662 nach **Niederbronn-les-Bains** hinein, das über einen sehr hübschen, blumengeschmückten Bahnhof verfügt.

Nützliche Informationen

Ausgangsort: Obersteinbach; Entfernung insgesamt 20 km.
Zielort: Niederbronn-les-Bains: 45 km nordöstlich von Strasbourg, 4500 Einwohner, Kurort mit dem einzigen Casino im Elsaß.
Einkehr: *Windstein:* • Im Windstein; 8,

Route d'Obersteinbach; Tel. 88 09 24 18. – *Niederbronn-les-Bains:* • Hôtel Bristol; 67110 Niederbronn-les-Bains; 4, Place de l'Hôtel de Ville; Tel. 88 09 61 44; Restaurant Mittwoch geschlossen. Hier kann man gut essen und kuren – *Niederbronn-les-Bains:* • Casino Municipal; Place des Thermes; 67110 Niederbronn-les-Bains; geöffnet täglich 16–2 Uhr. Zum Kaffeetrinken und zum Roulette im Casino.
Bahnhof: *Niederbronn-les-Bains:* Auskunft über die Mitnahme der Räder auf den Nahverkehrszügen erteilt eine Tafel in der Schalterhalle.
Sehens- und Wissenswertes: • Maison de l'Archéologie des Vosges du Nord: geöffnet 1. 4.–30. 11. tägl. 14–18 Uhr, außer Dienstag, 1. 12.–31. 3. tägl. 14–18 Uhr, außer Montag, Dienstag und Samstag. – *Reichshoffen:* • Musée du Fer/Eisenmuseum; 9, Rue Jeanne d'Arc; 76110 Reichshoffen; Tel. 88 80 34 49; geöffnet 1. 4.–31. 10 tägl. 14–18 Uhr, außer Dienstag.
Auskunft: • *Niederbronn-les-Bains:* Office de Tourisme; 67110 Niederbronn-les-Bains; Tel. 88 80 32 55.
Karte: 3615 IGN – Série Verte Nr. 12, 1:100 000.

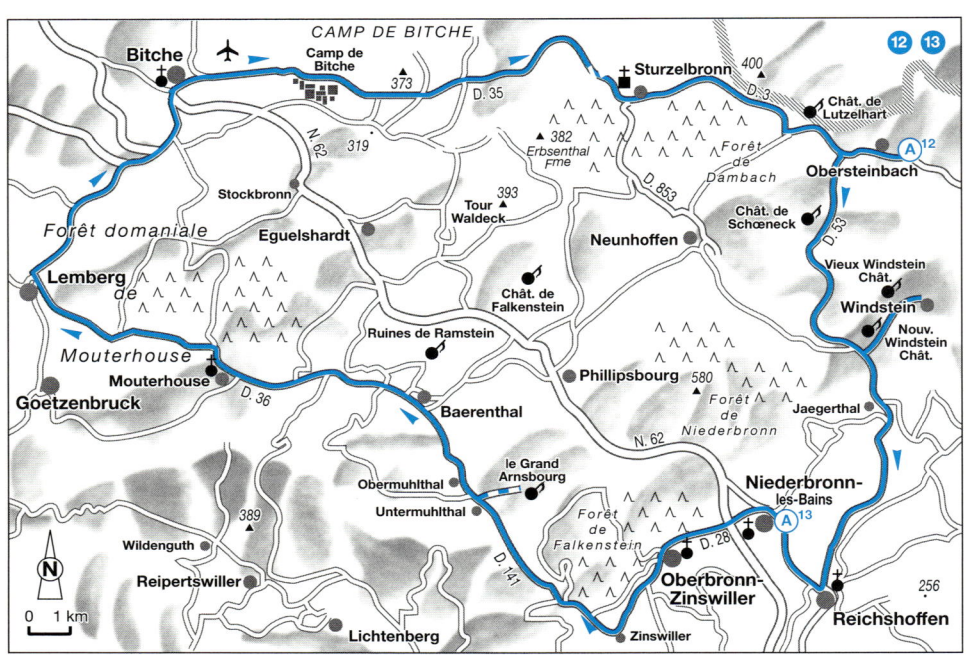

Unterwegs im Naturpark Nordvogesen

13 Vom idyllischen Zinseltal zur kriegerischen Festung Bitche

Niederbronn-les-Bains – Oberbronn – Zinswiller – Abstecher zur Grand Arnsbourg – Baerenthal – Mouterhouse – Lemberg – Bitche – Obersteinbach

Tourencharakter: Ebene Strecke, ausgenommen der Abstecher zur Grand Arnsbourg (479 m), weiter auf ansteigender asphaltierter Forststraße und zuletzt ebenen, unbefestigten breiten Waldwegen. Als Fortsetzung der Tour 12 ist dies die zweite Etappe einer Rundtour.

Länge der Tour: 50 km; Abstecher zur Arnsbourg 8 km hin und zurück.
Höhenunterschied: 60 m.

Das Zinseltal gehört zu den schönsten Tälern im Naturpark Nordvogesen. Die Zinsel, schwarzbraun vom moorigen Wasser, begleitet uns auf dem Weg durchs Tal oder verschwindet immer wieder in die weitläufigen, lichten Laubwälder. Das Zinseltal wird von der **Grand Arnsbourg** überblickt, einer ehemals staufischen Reichsburg, erbaut im 12. Jh. 1332 kauften sie die Herren von Lichtenberg den Hohenstaufern ab. 1680 wurde sie durch die Truppen Montclars zerstört. Bekannt ist sie vor allem durch historische Ereignisse und eine Sage, nach der der Teufel in den nicht mehr zugänglichen Kellergewölben schon seit Jahrhunderten große Weinvorräte gelagert habe, deshalb auch der Name »Teufelsburg«. Die Verbindung zum Wein scheint vorhanden zu sein, denn die einstigen Burgherren führten in ihrem Wappen ein Weinfaß. Als Zeichen eines guten Weinjahres soll zur Zeit der Rebenblüte noch heute der Duft des vergorenen Traubensaftes aus den Ruinen aufsteigen. Der Name »Grand Arnsbourg« wurde gegeben, um sie von der Burg »Petit Arnsbourg« in Obersteinbach zu unterscheiden. Noch heute finden wir das Wappen des Hans von Werd (von 1299) und des Philipp von Hanau-Lichtenberg (von 1598). In der Kaufakte ist außerdem vermerkt, daß die Burg bereits im Jahr 1523 von Franz von Sickingen großteils zerstört war oder von den Bauernkriegstruppen im Jahr 1525. Weitere Zerstörungen erfolgten im Dreißigjährigen Krieg, so daß die Truppen des General Montclar nur noch das zu Ende brachten, was schon teilweise zerstört war. Dennoch sind noch Spuren des Herrenhauses vorhanden, ebenso ein gut erhaltener massiver Turm, der diagonal angeordnet ist. Die Turmbesteigung ist wegen des wundervollen Blicks auf das Zinseltal und die Umgebung zu empfehlen.

Fürstlich speisen können wir nach unserem Abstecher zur Burg auf unserem Weg nach Baerenthal im Restaurant »L'Arnsbourg«. Das Lokal, in völliger Einsamkeit gelegen, bietet einen herrlichen Ausblick über die Zinsel. Die täglich wechselnde Speisekarte enthält so ungewöhnliche Gaumengenüsse wie hausgemachte Gänseleber mit frischen Trüffeln in Blätterteig. Trotz des vornehmen Ambiente ist der Radler ein sehr willkommener Gast, und er kann sich so fürstlich bewirten lassen wie einst die Ritter auf der nahen Arnsbourg.

Unweit der Straße liegt der Baerenthal-Teich, eine 18 ha große Wasserfläche. Das Wasser nutzten früher die Hüttenwerke des Dorfes Baehrenthal und bildet jetzt, dank der üppigen Vegetation an den Rändern, den hier heimischen Vögeln eine sichere Zuflucht und willkommene Rast für Zugvögel. Von einem Hochsitz aus kann man dort Stockenten, Eisvögel, Haubentaucher, Fischreiher und viele andere Wasservögel beobachten.

Dann folgt am Straßenrand die rote Sandsteinkapelle von **Mouterhouse,** hinüberge-

Die Zitadelle von Bitche. Wehrmauern, Schanzen und Bastionen beherrschen das Bild der 1740 wiedererbauten Festung.

rettet über die Jahrhunderte, errichtet 1505 von Reinhard von Deux-Ponts-Bitche. 1633 verwüsteten die Schweden während des Dreißigjährigen Krieges die Kapelle, 1839 wurde sie wieder restauriert. Wertvollstes Inventar ist die aus Lindenholz geschnitzte »Schutzmantel-Madonna« (die unter ihrem Mantel Schutz gewährt).

Das Dorf Mouterhouse, das sich über mehrere Kilometer erstreckt, war früher ein bedeutendes Eisenhüttenzentrum, dessen Entstehung auf das beginnende 17. Jh. zurückgeht. Nach der Zerstörung im letzten Krieg wurde das Hüttenwerk nicht mehr aufgebaut. Nur die abgelegenen Gehöfte – Altschmelz, Neuschmelz und Neuhammer – erinnern noch an die Betriebsamkeit, die einst in diesem Tal herrschte, das heute zu den malerischen Flecken im Bitcher-Land gehört.

Der Marktflecken **Lemberg** geht auf das beginnende 14. Jh. zurück und entwickelte sich dank der benachbarten Kristallglasfabrik in Saint-Louis, wo mehr als ein Jahrhundert lang Glasarbeiter aus Lemberg Arbeit fanden. Nach dem letzten Krieg machten einige Glasmacher eigene Glaswerkstätten auf, wo die Besucher sie heute bei der Arbeit beobachten können.

Uraltes Siedlungsgebiet der Kelten und Römer ist das Land zwischen Lemberg und

Bitche, und immer wieder stoßen wir auf ihre Kultstätten. Trotz der verwitterten Steine können wir noch heute die Verehrung der Gottheiten des Waldes erkennen: Diana, die Göttin der Jagd, Silvanus, Gottheit des Waldes, und Merkur, der Götterbote.

Lemberg ist vor allem bekannt wegen seiner gallo-romanischen Felsreliefs, die tief im Wald verborgen sind. Die bedeutendsten sind der Drei-Bilder-Fels und der Felsen der St.-Hubertus-Quelle. Bei ersterem handelt es sich um eine naive Darstellung eines gallischen Bauernpaares und einer Bacchantin. Das zweite, wenn auch verstümmelt – der obere Teil wurde in unbekannter Zeit entfernt –, besticht durch seine Ausmaße und die stark plastische Wiedergabe. Man erkennt Diana, Silvanus, einen Rehbockkampf und einen auf der Lauer liegenden Hund.

Das erstaunlichste Zeugnis jedoch ist ein Monolith, der sogenannte »Breitenstein«, der sich oberhalb der Gemeinde Meisenthal befindet. Er ist 4,40 Meter hoch. Dieser alte Grenzstein, ab 1787 für christliche Zwecke verwendet, datiert vermutlich aus dem zweiten Jahrtausend vor Christus.

Als über Jahrhunderte vorgeschobener Grenzposten zwischen Deutschland und Frankreich wurde das Bitcher-Land von kriegerischen Auseinandersetzungen besonders hart getroffen. 1766 erfolgte die offizielle

Die Kapelle von Mouterhouse, erbaut 1505, wurde trotz der Verwüstungen im Dreißigjährigen Krieg in die Jetztzeit herübergerettet.

Angliederung an Frankreich. Während der Revolution (ab 1789) kam es zu willkürlichen Enteignungen und religiösen Verfolgungen, und auch im Krieg von 1870/71 zwischen Deutschland und Frankreich lag Bitche wieder in vorderster Front. Im Zweiten Weltkrieg wurden zahlreiche Dörfer und ganze Industriezweige wie das Eisenhüttenwerk in Mouterhouse zerstört.

Unvermeidlich ist auch die Erinnerung an kriegerische Zeiten, wenn man die **Zitadelle** hoch über **Bitche** erblickt. Auf strategisch wichtigem Fels erbaut soll sie bis ins 20. Jh. hinein, noch im Zweiten Weltkrieg, eine wichtige Rolle spielen. Die lothringischen Grafen Deux-Ponts-Bitche ließen 1180 die Burg erbauen. Am Fuß der Festung entstand die Siedlung Bitche, immer eng mit der wechselvollen Geschichte ihrer Burg verbunden. Der schon bald von einer Mauer mit zwei Toren umgebende Ort zog zahlreiche Kaufleute und Handwerker an, die sich nach den Wirren des Mittelalters nach Sicherheit sehnten. Aber der Schutz hatte den Nachteil, daß sich der Marktflecken nicht ausdehnen konnte und die Bewohner zwang, jeden kleinsten Quadratmeter zu nutzen. Die gewundenen Gäßchen und schmalen Häuser zeigen die Schwierigkeiten, mit denen diese kleine Festungsstadt fertig werden mußte. Dennoch konnte Bitche den Grausamkeiten der Schweden nicht ent-

gehen, die, verärgert darüber, daß sie sich der Burg nicht bemächtigen konnten, den Ort, wie viele Orte im Umkreis auch, in Schutt und Asche legten – wie Mouterhouse und Rohr. Der Wiederaufbau, der Jahrzehnte in Anspruch nahm, wurde wegen der dauernden französisch-lothringischen Konflikte, die das Gebiet erschütterten, ständig unterbrochen.

Die **Zitadelle von Bitche** war jahrhundertelang einer der meistumstrittenen Vogesensitze. Dutzende Male wechselten die Besitzer. Mehrfach wurde die Anlage zerstört und immer wieder neu befestigt. 1676 ließ Sonnenkönig Louis XIV sie schleifen, um drei Jahre später nach Plänen des Militärarchitekten Vauban die neue Festung errichten zu lassen. Wehrmauern, Schanzen, Bastionen und Tore beherrschen das Bild der 1681 erstandenen Anlage. Doch 1697 erfolgte die totale Schleifung der Burg. Ein Jahr lang zerstörte ein Regiment alles, was mit so viel Mühe aufgebaut worden war. Vier Jahrzehnte später, 1737, als der ehemalige König von Polen und Schwiegervater von Louis XV Lothringen übernahm, fiel die Burg bzw. das, was von ihr übrig geblieben war, wiederum Frankreich zu, das sich das Recht vorbehalten hatte, die lothringischen Hauptstützpunkte neu zu befestigen. 1740 faßte man endlich den Beschluß, die Burg wieder aufzubauen, die man von nun an Zitadelle

Die gemütlichen Picknickplätze im Naturpark Nordvogesen laden zur Rast ein.

nannte. Diese neue Burg besteht mit Ausnahme des größten Teils der oberirdischen Festungsanlage noch heute. Sie umfaßt ein zentrales, mit Bollwerken versehenes Plateau, dem im Osten das »Grosse-Tête« genannte Vorwerk und im Westen das Vorwerk »Petite-Tête« vorgelagert sind. Den eindrucksvollsten Trakt bildet jedoch die »Courtine« im Süden, ein 20 m hoher und 210 m langer Felsblock, der einen wirksamen Schutz gegen den Beschuß darstellte. Die monumentale Grosse-Tête diente der Verteidigung der Burg an der Nordseite und der Überwachung der Straßen von Wissembourg und Pirmasens. Eine Wendeltreppe ermöglichte den Zugang zur Burg sowie zu dem kleineren Bollwerk der unteren Plattform, der Petite-Tête mit seinem sichelförmigen Außenwerk diente als Spähgebäude. Rund um die mit Steintreppen verbundenen Bauwerke des Festungskomplexes verläuft ein Wehrgang. Diese eindrucksvollen Befestigungsanlagen verfügten über ein Abwehrsystem, das den Feind daran hinderte, sich dem Burgeingang zu nähern.

Das erste Gebäude, auf das der vom Plateau kommende Besucher stößt, ist die 1743 errichtete Hauptwache. Das Dach wurde 1870/71 zerstört und nicht wieder ersetzt. Das Pulvermagazin, ein massiver Bau mit dicken Mauern und soliden Strebepfeilern, war die empfindlichste Stelle der Festung. Die Kapelle ist das einzige Zeugnis der unter Vauban erbauten Burg. Die ehemalige Bäckerei beherbergt eine ständige Ausstellung über das Zweite Kaiserreich. Einen interessanten Überblick verschafft uns die Orientierungsplattform am Fuß des Fahnenmastes. Eine Besonderheit der Festung bestand zweifellos in dem weit verzweigten Netz der unterirdischen Gänge. Obwohl ihr Bau auf die Mitte des 18. Jh. zurückgeht, befinden sie sich in sehr gutem Erhaltungszustand und haben im Gegensatz zu den Bauwerken an der Oberfläche kaum unter den zahlreichen Beschüssen gelitten.

Fünf Kilometer westlich von Bitche, Richtung Vollmunster, können wir Fort Simserhof der Ligne Maginot besichtigen. Sie gilt als Paradebeispiel für die Weiterentwicklung der »Wehrbaukunst« bis ins 20. Jh. Noch immer prägt Militär den Alltag von Bitche, wie es sich im Camp de Bitche zeigt, das wir auf unserer Strecke passieren. Es wird von Deutschen und Franzosen gleichermaßen genutzt, ebenso der 1988 eingeweihte Golfplatz von Bitche mit 27 Löchern. Ein rundes Drittel der Mitglieder des Golfclubs ist deutscher Nationalität, auch dies ein schönes Beispiel der heutigen guten Nachbarschaft im Grenzgebiet.

Auf historischem Grund befinden wir uns selbst auf der Straße von Bitche nach Obersteinbach, die noch immer »Königsstraße« genannt wird. Sie wurde anläßlich des Wiederaufbaus der Zitadelle von Bitche unter Ludwig XV. eingerichtet.

Streckenbeschreibung

In **Niederbronn-les-Bains** folgen wir der Ausschilderung nach Oberbronn-Zinswiller und verlassen Niederbronn auf der D 28. Auf ansteigender Fahrbahn erreichen wir das malerische **Oberbronn** und nach 3 km **Zinswiller.** In Zinswiller wenden wir uns nach rechts auf die D 141 und folgen von jetzt an dem Zinseltal. 4 km nach Zinswiller biegen wir auf den mit einem roten Rechteck markierten Forstweg rechts ein. Nach weiteren 4 km auf ansteigendem Forstweg erreichen wir **Grand Arnsbourg.**

Weil die Arnsbourg zu den interessantesten geschichtlichen Burgen der Gegend gehört, ist der Abstecher nicht nur für die sportlich ambitionierten Radwanderer ein Muß. Nach unserem Abstecher zur Burg Arnsbourg setzen wir auf der D 141 unseren Radweg durch Untermühlthal, am Restaurant L'Arnsbourg vorbei, Richtung Baerenthal fort, das wir nach 3 km erreichen. Die Zinsel begleitet uns jetzt rechter Hand unter knorrigen alten Bäumen. In Baerenthal haben wir 10 km zurückgelegt, seit wir Zinswiller verlassen haben.

Baerenthal ist ein kleiner touristischer Ort mit hübschen Pensionen und einem Gasthaus »L'Arbre Vert«, das mit Blumen überwuchert ist. Nach Verlassen von Baerenthal befinden wir uns sofort auf der D 36 und radeln weiterhin durch das wunderschöne, einsame Tal der Zinsel. Wir sind nun im Bitcher Land, kommen vorbei an dem kleinen Ort **Fourneau Neuf,** nähern uns jetzt **Mou-**

terhouse mit einer kleinen Feriensiedlung und einigen neu gebauten Häusern. In Mouterhouse stoßen wir auch auf die Kapelle Notre Dame de Mouterhouse. Auf unserem Weg nach Lemberg passieren wir nach Mouterhouse das Jugendstilschloß der Familie de-Dietrich. Dieses Privatschloß ist leider nicht zu besichtigen. Wir radeln weiter nach **Lemberg,** das wir nach 6 km erreichen. Die Straße steigt jetzt leicht an und führt weiterhin durch dichten Laubwald. Nach weiteren 5 km erreichen wir Schwangerbach.

Nach **Schwangerbach** haben wir 2 km auf der nicht allzu befahrenen N 62 bis Bitche vor uns. Schon von weitem grüßt uns die alles überragende Zitadelle von Bitche auf hohem Felsensockel. Von **Bitche** nehmen wir unseren Rückweg nach Obersteinbach auf. Wir wählen dabei in Bitche an der Kreuzung die D 35, Großrichtung Pirmasens. Von der Kreuzung aus sind es 12 km nach Sturzelbronn. Wir radeln dabei auf einem ausgezeichneten Radweg links der Fahrbahn, getrennt durch einen kleinen Graben, vollkommen eben von Bitche nach Camp de Bitche. Wir erreichen **Camp de Bitche,** einen militärischen Stützpunkt, dessen Übungsgelände von Deutschen und Franzosen gleichermaßen genutzt wird, und passieren die roten Backsteinkasernen. Nach Camp de Bitche haben wir keinen Radweg mehr, die Straße ist ohnehin einsam genug, und wir fahren nun eine Weile durch militärisches Sperrgebiet. Es empfiehlt sich also, nicht vom Weg abzukommen. Wir durchqueren den Wald von **Sturzelbronn** auf schnurgerader Fahrbahn, eine herrliche Waldstrecke, aufgelockert durch kleine Streuwiesen, in denen das Vieh steht. Die ganze Strecke bis Sturzelbronn ist vollkommen eben. Von Sturzelbronn radeln wir auf der D 35 nach **Obersteinbach** (10 km).

Nützliche Informationen

Kartenskizze: Auf Seite 68.
Ausgangspunkt: Bahnhof Niederbronn-les-Bains.
Zielort: Obersteinbach; Entfernung 50 km, plus Abstecher zur Arnsbourg 8 km.
Einkehr mit Übernachtung: *Baerenthal:*
• A l'Arbre Vert; 32, Rue Principale; 57230

Baerenthal; Tel. 87 06 50 07. Mittwoch geschlossen. – *Bitche:* • Zwei-Sterne-Hotel Relais de Chateaux-Forts; 6, Quai Branly; 57230 Bitche; Tel. 87 96 14 14, Fax. 87 96 07 36; Restaurant Donnerstag und Freitagmittag geschlossen. Sehr gute Küche.
Einkehr: *Baerenthal:* • L'Arnsbourg; Familie Klein; 57230 Baerenthal-Mühltal; Tel. 87 06 50 85; Dienstag und Mittwoch geschlossen.
Sehens- und Wissenswertes: *Bitche:*
• Zitadelle; geöffnet 1. 3.–15. 11. tägl. 9–17 Uhr; 1. 7.–31. 8. tägl. 9–18 Uhr.
• Musée National de la Fortification; 4, Rue du Géneral Stuhl; Tel. 87 96 14 55.
Auskunft: • *Bitche:* Office de Tourisme du Pays de Bitche; 57232 Bitche; Tel. 87 06 16 16, Fax 87 96 10 23.
Karte: 3615 IGN – Série Verte Nr. 12, 1:100 000.

14 Von den Römern zum wunderlichen Ritter »Jakob im Barte« auf Lichtenberg

Niederbronn-les-Bains – Oberbronn – Zinswiller – Offwiller – Rothbach – Lichtenberg – Rothbach – Ingwiller

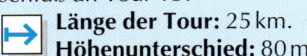

Tourencharakter: Die Strecke verläuft auf leicht hügeligen Nebenstraßen durch den Naturpark Nordvogesen und das Hanauer Land. Steil geht es beim Lichtenberg hoch. Anschluß an Tour 15.

Länge der Tour: 25 km.
Höhenunterschied: 80 m.

Ab Niederbronn, wo die Römer es liebten zu kuren, sind wir im tiefsten Wald und mitten im Naturpark Nordvogesen, der sich an seinem Ostende bis Saverne erstreckt und im Norden bei der Gemarkung Wissembourg begonnen hat. In diesem riesigen Naturpark stoßen wir auf das noch immer im Volksmund sogenannte »Hanauer Länd-

Burg Lichtenberg: Hier widmete sich der wunderliche Ritter »Jakob im Barte« den okkulten Wissenschaften.

chen«, die Gegend zwischen den Grafschaften Bouxwiller, Lichtenberg und Ingwiller. Sie alle gehörten den Herren von Lichtenberg, und nach Aussterben dieses Geschlechts gingen die Grafschaften an die Hanauer über, daher der Name. Die Herren von Lichtenberg waren eines der angesehensten Geschlechter im Elsaß. Sie stellten drei Bischöfe von Strasbourg, unter ihnen Konrad (1273–1299), der die Stammburg Lichtenberg von Grund auf erneuerte. Das Geschlecht der Lichtenberger starb 1480 mit eben jenem Jakob von Lichtenberg aus, der der »Wunderliche Ritter« genannt wurde und sich in diesem heiteren Landstrich der Wahrsagerei, Sternenkunde und düsteren okkulten Wissenschaften widmete.

Die liebliche Hügellandschaft um die Burg, von der Landwirtschaft bis zum heutigen Tage geprägt, hat in **Offwiller** noch ein besonders schönes Zeugnis der ländlichen Kultur: La Maison du Village d'Offwiller. Bäuerliches Leben ist hier festgehalten, und ein langer Weg ist's hinauf zur **Burg Lichtenberg,** die diese Landschaft wie ein riesiges rosenfarbenes Sandsteinschiff überschwebt. Die Burg wurde im 12. Jh. von den Lichten-

bergern erbaut, 1570 von dem Strasbourger Festungsbaumeister Daniel Specklin ausgebaut, 1677 von den Franzosen besetzt und durch Vauban verstärkt. Als Festung blieb sie bis 1870 erhalten und bewohnt. 1870 ergab sich die kleine Garnison nach eintägiger Beschießung den Deutschen. Die ausgedehnte Ruine besitzt in ihrem Kernwerk eine sehr bemerkenswerte Anlage des 13. Jh. Ein Mittelblock wird von zwei gerundeten Turmanbauten flankiert, deren Inneres in mehreren Geschossen gewölbt ist. Die Obergeschosse sind spätgotisch. Die benachbarte Burgkapelle, an deren Außenwand im 14. Jh. ein gemalter Christophorus angebracht war, ist in der gewölbten Chorpartie erhalten. Im Inneren sind verstümmelte Reste großer Renaissance-Grabmäler der Lichtenberger Grafen. Außerdem gibt es eine unterirdische Gruft. Mehrere Renaissance-Gebäude, zum Teil mit geschmücktem Portal aus dem Ende des 16. Jh., und ein Pallas von 1575 sind erhalten. Tiefe ausgemauerte Gräben umschließen die Burganlage. Hier lebte, arbeitete und vertiefte sich in seine Studien der wunderliche Ritter Jakob im Barte, der nach dem Tod seiner Frau mit der schönen Bärbel von Ottenheim regierte und unter den Dorfbewohnern beargwöhnt wurde, was dann zum Bouxwiller Weiberkrieg führte, als Protest gegen Hof und Landesführung der beiden. 1472 verließ er die Burg Lichtenberg und baute sich ein Schloß in Ingwiller, wo er 1480 starb. Die schöne Bärbel, als Hexe angeklagt, beging nach dem Tod des Ritters Jakob im Gefängnis Selbstmord. Vom Ingwiller Schloß sind nur mehr Fundamente und Keller erhalten, und an Stelle des Hauptbaus steht hier eine jüdische Synagoge aus dem 19. Jh.

Ingwiller hatte einst die größte jüdische Dorfgemeinde des Unterelsaß. Die Synagoge gehört zu den wenigen, die heute auf dem Land noch als Gotteshaus dienen. Zahlreiche Zeugnisse jüdischer Kultur finden wir noch in dem Ort, so das mittelalterliche Viertel direkt an der Stadtmauer, hinter der Mairie die Häuser der jüdischen Händler, zumeist Viehhändler, wie die Schrift am Maison Weill noch erkennen läßt.

Nochmals werden wir in Ingwiller an unseren Jakob im Barte erinnert: Im »Aux Comtes de Hanau«/»Grafen von Hanau« finden wir eine angenehme Rast für die Nacht und können fürstlich speisen.

Streckenbeschreibung

Wir verlassen **Niederbronn** und nehmen am Bahnhof die D 28 in Richtung Oberbronn, unterfahren die N 62 und erreichen nach 3 km **Oberbronn**. Wir bleiben auf der D 28 und radeln weiter nach **Zinswiller** (2 km), das wir durchqueren, und erreichen nach weiteren 4 km **Offwiller**. Dieses lange Dorf schließt sich praktisch an **Rothbach** an (2 km). In Rothbach folgen wir der D 198 Richtung Reipertswiller, biegen aber nach etwa 4 km nach links ab und folgen dem Bergsträßchen nach **Lichtenberg,** das wir nach weiteren 3 km erreichen. Nach unserer Besichtigung der Burg verlassen wir Lichtenberg zunächst auf der D 257, biegen aber nach etwa 500 m links ab und folgen der Straße durch das Bruderthal Richtung **Rothbach,** das wir nach weiteren 5 km erreichen. Hier mündet unsere Straße wieder in die D 28. Wir biegen rechts ab und radeln die 5 km nach **Ingwiller** hinein.

Nützliche Informationen

Ausgangspunkt: Bahnhof Niederbronn.
Zielort: Ingwiller.
Einkehr mit Übernachtung: *Ingwiller:*
• Aux Comtes de Hanau; 139, Rue du Gal de Gaulle; Tel. 88 89 42 27; kein Ruhetag, vorzügliche Küche, Familienbetrieb.
Übernachtung: *Lichtenberg:* • Privatzimmer; Auskunft erteilt die Mairie; Tel. 88 89 96 06.
Sehens- und Wissenswertes: *Offwiller:*
• Musée La Maison du Village d'Offwiller/ Museum der bäuerlichen Kultur; 42, Rue de la Libération; Juli bis September Sonntags 14–18 Uhr; Auskunft erteilt die Mairie de Offwiller; Tel. 88 89 31 31.
• Scheibenschießen (keltische Tradition). Im Februar am ersten Sonntag nach Fastnacht wird mit dem Feuer das Erwachen der Natur gefeiert: rotglühende Buchenscheiben, die auf einen Stock gespießt sind, läßt man ins Tal rollen.
• Burg Lichtenberg siehe Text. Auskunft über die Burg erteilt die Mairie in Lichtenberg; Tel. 88 89 96 06. Im Sommer (Sonntagabend im Juli) Freilicht-Aufführungen auf der Burg mit Themen und Legenden um den Lichtenberg.
Auskunft: • *Offwiller:* Mairie de Offwiller; Tel. 88 89 31 31. • *Ingwiller:* Office de Tourisme: Hôtel de Ville. Pays de Hanau/Hanauer Ländchen; 67340 Ingwiller; Tel. 88 89 47 20. • *Lichtenberg:* Mairie in Lichtenberg; Tel. 88 89 96 06.
Karte: 3615 IGN – Série Verte Nr. 12, 1:100 000.

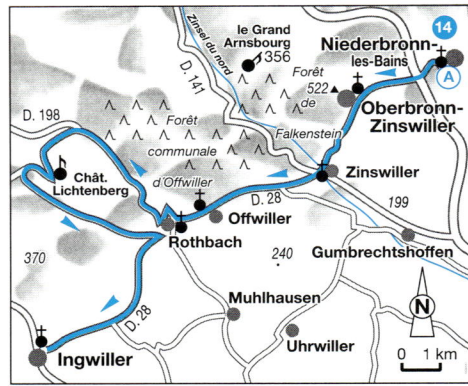

Saverne und ein Schloß, das Skandale machte

Saverne, römischer Militär- und Handelsplatz, wurde früh in Kriege verwickelt. 1365 und 1375 mußte die Stadt die Engländer, 1444 die Armagnaken abwehren. 1525 schlugen die aufständischen Bauern unter Erasmus Gerber in Saverne ihr Hauptquartier auf. Herzog Anton von Lothringen versprach ihnen freien Abzug – als sie die Waffen niedergelegt hatten, wurden sie zu Tausenden erschlagen. Im Dreißigjährigen Krieg versuchte Mansfeld vergeblich, sich der Stadt zu bemächtigen; doch wurde sie 1634 von den Franzosen, 1635 von den Kaiserlichen und 1636 von Bernhard von Weimar und 1638 wieder von den Franzosen besetzt. 1640 huldigte Saverne dem französischen König, wurde aber 1648 an den Bischof zurückgegeben. Die Stadtbefestigung wurde zweimal geschleift und wiederhergestellt. 1680 erkannte der Bischof die französische Oberhoheit an. Das Hofleben der Fürstbischöfe aus dem Geschlecht der Rohan entfaltete sich ab 1704 verschwenderisch, obwohl es mehrfach unsanft durch Kriege unterbrochen wurde, insbesondere den Panduren-Lärm von 1744, als man Saverne plünderte. Mit der Revolution, die durch die Halsband-Affäre ihren letzten Auslöser fand, endete das Hofleben abrupt. Im 19. Jh. bewiesen der Bau des Rhein-Marne-Kanals (1828–1853) und der Eisenbahn-Linie (1842–1851) erneut die verkehrsgünstige Lage der Stadt, die einst schon die Römer erkannt hatten.

Gleich zweier Schlösser rühmt sich Saverne: Das älteste der beiden Stadtschlösser diente Egon von Fürstenberg im 17. Jh. als Bischofssitz. Neueren Datums ist das imposante Rohan-Schloß, 1779 nach den Plänen von Salins de Montfort wiederaufgebaut und im 19. Jh. vergrößert, um den Witwen der Offiziere Napoléons als Heim zu dienen.

Zwei Skandale sind es, die Saverne berühmt-berüchtigte Geschichte schreiben ließen: die Halsbandaffäre von 1785/86. Schon nach der Reformation waren die Strasbourger Bischöfe aus dem evangelischen Strasbourg nach Saverne gekommen. Im 18. Jh. brachten sie dann fürstlichen und höfischen Glanz in die Stadt. Alle Strasbourger Fürstbischöfe dieses Jahrhunderts stammten aus der Familie Rohan, und ihr verdankt Saverne seine Glanzzeit. Aber auch die Geschichte vom Halsband der Königin: Louis René Edouard de Rohan (1734–1803) hatte große politische Ambitionen und war am Versailler Hof in Ungnade gefallen. Da erfuhr er von einer (falschen) Gräfin, das Herz der Königin Antoinette sehne sich nach einem Halsband, das selbst Ludwig XVI. zu teuer sei, da es 1 600 000 Livres kosten solle. Der Kardinal Rohan sah seine Chance und wollte den Preis vorstrecken. Es kam zu einem nächtlichen Stelldichein zwischen dem Kardinal und der vermeintlichen Königin. Der Kardinal ließ sich täuschen, erwarb den Schmuck, den die falsche Gräfin de la Motte dann aushändigen ließ. Die Geschichte flog auf, der Kardinal wurde nach La Chaise Dieu verbannt, und die Affäre, die die Hofgesellschaft ins Zwielicht rückte, schürte den Volkszorn, der sich dann einige Jahre später in der Französischen Revolution entladen sollte. Der Kardinal ging aus der Verbannung ins Exil, 1803 ist er im badischen Ettenheim gestorben.

Die zweite Affäre geschah 1913: Saverne war nach 1870 deutsche Garnisonsstadt, aber zwischen Einwohnern und Militär herrschten nur Mißtrauen und Verachtung. Im Oktober 1913 mahnte ein Leutnant auf dem Kasernenhof einen Rekruten, sich vor Händeln mit der Bevölkerung zu hüten, jeden Angriff aber zu vergelten, und er fügte hinzu: »Wenn Sie dabei einen Wackes niederstechen, schenke ich ihnen 10 Mark.« (Wackes, Schimpfwort für den Elsässer). Das böse Wort wurde bekannt, erregte Zorn und den Ruf nach Maßregelungen. Aber das Militär stellte sich vor den Leutnant, und das ist wohl das wahrhaft Skandalöse. Das Elsaß fühlte sich zutiefst gedemütigt, und der Graben zwischen Elsässern und Deutschen riß wieder auf.

Heute sind kriegerische Zeiten und Vorurteile vergessen, und wir können Saverne getrost als Standort für unsere zahlreichen Erkundungen in alle Himmelsrichtungen wählen. Wir können die Radtour über die Pässe der Mittelvogesen von hier aus anschließen, auf dem Marne-Kanal bis nach Strasbourg radeln, und vor allem können wir von hier unsere Rundtouren um den Lützelstein anschließen und zum Herz des Naturparks Nordvogesen vordringen.

Nützliche Informationen zu Saverne

Sehens- und Wissenswertes: • Rosenfest/ Fête des Roses – mit üppiger Blumenpracht und Folklore wird dieses Fest am 3. und 4. Sonntag im Juni begangen.
Auskunft: • Office du Tourisme; Château des Rohan; Place du Général-de-Gaulle; 67700 Saverne; Tel. 88 91 80 47.

15 Romanische Glanzpunkte auf dem Weg nach Saverne

Ingwiller – Weinbourg – Weiterswiller – Neuwiller-lès-Saverne – Dossenheim-sur-Zinsel – Ernolsheim-lès-Saverne – St. Jean-Saverne – Eckartswiller – Ottersthal – Saverne

 Tourencharakter: Leichthügelig auf Nebenstraßen am Saum der Vogesen. Als Fortsetzung der Tour 14 möglich.
Länge der Tour: 20 km.
Höhenunterschied: 40 m.

Alles strebe im Elsaß dem Himmel zu, die raketenförmigen Vogesentannen, die schlanken Weinflaschen, die langhalsigen Störche und die spitzen Türme der romanischen Kirchen, behauptet der elsässische Schriftsteller Jean Egen. Nirgendwo sonst in Europa begegnet uns eine derartig umfangreiche Versammlung von romanischen Glanzpunkten,

wie im Elsaß; und hier auf unserer Route sind sie gleich der Steigerung auf einer Skala hintereinander aufgereiht. Prachtvolle Bauwerke, die von der Kraft und dem Glauben einer vergangenen Zeit sprechen: laudate dominum.

Man bezeichnet die Romanik im Elsaß als rheinisch-lombardisch, aber die Einflüsse kommen auch aus Burgund, Lothringen und Byzanz. Von jeher hatte das Elsaß aus allen Kulturen Einflüsse in sich aufgenommen, um eine wunderbare Synthese aus allem zu bilden. Unter den Staufer-Kaisern, deren Reich bis Sizilien reichte, erlebte das Elsaß seine Glanzzeit.

Als Grenzland zwischen Osten und Westen war es kulturellen Einflüssen stets geöffnet und hat die entscheidenden Impulse aus allen Ländern, besonders aber aus Deutschland, aufgenommen. Am klarsten sind die Merkmale der Romanik in den kirchlichen Bauten zu erkennen. Es sind Gruppenbauten, die aus Teilgebäuden zusammengesetzt sind; innen und außen sind sie durch den Wechsel runder, rechteckiger und aufstrebender Formen deutlich voneinander abgesetzt. Obwohl jeder Bauteil für sich allein wirkt, sind alle durch die Wucht und Massigkeit der Mauern gehalten. Anfang des 12. Jh. wurde das Tonnen- oder Kreuzgrat-Gewölbe eingeführt. Die rundbogigen, nie sehr großen Fenster liegen wegen der Mauerdicke in tiefen Schrägungen; Baumaterial ist der rote Sandstein der Vogesen. Diese Kirchen stehen im wunderbaren Farbkontrast mit den blaugrünen Vogesenwäldern und sprechen alle unsere Sinne an.

Das alte Reichsgut **Weiterswiller** mit seinen herrlichen roten Sandsteinhäusern erwartet uns mit der romanischen Dorfkirche gleich mit einem zusätzlichen Kleinod: Wandmalereien aus dem 15. Jh. im Kirchenschiff mit der Darstellung des Jüngsten Gerichts, die obere Zone des Langhauses mit gerahmten Bibelsprüchen aus dem 16. Jh. Wertvolle Altargemälde gelangten vor Jahren ins Strasbourger Museum, wo sie einem Brand zum Opfer fielen. Die ungewöhnlichen Darstellungen zeigten Christus am Baume hängend, aus dessen Zweigen Hostien fielen. Dieses Gemälde stammte vom jungen Martin Schongauer aus Colmar.

Das Rohan-Schloß in Saverne. Glanz und Skandale sind mit dem Stammschloß der Strasbourger Fürstbischöfe aus dem Haus Rohan verbunden.

Wer hier länger rasten und schauen möchte, hält Einkehr in der Ferme Auberge »Zuem Dorfwappe«, wo man reichlich und vorzüglich speisen kann.

Romanische Vollkommenheit in ihrer Vollendung erwartet uns auch in **Neuwiller-lès-Saverne.** Die Abteikirche St. Peter und Paul, Überbleibsel der einstigen Benediktiner-Abtei Neuwiller, aus dem 8. Jh.; ein roter mächtiger Sandsteinbau mit Doppelkapelle, die um das Jahr 1050 entstanden ist. Sie liegt hinter dem Chor der Kirche. Der Zugang zur unteren Kapelle befindet sich rechts vom Chor. Man steigt hinunter in die Katharinen-Kapelle, einem kühlen, dreischiffigen Raum, dessen niedrige Kreuzgewölbe auf urtümliche Säulen mit schlichten Würfelkapitellen ruhen. Die darüberliegende Sebastians-Kapelle (der Zugang ist hinter dem Hochaltar im Chor) hat genau den gleichen Grundriß, aber die Kapitelle der Säulen sind hier von einem dichten Rankenwerk aus Tier- und Pflanzenformen überzogen. Bruchstücke karolingischer Ornamente schmücken die Altäre. Prunkstück der Sebastians-Kapelle sind

vier große Bildteppiche. Um 1470 entstanden 21 Bilder, die von überrraschender Leuchtkraft und mit kunstvoll naiver Erzählfreude das Leben des hl. Adelphus darstellen. Unter dem Chor liegt ein etwas rätselhafter gewölbter Raum aus karolingischer Zeit – vielleicht errichtet für die Gebeine des hl. Adelphus. Zu St. Adelphus wallfahrtete man ab dem 13. Jh. Das prächtige, spätromanische Gotteshaus, das man für Neuwillers Schutzheiligen errichtet hatte, zeugt von der gläubigen Opferbereitschaft der armen Leute, die ihr Leben als Köhler, Flößer und Tagelöhner verdienten. Im Bauernkrieg plünderte man die Abtei und vertrieb die Mönche. Die Adelphus-Kirche mit Chor und drei Absidien wurde Anfang des 19. Jh. zerstört, heute ist sie protestantisches Gotteshaus, und die farbenprächtigen Wollteppiche mit den eingewebten Heiligenlegenden, die wohl einst hier hingen, finden wir in der Abteikirche St. Peter und Paul.

In **Dossenheim-sur-Zinsel** liegt die Kirche inmitten einer Ringmauer, an die sich die Häuser schmiegen. Die Kirche war einst be-

Neuwiller-lès-Saverne – romanische Vollkommenheit erwartet uns in der Kirche der einstigen Benediktinerabtei St. Peter und Paul.

festigte Wehrkirche, hinter deren Mauern die Einwohner des Dorfes Schutz fanden. In den sogenannten Gaden, kleinen trapezförmigen Räumen, bewahrten die Bauern ihr Hab und Gut auf, um im Notfall flüchten zu können. In einem dieser Häuser berichtet eine Ausstellung über die Geschichte von Dossenheim.

St. Jean-Saverne, die ehemalige Benediktinerinnen-Abtei, 1126 gegründet, unterstand der Abtei St. Georgen im Schwarzwald. Zerstört wurde sie 1439 durch die Armagnaken, 1525 im Bauernkrieg und 1622 im Dreißigjährigen Krieg. Ein Brand im Jahr 1867 verschonte nur die Kirche und das Pfarrhaus. Die ehemalige Abteikirche ist eines der klarsten Beispiele der elsässsischen Romanik. Eine dreischiffige Pfeilerbasilika ohne Querhaus aber mit drei halbrunden Absiden. Einzigartig sind die eisernen Beschläge der Haupttür des Nordportals, die noch aus der Bauzeit vom Ende des 12. Jh. stammen.

Oberhalb des Dorfes liegt die Kapelle Saint Michel von 1593. Unweit der Kapelle befindet sich eine kreisförmige Vertiefung im Fels eingehauen, im Volksmund bezeichnet als die Hexenschule/Ecole de la Sorcière. Der heilige Michael, dem diese Kapelle geweiht ist, gilt als Teufelsbezwinger. Es ist also kein Zufall, daß man die Kapelle un-

mittelbar neben dieser heidnischen Kultstätte gebaut hat.

»Tres Tabernae« nannten die Römer **Saverne,** den Ort der Drei Tavernen. Zu Füßen eines strategisch wichtigen Vogesenpasses errichteten sie hier eine Militär- und Handelsstation. Im Mittelalter und in der Reformationszeit ging Saverne in den Besitz der Strasbourger Bischöfe über. Die Johanneskirche mit romanischem Turmportal aus dem 12. Jh. ist die sehenswerteste Kirche, und mit ihr schließt sich der Reigen der romanischen Glanzpunkte auf dieser Route.

Um soviel Sehenswertes verdauen zu können, beschließen wir den Tag in der schönsten »Taverne« von Saverne, der Taverne Katz, ein wahrer Prachtbau von einem Fachwerkhaus. Das Haus des Landschreibers Katz beherbergt eine Weinstub', deren Küche so ungewöhnliche Gaumenfreuden bietet wie: hausgemachte Gänseleberterrine, Schwine-Tzingele/zart gekochte Schweinszunge, La Salade de Pot au Feu/Salat mit warmen Rindfleisch-Stückchen oder Timbale de Volaille aux ris de Veau sous Croûte/Teigpastete mit einer wohlgewürzten Füllung aus kleingeschnittenem Hühnerfleisch und Kalbsbries, dazu ein Gläschen Elsässer Weißwein, und der Tag endet mit einem Wohlklang aller Sinne.

Streckenbeschreibung

Wir verlassen **Ingwiller** auf der D 56 Richtung Weiterswiller und erreichen zunächst **Weinbourg** (2 km) und nach weiteren 3,5 km **Weiterswiller.** Von hier aus nehmen wir die D 14 Richtung **Neuwiller-lès-Saverne** (3 km). Wir bleiben auf dieser Straße, durchqueren Neuwiller und erreichen nach 2 km **Dossenheim-sur-Zinsel.** Unsere Straße (D 219) läuft am Rand des Dossenheimer Waldes weiter und führt nach 2 km nach **Ernolsheim-lès-Saverne.** Am Dorfausgang verlassen wir die D 219 und halten uns rechts, Richtung **St. Jean-Saverne,** das wir nach 2,5 km erreichen. Wir befinden uns jetzt auf der D 115, die uns zunächst nach **Eckartswiller** bringt. Die Straße verläuft dann weiter unter der Autobahnbrücke und führt von **Ottersthal** nach **Saverne** (3 km).

Nützliche Informationen

Ausgangsort: Ingwiller.
Zielort: Saverne, 10 500 Einwohner.
Einkehr mit Übernachtung: *Saverne:* • Hôtel de la Marne; 5, Rue du Griffon; Tel. 88 91 19 18; Sonntagabend geschlossen.
Jugendherberge: Rohan-Schloß (Jugendherberge im Schloß).
Einkehr: *Saverne:* • Le Staeffele; 1, Rue Poincaré; 67700 Saverne; Tel. 88 91 63 94; Montag und Samstagmittag geschlossen. Spezialitäten: Fisch und Muscheln in jeder Form; preiswert und hervorragende Qualität. Besonders zu empfehlen ist der Fischertopf: feinste Fische in delikater Soße mit Muscheln »an Deck«: • Weinstub' Taverne Katz; 80, Grand Rue; Tel. 88 71 16 56; Dienstag und Mittwochnachmittag geschlossen.
Sehens- und Wissenswertes: *Dossenheim-sur-Zinsel:* • Historische Ausstellung in den Gaden; geöffnet 1.4.–31.10., Sonn- und Feiertage 14–18 Uhr; Auskunft erteilt die Mairie von Dossenheim. – *Saverne:* • Rohan-Schlösser Heimatmuseum im Untergeschoß; Chateau de Rohan; Tel. 88 91 18 52; geöffnet Juni–September tägl. außer Dienstag 14–18 Uhr. • Abtei Marmoutier; romanisches Bauwerk aus dem 12. Jh.; 9 km vor Saverne gelegen. • Burg Haut Barr;

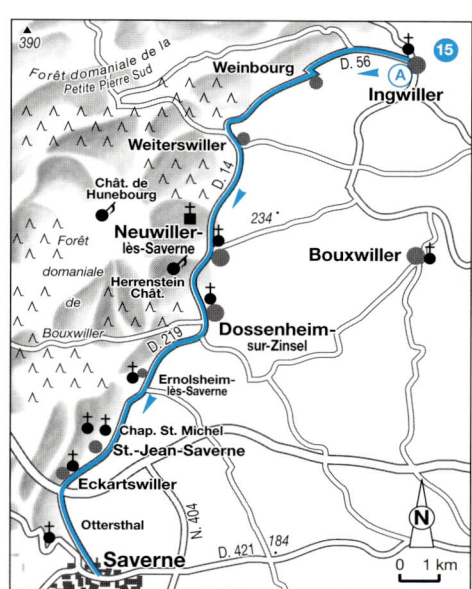

das »Auge des Elsaß«; 5 km auf der D 171 durch Tannenwald von Saverne aus zu erreichen.
Auskunft: • *Dossenheim-sur-Zinsel:* Mairie; Tel. 88 70 00 04. • *Saverne:* Office de Tourisme; Château de Rohan; Place du Général-de-Gaulle; 67700 Saverne; Tel. 88 91 80 47.
Karte: 3615 IGN – Série Verte Nr. 12, 1:100 000.

16 Über die Hunebourg zum La Petite-Pierre

Saverne – Ottersthal – Eckartswiller – St. Jean-Saverne – Ernolsheim-lès-Saverne – Dossenheim-sur-Zinsel – Maibaechelthal – Hunebourg – Fuellengarten – Johannisthal – La Petite-Pierre

 Tourencharakter: Im ständigen auf und ab bis Maibaechelthal. Von hier aus Steigung bis zum La Petite-Pierre.

Länge der Tour: 23 km.
Höhenunterschied: 200 m.

War ein Schloßherr auf Saverne und seine Schwäche für schöne Frauen der Anlaß zur Französischen Revolution, so hat weitab von der Kreishauptstadt Saverne, im »Krummen Elsaß«, ein Schloßherr Geschichte gemacht, der als der erste »europäische« Regent gelten könnte. Es ist der legendäre »Herr von Luetzelstein«, im Volksmund »Jerry-Hans« genannt. Er schuf in seinem kleinen Reich am **Luetzelstein/La Petite-Pierre** Arbeitsplätze und bescheidenen Reichtum für die umliegenden Dörfer. Heute schreibt der Luetzelstein »Grüne« Geschichte: Wir befinden uns hier im Herzen der Nordvogesen, und im Schloß ist der Landschaftsverband Naturpark Nordvogesen untergebracht, dessen Ziele und Aufgaben vor allem sind, das kulturelle Erbe der Nordvogesen zu schützen, Landwirtschaft, Industrie und bodenständiges Handwerk zu erhalten und zu fördern und die Ökologie und Ökonomie auf einen gemeinsamen, verträglichen Nenner zu bringen.

Auf unserem Weg kommen wir an einer Burg vorbei, die bis ins 20. Jh. hinein Geschichte schrieb: die **Hunebourg.** Ursprünglich waren es zwei Burgen, die eine gehörte als Sitz der Vogtei zur Abtei Neuwiller und war bis 1202 in den Händen der Grafen zu Metz-Dachsbourg, die sich Herren von Hunebourg nannten. Die andere war Wohnsitz der Grafen von Hunebourg, 1137–1175 Landgrafen im Unteren Elsaß. Als dritte Familie nannten sich die Marschälle des Bistums Strasbourg nach der Burg. Im 13. Jh. gelangten beide Burgen als Reichslehen an Lichtenberg und verblieben dort bis zur Revolution. Nach der Revolution wurde sie an General Clarke verkauft, dem Napoléon den Titel »Graf von Hunebourg« verlieh. Nach seinem Tod (1818) erfolgte mehrfacher Besitzerwechsel.

Die auf einem durch einen Grabeneinschnitt unterbrochenen Felsrücken gelegene Burg, ließ Fritz Spieser ab 1932 neu erbauen, wobei die Gebäude sich nicht an frühere Zustände anschließen, sondern nur durch Form und Proportion auf die Örtlichkeit Rücksicht nehmen. Auf einem abgetrennten Fels und von einem Hof umgeben, steht der 1938 erbaute Friedensturm, ehemaliges Jagdschlößchen Clarke, heute Forsthaus,

klassizistisch, Anfang des 19. Jh. erbaut. Die Hunebourg erwarb sich den unrühmlichen Namen »Faschistenburg«, da Fritz Spieser, alias Friedrich von Hünenburg, hier das ideologische Vorfeld für Hitlers Germanisierungspolitik im Elsaß vorbereitete.

Mit dem **Parc Animalier** treten wir in das Herz des Naturparks Nordvogesen ein. Er gehört bereits zu La Petite-Pierre und ist der größte Hirschpark des Elsaß. Die grüne Geschichte des Elsaß hat uns wieder. Nahezu 120 000 ha der Nordvogesen sind als Naturpark ausgewiesen, und in ihm leben 94 Gemeinden. Im Landschaftsverband Naturpark Nordvogesen sind die Regionen Elsaß, Lothringen sowie die Gemeinden, Industrie- und Handelskammern und die staatliche Forstverwaltung vertreten. Sitz dieses Landschaftsverbands ist Schloß La Petite-Pierre. Der Landschaftsschutz-Verband steht in enger Zusammenarbeit mit dem Naturpark Pfälzer Wald. Darüber hinaus bemüht man sich auch bei Neubauten, die Architektur der Gegend in die Landschaft zu integrieren. Zur Renovierung von Fachwerkhäusern steht eigens kostenlose architektonische Beratung zur Verfügung. Die Parkverwaltung im ehemaligen Schloß von Lützelstein hat Vorbildcharakter für ganz Frankreich. Ein jährliches Informationsprogramm zu Flora, Fauna, Handwerk bis hin zur Archäologie bietet das Maison du Parc.

Die umliegenden Gemeinden von La Petite-Pierre, deren Gasthöfe sich durch ihre gute Küche auszeichnen, gedenken noch immer des legendären »Jerry-Hans«, Pfalzgraf Georg-Hans, der im 16. Jh. sein kleines Reich am Lützelstein ökonomisch und bereits ökologisch regierte. Sein Name fehlt auf keiner Speisekarte der örtlichen Gasthöfe. Der delikate Gänseeintopf, den es nur von September bis Dezember gibt (des Aromas wegen), trägt seinen Namen.

Streckenbeschreibung

Wir verlassen den Bahnhof in **Saverne** und radeln auf der D115 Richtung **Ottersthal,**

Maison Katz in Saverne. Im Haus des Landschreibers Katz kann man ungewöhnliche Gaumenfreuden genießen.

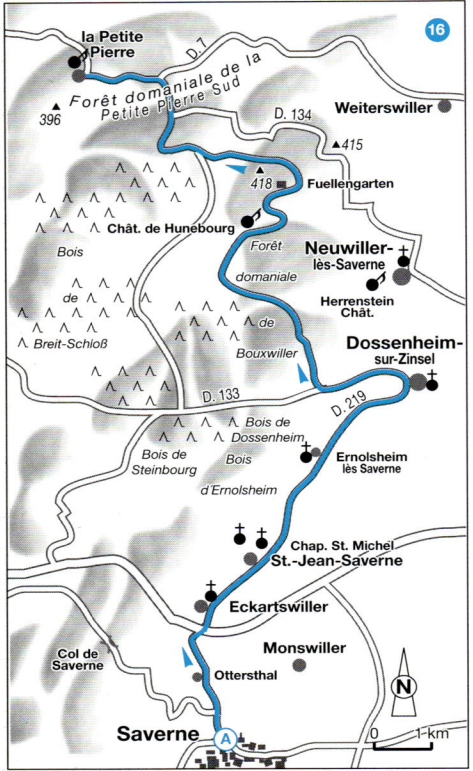

restière de Johannisthal in Richtung Johannisthal einbiegen. Nach 2 km erreichen wir **Johannisthal,** das wir links liegen lassen, und setzen unsere Fahrt bei ansteigender Straße durch den Parc Animalier du Schwarzbach/Hirschenpark fort, bis unsere Straße in die D 7 einmündet (ca. 3 km). Hier biegen wir links ab und erreichen nach weiteren 1,5 km **La Petite-Pierre**.

Nützliche Informationen

Ausgangspunkt: Bahnhof Saverne.
Zielort: La Petite-Pierre; Ausgangsort der Touren 17, 18 und 19.
Einkehr mit Übernachtung: *La Petite-Pierre:* • Au Lion d'Or; 15, Rue Principale; 67290 Wingen-sur-Moder; Tel. 88 70 45 06; Mittwochabend und Donnerstag Ruhetag. Der Gänseeintopf »Jerry-Hans« ist auch hier die Spezialität des Hauses. • Des Vosges; 30, Rue Principale; 67290 Wingen-sur-Moder; Tel. 88 70 45 05; Dienstagabend und Mittwoch Ruhetag; traditionsreiches Haus seit drei Generationen im Familienbetrieb. Spezialität: Ententerrine, Huhn in Riesling nach Art des Hauses.
Einkehr: • *Ernolsheim-lès-Saverne:* Ferme Auberge Clauss; 8, Rue Principale; 67330 Ernolsheim-lès-Saverne; Tel. 88 70 01 63; ganzjährig samstags und sonntags geöffnet, unter der Woche für Gruppen nach vorheriger Anmeldung, in der Weihnachtszeit und an den ersten drei Januar-Wochenenden geschlossen. Spezialitäten: Schlachtplatten, Sauerkraut, Pot-au-feu; Baeckaoffa, Grumberekechle, Flammenkuchen.
Sehens- und Wissenswertes: *La Petite-Pierre:* • Maison du Parc Regional des Vosges du Nord; Chateau de la Petite-Pierre; Tel. 88 70 46 55; von Juni bis September Sonntag bis Freitag 10–12 und 14–18 Uhr; Samstag 14–18 Uhr; Eintritt frei.
• Im Schloß vom Lützelstein ist die größte Naturschutz-Organisation des Elsaß untergebracht.
Auskunft: • *La Petite-Pierre:* Office de Tourisme; Maison du Frasey: 67290 La Petite-Pierre; Tel. 88 70 42 30, Fax 88 70 41 08.
Karte: 3615 IGN – Série Verte Nr. 12, 1:100 000.

das wir nach 1 km erreichen. Wir durchqueren Ottersthal und nehmen die Straßenunterführung unter der Autobahn nach **Eckartswiller** und **St. Jean-Saverne** (2,5 km). Nach weiteren 2,5 km auf der gleichen Straße erreichen wir **Ernolsheim-lès-Saverne** und befinden uns jetzt auf der D 219, die uns nach **Dossenheim-sur-Zinsel** führt (1 km). In Dossenheim fahren wir zur Dorfmitte und biegen links in die D 133 Richtung Graufthal ab. Nach etwa 2 km zweigen wir rechts ins **Maibaechelthal** ab und folgen dem Fluß zu unserer Rechten, bis wir nach 2 km auf eine Abzweigung stoßen. Hier halten wir uns links und durchqueren den Forêt Domaniale de Bouxwiller, bis wir nach etwa 3 km La Maison Forestière de Hunebourg und das **Hunebourger Schloß** erreichen. Nach der Besichtigung radeln wir nach **Fuellengarten** weiter (ca. 1,5 km). Wir durchqueren diesen Weiler und erreichen nach weiteren 1000 m eine Kreuzung, wo wir links in die Route Fo-

Schlemmertouren um La Petite-Pierre

17 Vom Schloß La Petite-Pierre zu den Höhlenwohnungen im Graufthal

La Petite-Pierre – Petersbach – Lohr – Schœnbourg – Graufthal – Imsthaler-Weyer – Kohlthalerhof – La Petite-Pierre

Tourencharakter: Rundtour; auf ebenen Talsträßchen durch den Wald, Rückweg auf ansteigenden Wegen bis La Petite-Pierre.
Länge der Tour: 25 km.
Höhenunterschied: 150 m.

Die Siedlung **La Petite-Pierre,** am Fuß der ehemaligen Burg, die auf einem Felskamm liegt, empfängt den Radler besonders gastlich. Zahlreiche kleine Restaurants im Ort und in der Umgebung machen den Aufenthalt hier zu einem Genuß. Altstadt und Burg liegen auf einem langgestreckten Bergrücken, der im Mittelalter durch umfangreiche Befestigungsanlagen gesichert war. In der Kirche von La Petite-Pierre befinden sich noch Grabmäler der Pfalzgrafen und Wandmalereien aus dem 15. Jh. Ein Heidenhaus/ Maison des Païens, 1530 als Renaissance-Bau errichtet, steht auf den Grundmauern eines römischen Wachtturms und erinnert an die vorchristlichen Zeiten, deren Zeugnisse zwischen La Petite-Pierre und Saverne besonders zahlreich sind. Die Siedlung La Petite Pierre stand im Schutz der Burg und war Hauptort der gleichnamigen Grafschaft. Die Burg wurde 1200 von Graf Hugo de Lucelenstein erbaut, der sie aber 1223 vom Bischof von Strasbourg zum Lehen nehmen mußte. 1393 wurde der Dompropst Burkhard Graf von Luetzelstein zum Bischof von Strasbourg erwählt. Er resignierte und heiratete mit päpstlichem Dispens. Seine beiden Söhne, die letzten ihres Stammes, verloren 1447 und

1452 durch Lehensbruch die gesamte Grafschaft an die Kurpfalz, die sie durch Familienverträge 1553 an Pfalz-Zweibrücken und 1566 an Pfalz-Veldenz Luetzelstein gab.

Der bedeutendste Vertreter dieses 1694 erloschenen Hauses war Georg Hans, genannt »Jerry Hans«, der 1592 starb – er war der Gründer der nahen Phalsburg. Unterstützt von seiner Gattin, der Prinzessin Anna-Maria Wasa, der jüngsten Tochter des Königs von Schweden, hatte der Pfalzgraf kühne Pläne für dieses Ländchen. Er ließ in Luetzelstein ein neues Residenzschloß errichten, förderte die Holzindustrie, gründete neue Glashütten und Eisenhütten am Hammerweyer bei Graufthal. Im Jahr 1583 aber mußte er seine Stadt Phalsburg für 400 000 Gulden an den Herzog Karl von Lothringen verkaufen. Er starb 1592. Das 17. Jh. brachte den schrecklichen Dreißigjährigen Krieg und die Erbfolgekriege ins Land. La Petite Pierre lag an der Marschroute der Heere. Die Feldherren, die damals Europa erzittern ließen, weilten hier für einige Zeit. Turenne, Montclar, Villars usw.

Ludwig XIV. ließ La Petite-Pierre in eine französische Festung mit ständiger Garnison umwandeln und 1683 die Saint-Louis-Kapelle für die katholischen Soldaten des Garnisons-Städtchens errichten. Die Kapelle, etwa 100 m vom Schloß entfernt, sollte der katholischen Garnison, die sich in einem protestantischen Land aufhielt, die Möglichkeit zum Besuch der Messe geben. Als das Simultaneum in der jetzigen Kirche eingeführt wurde, diente die Kapelle als Grabstätte von Offizieren und Kaplanen. Schließlich wurde dort ein Artillerie-Depot eingerichtet, und jetzt beherbergt sie das elsässische Siegelmuseum / Musée du Sceau. Mehrere Grabsteine aus jener Zeit sind noch heute in der Kapelle. Noch einmal schrieb La Petite-Pierre Landesgeschichte: 1814 hielt die Garnison während der dreimonatigen Belagerung russischer und badischer Truppen stand. Nach der Schlacht bei Reichshoffen, im August 1840, zogen es die Verteidiger

Höhlenwohnungen in Graufthal – vorchristliche Wohnstätten, wie wir sie sonst in Frankreich nur noch in der Dordogne finden.

vor, den Ort zu verlassen, nachdem sie das Kriegsmaterial zerstört hatten. So endete das militärische Schicksal der kleinen militärischen Festung La Petite Pierre.

Schon seit Menschengedenken ist La Petite Pierre ein Verkehrsknotenpunkt, wo sich wichtige Straßen kreuzen. Die Metzer Bischöfe kamen hier vorbei, wenn sie sich nach ihren jenseits der Vogesen gelegenen Abteien Neuwiller und Marmoutier begaben. Geschichtsforscher glauben sogar, daß die seit Keltenzeiten bekannte Salzstraße über den Ort Luetzelstein führte. So sind wir auf unserer Radtour ins Graufthal wahrscheinlich auf keltischem Grund. Das Dorf **Graufthal** war früher Sitz einer Benediktinerinnen-Abtei, St. Gangolf gewidmet. Sie wurde bereits Mitte des 8. Jh. durch Bischof Sigbald von Metz gegründet, im Jahr 1115 reformiert und der Abtei St. Georgen im Schwarzwald unterstellt. 1488 wurde sie von Nonnen aus Sindelsberg bezogen und 1551 säkularisiert. Die Güter kamen an die Kurpfalz, die sie 1623 an Lothringen verkaufte. Von dem Abteigebäude ist noch ein rechtwinkeliger Mauerzug mit drei bis fünf Bogen aus der 2. Hälfte des 12. Jh. sichtbar. Sie begrenzten einst einen dreischiffigen Raum. Außerdem steht noch eine einfache Kapelle mit einem 1619 erneuerten Portal und barocker Innenausstattung von 1758.

In einer 70 m hohen, vorspringenden Sandsteinwand sind Felswohnungen eingelassen, wie wir sie nur noch in der Dordogne in Südfrankreich finden. Offensichtlich gehen sie auf vorchristliche Wohnstätten zurück. Noch in den fünfziger Jahren waren diese Höhlenhäuser bewohnt. Bis 1958 lebte hier die legendäre »Felsen-Käthel«; sie verließ als letzte ihre Behausung. Jetzt hat man die Höhlenwohnungen für die Touristen restauriert, und jeden Sonntag können sie besichtigt werden.

Unweit des Dorfes, zwischen Wald und Weiher, liegt unser erstes Schlemmer-Paradies, die »Alte Mühle«. Spezialitäten des Hauses sind frische Forellen aus dem Teich vor der Haustür, gefüllt mit feinem Gemüse, mit Mandeldecke, blau oder in Riesling. Die preiswerte Auberge Au Vieux Moulin lädt nicht nur zum Essen, sondern auch zum Verweilen ein.

Auf unserem Rückweg können wir am Imsthaler Weiher nicht nur Badefreuden genießen, sondern auch noch in der feinsten Waldklause weit und breit Einkehr halten – die Auberge d'Imsthal hat sich über die Wald-

Im Château la Petite Pierre schrieb einst Jerry-Hans, der legendäre Schloßbesitzer, menschen- und umweltfreundliche Geschichte.

grenzen der Nordvogesen hinaus einen Ruf als Feinschmecker-Oase im Grünen erworben. Spezialitäten sind Wild aus der eigenen Jagd – der Hausherr ist passionierter Jäger – und natürlich Gänseeintopf »Jerry-Hans«.

Streckenbeschreibung

Wir radeln von La Petite-Pierre auf der D9 Richtung **Petersbach,** das wir nach 6 km erreichen. In Petersbach halten wir uns links und rollen auf der D107 auf gemächlich abfallender Fahrbahn nach Lohr (1 km). Von hier aus nehmen wir am Saum des Waldes die D122 in Richtung **Schœnbourg,** das wir auf einer herrlichen Höhenstraße nach 3 km erreichen. Wir durchqueren Schœnbourg und bleiben auf der D122, die uns zunächst durch den Streitwald, an der Kreuzmühle vorbei, nach **Graufthal** führt (3 km). Wir radeln noch etwa 3 km, bis unsere Straße auf die D178 beim **Hammerweiher** stößt. Hier biegen wir links in die D178 ab und radeln neben dem Niederbaechel am **Imsthaler Weiher** vorbei, um bei ansteigender Straße zu unserem Ausgangspunkt **La Petite-Pierre** zurückzukehren, den wir nach etwa 10 km erreichen.

Nützliche Informationen [i]

Ausgangsort: La Petite-Pierre, Rue Principale.
Zielort: Graufthal, La Petite-Pierre.
Einkehr mit Übernachtung: *Graufthal:* • Au Vieux-Moulin; Tel. 8870 17 28; Montagabend und Dienstag Ruhetag, 4.1.–15.2. geschlossen. Herrlich gelegen und bekannt gute Küche. – *Imsthal:* • Auberge d'Imsthal: Tel. 88704521; Dienstag Ruhetag.
Einkehr: *La Petite-Pierre:* • Les trois Roses; 19, Rue Principale; Tel. 8889 89 00; Sonntagabend und Montag Ruhetag. *Lohr:* • Auberge Aux Trois Roses; 67290 Lohr; Tel. 88006192; Montag nachmittag und Dienstag Ruhetag. Spezialität: Spanferkel, Wildschwein, Ente, Choucroute Royale, alles in Hinkelstein-Portionen (Vorbestellung für Gruppen nötig).
Sehens- und Wissenswertes: *Graufthal:* • Einstige Benediktiner-Abtei, Höhlenwohnungen.

Auskunft: • *La Petite-Pierre:* Office de Tourisme; Maison du Frasey; 67290 La Petite-Pierre; Tel. 8870 42 30, Fax 88704108.
Karte: 3615 IGN – Série Verte Nr. 12, 1:100 000.

18 Unterwegs zu den Hexen vom Bastberg

La Petite-Pierre – Neuwiller-lès-Saverne – Griesbach-le-Bastberg – Bouxwiller – Uttwiller – Niedersoultzbach – Obersoultzbach – Weiterswiller – La Petite-Pierre

Tourencharakter: Rundtour. Talfahrt nach Neuwiller-lès-Saverne, sonst leicht wellig, auf dem Rückweg Anstieg von 120 m zwischen Weiterswiller und La Petite-Pierre.
 Länge der Tour: 33 km.
Höhenunterschied: 120 m.

Ein Luftsprung war es einst für die Hexen zwischen La Petite-Pierre und dem Bastberg. Dem berühmten Ritt auf dem Besenstiel sagte man sogar einer fürstlichen Dame nach: der Pfalzgräfin vom Luetzelstein, die mit ihren Hofdamen in Vollmondnächten den Luftsprüngen zum Bastberg gefrönt haben soll. Wir haben auf unserem Drahtesel einen Genuß ähnlicher Art vor uns: die reizvolle Abfahrt zwischen La Petite-Pierre und Neuwiller. 9 km auf einsamer Straße, so einsam im dichten, dunklen Wald; da ist man besser nicht allein unterwegs! Am Ende des Waldes dann **Neuwiller-lès-Saverne:** Völlig unvermutet wartet der kleine Ort gleich mit zwei grandiosen Bauwerken des Mittelalters auf: Abteikirche St. Peter und Paul und Adelphus-Kirche.

Vor dem Anstieg zum Bastberg sollten wir uns wenigstens einen kühlen Trunk im Restaurant Herrenstein im Schatten der Bäume der mächtigen Abteikirche gönnen, um die unvergleichliche Atmosphäre zu genießen; und dann hinauf zum Bastberg. Ist er auch »nur« 322 m hoch, so bietet er doch einen überwältigenden Rundblick auf die »paradiesische Gegend«, wie Goethe schrieb. An klaren Tagen kann man die Kathedrale von Strasbourg und bis hinüber zum Schwarzwald sehen. Seit Urzeiten war hier ein mythischer Kultplatz und Treffpunkt der Hexen. Der große Hexentreff- und Anflugstag am Bastberg war der 30. April. Der Tanzplatz der Hexen soll sich im unweiten St. Jean-lès-Saverne an der Ecole de la Sorcière befunden haben, wo noch heute eine kreisförmige Bodenvertiefung zu sehen ist. Auf dem Bastberg von Hexen keine Spur. Statt dessen fand man im Inneren des Berges urzeitliche Fossilien. Auch Goethe war nicht etwa wegen der Hexen hier, die er doch so hautnah in seiner Walpurgisnacht im Faust beschrie-

ben hatte, sondern wegen der geologischen Funde, der Muschelkalk-Fossilien, denen er mit seiner Veröffentlichung zu ungeahntem Ruhm verhalf.

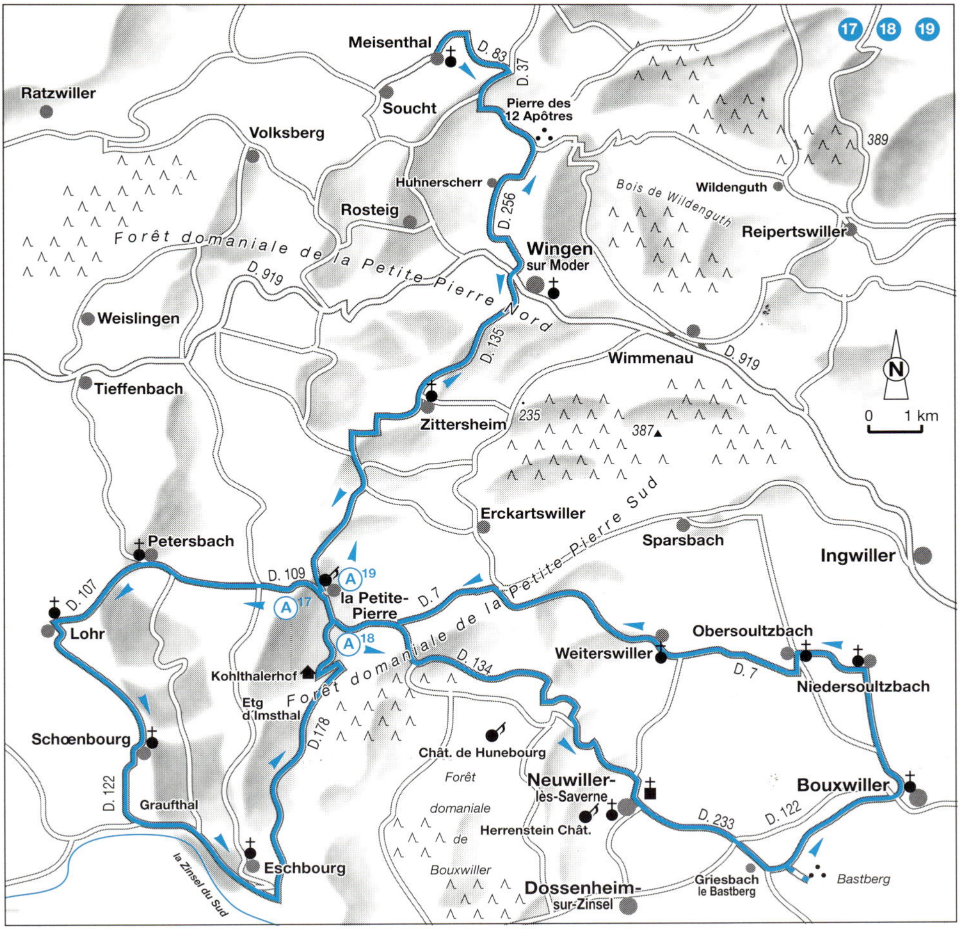

Ein geologischer Lehrpfad führt uns denn auch nach **Bouxwiller.** Abseits der großen Wege, einst glanzvoller Mittelpunkt und Residenz der Hanau-Lichtenberger, ist Bouxwiller heute ein weltvergessenes Städtchen mit 3700 Einwohnern. Auf den Trümmern eines römischen Bades erbaut, 1260 Lehen an die Grafen von Lichtenberg, die den Ende des 13. Jh. zur Stadt erhobenen Ort zu ihrer Residenz machten. Die Residenz wurde allerdings in der Französischen Revolution zerstört. Heute befinden sich auf dem Platz des einstigen Château ein Gymnasium und das Rathaus mit heimatgeschichtlichem Museum, wo wir an die »Schöne Bärbel« von Ottenheim und »Jakob im Barte« erinnert werden. Das so friedlich verschlafene Bouxwiller im Hanauer »Ländle«, das die Gebietsherrschaft der Hanau-Lichtenberger war, hat auch sein Hexendrama: Hartnäckig hält sich die Legende, daß auf dem Bastberg die schöne Bärbel von Ottenheim als Hexe verbrannt wurde. Sie, die einfache Bauernmagd, war zur strengen Landesherrin aufgestiegen, nachdem der Lichtenberger »Jakob im Barte« (siehe Tour 14) sie in Dienst genommen hatte – eine Méssalliance, die den Unwillen seines Bruders Ludwig von Bouxwiller zur Folge hatte. Der »Weiberkrieg von Bouxwiller« (1462) beendete die Liebesgeschichte. Truppen des Ludwig, zusammen mit den Frauen von Bouxwiller, überfielen das Schloß und nahmen die »Schöne« nach »Missehandlung« in Gewahrsam. Später wurde sie als Hexe angeklagt, und um der drohenden Verurteilung zuvorzukommen, soll sie im Gefängnis von Hagenau Selbstmord begangen haben –

Goethes Gretchen-Szene im Faust läßt grüßen. Ab 1741 hatte Bouxwiller seine große Zeit: Hier hielt Karoline Landgräfin von Bouxwiller hof, und die Residenz wurde zum »Kleinen Versailles«. Nach ihrem Tod verfiel Bouxwiller wieder in seine verschlafene Weltvergessenheit.

Wir sollten uns den schönen alten Stadtkern von Bouxwiller nicht entgehen lassen, es läßt sich geruhsam entlang der schmalen Gassen radeln. Unseren großen Hunger heben wir uns allerdings für **Weiterswiller** auf: Hier finden wir in der Ferme Auberge »Zuem Dorfwappe« die ideale Einkehr. Weiterswiller, malerischer Ort mit den typischen rosa Sandsteinhäusern der Region, hat neben der legendären Ferme Auberge – die Kochkünste der Familie Bloch haben sich herumgesprochen – auch noch ein verfallenes Schloß, in dem die Geister der einstigen Besitzer noch spuken sollen. Auch der nahe Bastberg wird als Anflugziel der Schloßgeister genannt. Nach der reichlichen Mahlzeit bei Elsässer Hausmannskost ist man froh, daß man die überzähligen Kalorien bei dem

Landschaft bei La Petite Pierre im Naturpark Nordvogesen.

ein, Richtung **Obersoultzbach,** das wir durchqueren, bis unsere Straße in die D 7 einmündet. Wir biegen rechts ab und fahren etwa 3 km nach **Weiterswiller.** Wir bleiben auf der D 7, durchqueren Weiterswiller und radeln bergauf durch den Fôret Domaniale de la Petite-Pierre Sud zu unserem Ausgangspunkt zurück.

Nützliche Informationen

Ausgangsort: La Petite Pierre, Rue Principale.
Zielort: Bastberg, 323 m hoch; Fossilien und Kultbezug Hexen; geologischer Lehrpfad.
Einkehr: *Weiterswiller:* • Fermes Auberge Zuem Dorfwappe; 67340 Ingwiller; 3, Rue Principale Weiterswiller; Tel. 88 89 48 19; Samstag und Sonntag geöffnet, unter der Woche für Gruppen nach vorheriger Anmeldung; in jedem Fall vorbestellen, die gute reichliche Küche erfordert Platzreservierung. Spezialität: Flammkuchen, Bäckeoffe, Sauerkraut, Wild und Schlachtplatten.
Sehens- und Wissenswertes: *La Petite-Pierre:* • Siegelmuseum; Chapelle Saint Louis; Rue du Chateau. • Springerle-Museum (Gebäckformen); Rue des Remparts; Tel. 88 70 48 65 bzw. 8 70 41 41; geöffnet Samstag und Sonntag von Februar bis Juni, von Oktober bis Dezember 10–12 und 14–18 Uhr, Juli bis September tägl. außer Sonntag.
Bouxwiller (3700 Einwohner; 15 km nordöstlich von Saverne): • Musée de la Ville de Bouxwiller et du Pays de Hanau; in der Mairie; ganzjährig täglich geöffnet von Montag bis Samstag 8–12 und 14–18 Uhr und Sonntag 14–18 Uhr, 1.1.–30.4. Samstagnachmittag geschlossen; Auskunft über Führungen durch das Museum und durch die Stadt von Bouxwiller erteilt das Bürgermeisteramt.
Auskunft: • *Bouxwiller:* Mairie; Place du Chateau; 67330 Bouxwiller; Tel. 88 70 70 16.
Karte: 3615 IGN – Série Verte Nr. 12, 1:100 000.

vor uns liegenden Anstieg zum La Petite-Pierre wieder abstrampeln kann.

Streckenbeschreibung

Wir verlassen **La Petite-Pierre** auf der D 7 Richtung **Weiterswiller** und biegen nach etwa 1,5 km rechts in die D 134 ab, rollen nun etwa 9 km nach **Neuwiller** hinunter. Wir durchqueren Neuwiller und radeln auf der D 233 Richtung **Griesbach-le-Bastberg,** das wir nach etwa 2 km erreichen. Wir radeln bis zum Dorfausgang, wo wir links in einen Feldweg einbiegen, der uns zum geologischen Weg nach Bouxwiller 3 km bzw. nach etwa 1 km auf dem markierten Weg zum **Bastberg** bringt. Nach unserer Besichtigung kehren wir zum geologischen Weg zurück und setzen unsere Fahrt nach **Bouxwiller** fort. Hier steuern wir die D 701 an, die uns nach Niedersoultzbach führt. In **Niedersoultzbach** schwenken wir an der ersten Abbiegung links ab und durchqueren das Dorf bis zur Kreuzung. Hier biegen wir rechts in die D 6 und nach etwa 100 m wieder links

19 Glas, Kristall und ein Menhir

La Petite-Pierre – Zittersheim – Wingen-sur-Moder – Huhnerscherr – Zwölf-Apostel-Stein – Meisenthal und zurück

Tourencharakter: Kurvenreiche Talfahrt bis Wingen-sur-Moder und mäßiger Anstieg zum Apostelstein.
Länge der Tour: 34 km hin und zurück.
Höhenunterschied: 150 m.

Mitten durch den tiefsten Vogesenwald/Silva Vosegus führt uns diese Tour auf herrlichen Forststraßen zuerst nach **Zittersheim,** das für seine Lederwaren bekannt ist. Im Atelier de la Forêt werden Lederwaren feilgeboten, Produkte aus einem in den Vogesen traditionellen Handwerk, das infolge des Wildreichtums entstand. Schöne, geschmackvolle Lederwaren bietet das Atelier de la Forêt, das seine Werkstatt in einem alten Bauernhaus hat.

In **Wingen-sur-Moder** gibt es die Lalique-Kristallwerke, die kunstgewerbliche Gläser herstellen. René Jules Lalique (1860–1943), ein genialer Glasmacher, arbeitete und entwarf Gläser und Vasen, die ihn noch heute auszeichnen als einen der führenden Glasdesigner des 19. Jh. Seine Werke können wir in dem Meisenthaler Glasmuseum besichtigen, die Fabrik in Wingen wird von seiner Nichte Marie-Claude Lalique weitergeführt.

In Wingen-sur-Moder selbst können wir unsere wohlverdiente Rast im Gasthof Wenk einlegen. Besonders beliebt ist das Sauerkraut in Rieslingwein gegart, das sich weit über die Grenzen Wingens hinaus einen guten Ruf erworben hat. Der Gasthof ist seit Generationen in Familienbetrieb und bietet zu zivilen Preisen gute Küche. Außerdem ist der allseits beliebte Baeckaoffa eine Spezialität des Hauses.

Mit dem Zwölf-Apostel-Stein/Pierre des 12 Apôtres, auch Breitenstein genannt, sind wir an einem Menhir des 1. Jh. v. Chr. angelangt. Als Lata Petra/Breiter Stein wird er bereits im Jahr 713 erwähnt, 1170 wird dieser

Stein Grenzmarke zwischen Elsaß und Lothringen. Er war Endpunkt und Grenze des von Karl IV. 1347 an Lichtenberg verliehenen Reichsgeleits. Der Sage nach hat hier Melanchthon dem Volk gepredigt. 1787 wurde der Stein dem Gelübde eines Holzhändlers zufolge mit einer Kreuzigungsgruppe und schlichten Reliefbildern der 12 Apostel versehen. Etwas weiter steht auf der höchsten Stelle ein alter Meilenstein – Colonne de Wingen – aus napoleonischer Zeit. Von hier bietet sich ein schöner Blick über das Meisenthaler Tal.

Schon seit dem 16. Jh. arbeiten Glashersteller in den Nordvogesen. Die Grundstoffe waren reichlich vorhanden. So war auch in **Meisenthal** von 1704 bis 1968 eine Glashütte in Betrieb. In einem Gebäude über einem alten Brennofen hat man das Glas- und Kristallmuseum eingerichtet. Die Wohnstube eines Arbeiters, wie sie etwa um 1930 bestand, zeigt das karge Leben der Glasbläser. Besonders beeindruckend sind die Arbeiten der Laliques: Von Vater und Sohn (Marc) finden wir die Kunstwerke aus Kristall. 1867–1870 machte seine Lehre und arbeitete hier Emil Gallé, führender Vertreter des Jugendstils, dessen schönste Exponate in Meisenthal zu sehen sind.

Um all das Schöne gebührend zu würdigen und in Ruhe in sich aufzunehmen, gibt es natürlich in Meisenthal auch eine entsprechende Herberge: die Auberge des Mésanges. Lukullische Köstlichkeiten wie Zander in Riesling, Forellen im Speckmantel und vieles anderes mehr warten auf uns.

Maison du Verre et du Cristal à Meisenthal: Exponat »Die Katze« von Lalique.

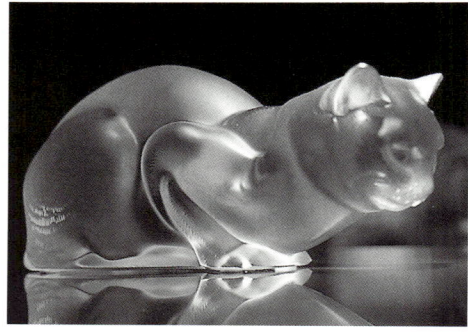

Streckenbeschreibung

Wir durchqueren zunächst **La Petite-Pierre** in Richtung Petersbach auf der D 9. Kurz vor Ende der Stadt biegen wir rechts ein in die D 135 und folgen diesem Weg durch den Forêt Domaniale de la La Petite-Pierre Nord. Bei leicht abfallender Straße erreichen wir nach 6 km **Zittersheim.** Wir durchqueren Zittersheim, halten uns links und bleiben auf der D 135, bis wir nach weiteren 4 km **Wingen-sur-Moder** erreichen. In Wingen-sur-Moder radeln wir zur Ortsmitte hinunter, bis unsere Straße beim Restaurant Wenk links abbiegt. Wir bleiben auf dieser Straße, bis wir nach etwa 500 m an einer Kreuzung anlangen. Hier folgen wir zunächst der D 919, die uns in einem Tunnel unter der Eisenbahn hindurchführt. Etwa 400 m nach der Unterführung verlassen wir die D 919 und biegen rechts ein in die D 256, Richtung **Huhnerscherr,** das wir nach 2 km auf ansteigender Fahrbahn erreichen. Unsere Straße schlängelt sich noch etwa 2 km aufwärts durch Buchen- und Kiefernwälder, bis sie in die D 12 einmündet. Wir halten uns links, und nach etwa 1 km stoßen wir zu unserer Rechten auf den **Apostelstein,** der sich direkt neben der Straße emporhebt. Nach unserer Besichtigung radeln wir etwa 800 m weiter, bis unsere Straße rechts abbiegt. An dieser Abbiegung erblicken wir den alten Meilenstein Colonne de Wingen. Wir halten uns rechts und radeln etwa 1 km weiter bis zur nächsten Kreuzung, wo wir links in die D 83 einbiegen, und rollen nun nach **Meisenthal** hinunter. Auf dem gleichen Weg radeln wir wieder zu unserem Ausgangspunkt **La Petite-Pierre** zurück.

Nützliche Informationen

Kartenskizze: Auf Seite 89.
Ausgangsort: La Petite-Pierre; 700 Einwohner.
Zielort: Meisenthal, 793 Einwohner.
Einkehr mit Übernachtung: *Wingen-sur-Moder:* • Wenk; 1, Rue Principale; Tel. 88 89 71 01; gutbürgerlicher Gasthof; Spezialität: La Choucroute, Baeckaoffa; Montag und Mittwochabend geschlossen; hervorragende Küche, Vorbestellung unbedingt

Der 12-Apostel-Stein, ein Menhir aus dem 1. Jh. v. Chr.

nötig, sein guter Ruf eilt ihm voraus. – *Meisenthal:* • Auberge des Mésanges; 2, Rue du Tisseur; Tel. 87 96 92 28; exquisite Küche und Bleibe; Montagabend und Dienstagabend geschlossen, im Februar geschlossen.
Sehens- und Wissenswertes: *Wingen-sur-Moder* (Ferienort; 1550 Einwohner): • Glas- und Kristallherstellung Lalique (= Fabrik). *Meisenthal:* • Haus des Glases/Maison du Verre et du Cristal, wo Herstellungsprozeß und Produktion ab dem 18. Jh. veranschaulicht werden; Place Robert Schumann; Tel. 87 96 91 51; 1. 7.–30. 10. Montag–Freitag 14–16 Uhr, Samstag–Sonntag 14–18 Uhr; ganzjährig bei Voranmeldung für Gruppen; Dienstag Ruhetag. Direktverkauf von Kristallwaren im Museum.
Soucht (2 km von Meisenthal) • Musée du Sabotier/Holzschuhmuseum; 5a, Rue la Fontaine; Tel. 87 96 91 52; von Ostern bis zum 31. 10. Samstag und Sonntag 14–18 Uhr geöffnet; 1. 7.–31. 8. tägl. 14–18 Uhr; bei Gruppen Anmeldung.
Auskunft: • *La Petite-Pierre:* Office de Tourisme; Maison du Frasey: 67290 La Petite-Pierre; Tel. 88 70 42 30, Fax 88 70 41 08.
Karte: 3615 IGN – Série Verte Nr. 12, 1:100 000.

20 Magisches Dreieck und Mutziger Bier

Strasbourg – Eckbolsheim – Achenheim – Hangenbieten – Kolbsheim – Ernolsheim-sur-Bruche – Ergersheim – Avolsheim – Molsheim – Mutzig und zurück

---

 Tourencharakter: Flache Tour entlang des Kanals de la Bruche und auf Nebenstraßen.

Länge der Tour: 52 km hin und zurück.

Höhenunterschied: Ohne.

Nach dem quirligen **Strasbourg** ist es unvermutet ländlich und geruhsam, neben dem Kanal entlangzuradeln. Kinder spielen am Ufer, Angler hoffen auf »Petri Heil«, und wir sind unterwegs auf dem Magischen Dreieck: Zusammen mit dem Nationalheiligtum der Elsässer, dem Mont Saint Odile, dem keltisch-römichen Zwillingsberg Donon, bildet die Achse Strasbourger Münster, Avolsheim, Molsheim den spitzen Winkel eines Dreiecks, würde man sie mit dem Lineal auf der Landkarte verbinden. Von den »Heiden« übernommen waren die Bezugsorte in diesem Dreieck, geometrisch aufeinander abgestimmte Kultorte, deren geographische Ausrichtung die christlichen Heiligtümer voll übernahmen. Genau dieser Linie des Dreiecks folgen wir entlang des Bruche-Kanals von Strasbourg aus nach Avolsheim, wo sich mit dem »Dompeter« die älteste Kultstätte des Elsaß überhaupt befindet.

Mit **Molsheim** erreichen wir dann Mittelalter und Moderne in einem. Das durch alle Jahrhunderte heiß umstrittene Pflaster macht noch bis in die Gegenwart Geschichte: Hier wurden von dem Italiener Ettore Bugatti die legendären Bugatti-Rennwagen hergestellt, für die sich die »Schlümpfe« (die Gebrüder Schlumpf), deren große Leidenschaft es war, Autos zu sammeln, in den Ruin stürzten (Besichtigungen arrangiert das Verkehrsamt).

Keine Radreise im Elsaß, auch auf dem flachen Lande, ohne kulinarische Höhepunkte. Hier sind es zwei, einmal in Molsheim, dann in Mutzig, wo noch bis vor einigen Jahren das beste Bier des Elsaß gebraut wurde – der Radler wird auch die Genußtour mit mindestens »fünf Gängen« zu schätzen wissen.

Hochkultur in Konzentration erreicht uns nach dieser ländlichen, geruhsamen Fahrt entlang des Kanals in **Avolsheim.** Hier liegt die um 1000 erbaute Ulrichskapelle. Der Hauptraum ist mit einer Halbkuppel überwölbt, in deren Fuß vier Fenster eingeschnitten sind. Im 12. Jh. erhielt die Kapelle einen achtseitigen Turm. Die Fenster sind abwechselnd als Rundfenster oder säulengekuppelte Klangarkade angelegt. Nur auf der Nordostseite finden wir ein reich geschmücktes Doppelbogenfenster. Das wundervolle Bauwerk wurde 1753 verstümmelt, indem man die Absiden stutzte und alle vier rechteckig ummantelte. Es wäre wünschenswert, wenn der ursprüngliche Zustand wiederhergestellt würde. Im Inneren wurde 1967 die Ausmalung freigelegt. Dargestellt ist in der Kuppel ein Gnadenstuhl, darunter die vier Evangelisten und vier auf die Taufe bezogene Szenen. Die Fenster unterteilen die Bildzonen und sind mit ornamentalem Rahmen versehen, die man auf das Jahr 1160 datiert.

Der Dompeter (lat. ad domnum Petrum) liegt südlich von Avolsheim einsam im Feld, inmitten eines Friedhofs nahe einer uralten Linde, die für die älteste des Elsaß gehalten wird. Es ist eine dreischiffige Basilika mit schwerem, im Obergeschoß achteckigem Westturm und dreiteiligem Chor. Die Kirche wurde anstelle einer durch Grabungen nachgewiesenen karolingischen oder vorkarolingischen Anlage in der 1. Hälfte des 11. Jh. errichtet. Die Urkirche geht also zurück auf das Jahr 900. Sie wurde wahrscheinlich durch Brand zerstört, was eine Erklärung für die Bodenerhebung wäre – man ließ den Schutt liegen und ebnete ihn ein. Ein Blitzschlag zerstörte 1746 den mehrgeschossigen Turm; er wurde 1750 wiederhergestellt. Aus dieser Zeit stammt auch der achteckige, gedrungene Oberbau und von 1776 die flache Decke der Eingangshalle. In

Der Dompeter auf freiem Feld bei Avolsheim zählt zu den ältesten Kultsstätten des Elsaß. Schützend steht vor dem Gotteshaus eine jahrhundertealte Linde.

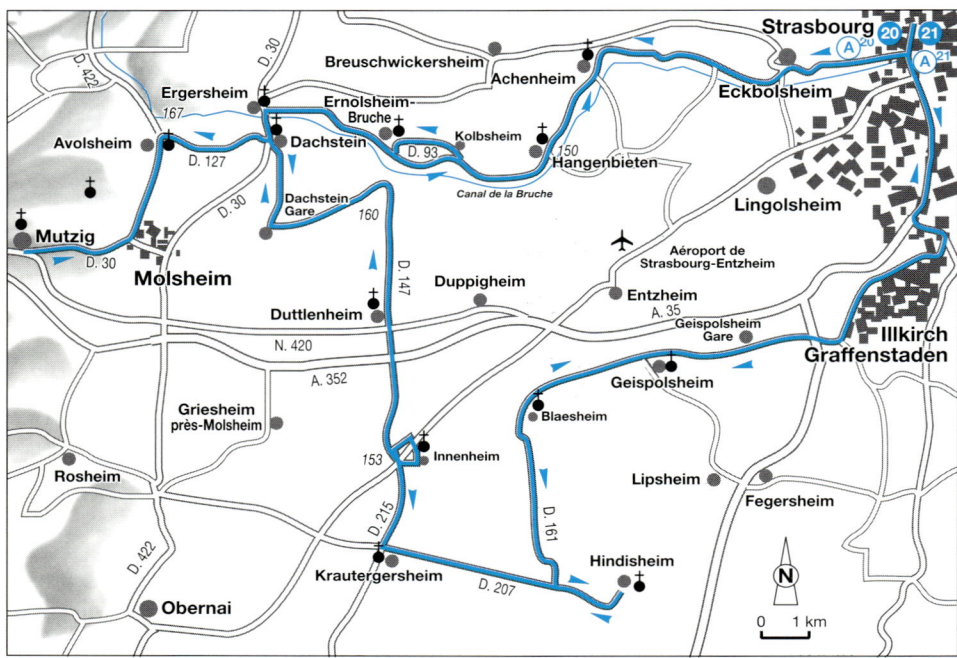

der Eingangshalle finden wir auch den Rest einer Inschrift aus dem 11. Jh. Gewidmet ist diese Kirche dem hl. Petrus, und in der Innenausstattung finden wir dann auch schlichte Holzfiguren von Petrus und Paulus vom Anfang des 16. Jh.

Beherrschend liegt **Molsheim** am weiten Ausgang des Bruchetals/Vallée de la Bruche, alter Bischofssitz im Besitz des Bistums Strasbourg. Im 12. Jh. ging das bischöfliche Lehen samt dem Dinghof in die Hände der Hohenstaufen, und nach dem Tod Heinrichs VI. entbrannten um den Besitz von Molsheim wechselvolle Kämpfe, die bis Anfang des 14. Jh. dauerten. Von 1308 bis zur Revolution blieb Molsheim bischöflich-strasbourgisch. Die 1263 erbaute Stadtmauer wurde 1318 erweitert. Ihr Bauherr Bischof Johann I. ließ um 1324 auch eine Burg errichten – sie wurde 1677 zerstört – und gründete ein Hospital. Es wurde dem 1508 entstandenen Jesuiten-Kolleg zugewiesen. 1617 wurde dieses Kolleg zur Universität erhoben. Ludwig XIV. vereinigte sie 1702 mit der Universität von Strasbourg.

In Molsheim war der elsässische Bauernführer Erasmus Gerber beheimatet, der am 17. Mai 1525 in Saverne gehängt wurde. Kirchlich war Molsheim Sitz eines Strasbourger Landkapitels, seine Mutterkirche war noch 1337 Dompeter. Die seit dem 14. Jh. erwähnte Pfarrkirche St. Georg wurde in der Revolution niedergelegt. Ihre Blütezeit erlebte die Stadt im 16. Jh., als sie zum Zentrum der Gegenreformation im Elsaß wurde. Das Jesuiten-Kolleg wurde 1617 in eine katholische Universität umgewandelt und war die geistige Waffe gegen das protestantische Strasbourg. Die Jesuitenkirche von 1617 ist noch heute ein imposanter Bau. Sie erhebt sich jenseits eines freien Platzes in ihrer würdevollen Schwere. In der Blütezeit des Barock haben die Jesuiten hier noch einmal als Reminiszenz an das Mittelalter und als religiös-konservatives Programm eine gotische Kirche errichten lassen. Als Baumeister wählten sie Christoph Wamser aus Unterfranken, der auch die Kölner Jesuitenkirche gebaut hat. Barock sind auch die Dachreiter auf dem Chor und die Fassade des Michael-Turms. Im Inneren der Kirche ist es die wunderschöne Mondsichel-Madonna von 1515, die einem noch lange im Gedächtnis bleiben wird.

Neben der Kirche befindet sich die ehemalige Universität, heute Lycée Technique, und am anderen Ende des Platzes ein Ölberg des 18. Jh. Daneben das »Schlössel« Oberkirch von 1780. Die Innenstadt von Molsheim bietet noch ein geschlossenes Bild, obwohl sich an ihren Rändern Industrie angesiedelt hat. 1907 eröffnete der Italiener Ettore Bugatti eine Autofabrik, die bis 1939 hier die »Bugattis« herstellte, später auch Triebwagen. Das ehemalige Werksgelände können Autofans am südlichen Stadtrand entdecken, aber noch besser ist es, sich das Automobil-Museum in Mulhouse anzusehen, für Autoliebhaber ein absolutes Muß.

Wer Stein und Holz dem Blech vorzieht, begibt sich in die Innenstadt. Die Stadtmauer ist teilweise noch erhalten, und im Südwesten steht das Schmied-Tor/Tour de Forgerons aus dem 14. Jh. An der Rue de l'Hopital findet man den Altorfer-Hof, die ehemalige Residenz der Benediktiner aus dem nahen Altorf. Die Place de la Mairie wird von der »Metzig« beherrscht, dem reich geschmückten Gebäude von 1554 der Metzger und Fleischer. Im Erdgeschoß Arkaden, darüber Balkone mit durchbrochenem Maßwerk; eine zweiläufige Freitreppe führt durch eine kleine offene Vorhalle mit Glockentürmchen ins Obergeschoß – eines der schönsten Bauwerke der elsässischen Renaissance inmitten eines harmonischen Ensembles am Marktplatz.

Im Zentrum der Altstadt, am Rathausplatz, ist auch unsere Einkehr, das Cheval Blanc, wohin die Einheimischen gehen, um Magen und Gaumen gleichermaßen zufriedenzustellen. Das Erdgeschoß hat noch die alte holzgeschnitzte Fassade und ist schon von außen eine Augenweide. Auch im Gastraum wird man sich sogleich wohl fühlen. Behagliche Bürgerlichkeit strahlt dieses Haus aus, und zu Füßen des »Weißen Pferdes«, das den Gastraum zu überwachen scheint, werden wir mit den unvergleichlichen Terrinen des Bernard Ferrenbach konfrontiert. Seine hausgemachten Köstlichkeiten finden kulinarische Höhepunkte in der vorzüglichen Buche à la Reine, einer Königinnen-Pastete von ungeahnten Ausmaßen und einer originellen Füllung, und im Gemüseguglhupf mit Avocado-Sauce.

Mutzig, Kleinstadt, 5000 Einwohner, am Rand der Vogesen, ging in die Kriegsgeschichte ein, weil hier 1833 Chassepot geboren wurde, der das gleichnamige Zündnadel-Gewehr erfand, das dann in Mutzig produziert wurde (näheres im Waffenmuseum). Im 13. Jh. ließ Rudolf von Habsburg den Ort mit Mauern umgeben. Der östliche Torturm und Reste der Stadtmauer sind noch zu sehen, und ebenfalls aus dem Mittelalter ist die Place de la Fontaine, wo beim jährlichen Fest am ersten Sonntag im September statt Wasser Bier fließt! Gleich nebenan das Rathaus im schweren restaurierten Barock. Aus einem der Fenster im Rathausturm zeigt der automatische »Rothussmann« die Uhrzeit auf ganz besondere Weise an: Der Jakobiner streckt den Bürgern von Mutzig zu jeder passenden und unpassenden Gelegenheit die Zunge heraus.

Nicht nur wegen des Biers lohnt sich ein Besuch in Mutzig, sondern vor allem wegen der Storchen! Gemeint ist das »Storchennest« zu Mutzig »Au Nid de Cigognes«: In einem Fachwerkhaus mit Postkarten-Idylle erwartet uns der rustikale Charme eines Elsässer Lokals: Kachelofen, Holzstühle und Holzbänke und deftige Gemütlichkeit. Wild aus dem nahen Wald bestimmt die Speisekarte: Hirschmedaillons in Pfeffersauce, aber auch Zanderfilet mit Waldpilzen und Kräutern zählen zu den Spezialitäten.

Streckenbeschreibung

Wir verlassen den Bahnhof/Place de la Gare in **Strasbourg** und radeln die Rue de la Course hinunter, überqueren dabei die Rue du Faubourg National. Dann fahren wir auf der Rue St. Michel weiter, überqueren die Rue St. Marguerite und setzen unsere Fahrt südwärts auf der Rue de Molsheim fort, bis wir zu unserer Linken die Rue Marc Bloch erblicken. Hier biegen wir links ab und radeln bis zum Rowing Club de Strasbourg. Ab hier folgen wir dem ausgeschilderten Fahrradweg zunächst der Ill, später dem Canal de la Bruche entlang, Richtung Stadtteil **Eckbolsheim,** wo wir das Bienenzucht-Museum besuchen können. Nach der Besichtigung radeln wir 5 km den Kanal entlang nach **Achenheim** mit seinen schönen Fach-

Molsheim, die prachtvolle »Metzig«, das Haus der Metzgerinnung (1554 erbaut). Das reichge- schmückte Gebäude gilt als eines der schönsten Bauwerke der elsässischen Renaissance.

werkhäusern. Von hier sind es 2 km nach **Hangenbieten** mit seiner aus dem 12. Jh. stammenden Kirche. Wir bleiben auf dem Kanalweg, der südlich der Dörfer verläuft, und erreichen nach weiteren 3 km **Kolbs- heim**, das mit einem Schloß aus dem 18. Jh. aufwartet. Hier können wir wahlweise auf der D 93 oder auf unserem Kanalweg weiter nach **Ernolsheim-sur-Bruche** radeln (2 km). Von Ernolsheim aus führt uns der Kanalweg nach 3 km nach **Ergersheim,** wo noch der mittelalterliche Bleicheturm steht und im al- ten Schloß ein religiöser Orden unterge- bracht ist. In Ergersheim verlassen wir unse- ren Kanalweg, überqueren den Kanal auf der D 30 in Richtung **Dachstein** (500 m), wo wir rechts in die D 127 einbiegen. Nach 2 km er- reichen wir **Avolsheim** mit seiner Kirche aus dem 9. Jh., der ältesten des Elsaß. Nach wei- teren 2 km erreichen wir auf der D 422 **Mols- heim.** Von hier sind es 2 km auf der D 30 zu unseren letzten Station, **Mutzig.** Wir kehren auf dem gleichen Weg nach Strasbourg zurück.

Nützliche Informationen

Ausgangspunkt: Hauptbahnhof Strasbourg. **Zielort:** Mutzig, 5000 Einwohner, 24 km westlich von Strasbourg, am Rand der Vogesen.
Einkehr mit Übernachtung: *Molsheim:* • Auberge du Cheval Blanc; 5, Place de l'Hôtel de Ville; Tel. 88 38 16 87; Dienstag- abend und Mittwoch geschlossen.
Einkehr: *Mutzig:* • Au Nid de Cigognes; 25, Rue de 18. Decembre; 6710 Mutzig; Tel. 88 38 11 97; Dienstag abends und Mittwoch Ruhetag.
Sehens- und Wissenswertes: *Mutzig:* • Besichtigung des Waffenmuseums möglich. *Molsheim:* • Bugatti-Museum. Auskunft über die Besichtigung der Bugatti-Rennwagen und das Waffenmuseum im Office de Tou- risme Molsheim.
Auskunft: • *Molsheim:* Office de Tourisme; 17, Place de l'Hôtel de Ville; 67120 Mols- heim.
Karte: 3615 IGN – Série Verte Nr. 12, 1:100 000.

Einer der erhaltenen Rundtürme der einstigen Prunkburg von Dachstein am Ufer der Bruche.

21 Auf Sauerkraut- und Tabakswegen

Strasbourg – Illkirch-Graffenstaden – Geispolsheim – Blaesheim – Hindisheim – Krautergersheim – Innenheim – Duttlenheim – Dachstein

Tourencharakter: Auf flachen, unbefahrenen Nebenstraßen durch das bäuerliche Umland von Strasbourg. In Dachstein Anschluß an Tour 20.

Länge der Tour: 40 km; als Rundtour 80 km.

Höhenunterschied: Ohne.

Empfohlene Alternative: Die Tour erst ab Bahnhof Geispolsheim aufnehmen, von wo ein ausgeschilderter Radweg weiterführt, um den Stadtverkehr in Strasbourg zu vermeiden – es sind immerhin 10 km von der Stadtmitte zurückzulegen, um Geispolsheim-Gare zu erreichen. Deshalb empfohlene Anfahrt mit dem Zug bis Bahnhof Geispolsheim.

Sauerkraut bestimmt unsere Route – als Rohprodukt in Krautergersheim und Umgebung, als Fertigprodukt in kulinarischer Höchstform in Blaesheim. Entlang des »Grünen Gürtels« von Strasbourg führt unser Weg vorbei an Kraut- und Tabakfeldern, um mit Hindisheim eines der schönsten Dörfer auf dem flachen Land zu erreichen. Weißkohlfelder zeigen uns an: Wir sind im Herzen des Choucroute. Beliebtestes Nahrungsmittel, als »Choucroute-Royale« sogar das »Königliche Sauerkraut« genannt.

Die ländliche Runde beginnt denn auch ganz königlich und dramatisch in **Illkirch-Graffenstaden,** seit 1218 alter Reichsbesitz, seit 1418 an die Stadt Strasbourg verpfändet. Im Botzheimschen Haus wurde Strasbourgs Schicksal besiegelt: Am 30. September 1681 unterzeichnete man hier die Kapitulation, die Strasbourg dem Französischen König überantwortete. Die Orangerie des in der Revolution zerstörten Schlosses steht noch, die Gitter und Terrassen am Park sind aus dem 18. Jh.

In **Geispolsheim** erwarten uns ein mittelalterlicher Glockenturm an der Kirche (1770) und schöne alte Fachwerkhäuser, darunter ein Bauernhaus aus dem 15. Jh., das älteste der Gegend.

Blaesheim wirkt auf den ersten Blick unauffällig, bis auf den romanischen Glockenturm am Gloeckelsberg. Von dort haben wir einen herrlichen Ausblick auf die kleine Insel des Weins, die rings um den Gloeckelsberg verläuft. Im Dorf stehen schöne alte Bauernhäuser. Dennoch wären wir glatt ohne anzuhalten durchgeradelt, läge da nicht auf unserer Strecke der behäbige Gasthof Schadt, Stammlokal der »Zeichnenden Zunft«, vornehmlich von Tomi Ungerer, der – unvergeßlich – seine Hommage in Form eines rosafarbenen Schweinskopfes für den Wirt hinterließ. Philippe Schadt, der Wirt, hat nicht nur ein Faible für die Künstler, sondern auch für seine Gäste *und* für das Hauptprodukt dieser Gegend, das Sauerkraut. Nirgendwo sonst wird man derartige Variationen des Choucroute finden wie in diesem Haus. Nun kennt man ja das Rieslingkraut, das Choucroute Royale, mit seinen Türmen aus rosa Würsten und Fleisch, aber der Wirt Schadt hat mit viel Phantasie Variationen des Krauts geschaffen, wie wir sie sonst nirgends finden. Die Krönung seiner Sauerkraut-Erfindungen sind jedoch die Krautrösti: Geriebene rohe Kartoffeln mit Sauerkraut vermischt und in Öl ausgebacken.

In **Hindisheim,** gelegen am Zusammenfluß von Bruche und Andlau, in der fruchtbaren feuchtwarmen Talzone, wo man seit jeher Tabak pflanzte, treffen wir auf das schönste Dorf der Ebene. Die alten Fachwerkhöfe mit riesigen Trockenböden für den Tabak kennzeichnen das Dorf. Hier werden die Pflanzen für den schwarzen Tabak – Gauloise – getrocknet, die »Blonden« trocknet man inzwischen maschinell. Nahe der Mairie steht die Wallfahrtskapelle mit Fachwerktürmchen und überdachter Vorhalle. Im Innern Holzskulpturen der Vierzehn Nothelfer, besonders fein gearbeitet die Schutzheiligen der Bauern: die Heiligen Margarethe und Katharina (um 1500), die übrigen Ende 17. Jh. und 18. Jh.

»Capitale de la Choucroute« **Krautergersheim:** Riesige Höfe, Sauerkrautland, Herz des Weißkohls. Reste eines alten Schlosses finden wir hier, ein bemerkenswertes Rathaus und eine Mühle aus dem 18.Jh. Große, reiche Bauernhöfe, fruchtbares Land, denn der Kohl bringt gute Erträge für die Bauern.

Durch **Innenheim** radeln wir auf alten Postwegen: Hier steht aus dem 17.Jh. eine Poststation, außerdem das Herrenhaus derer von Berckheim aus dem 18.Jh. Schöne Fachwerkhäuser schmücken den Ort.

In **Duttlenheim** gibt es eine alte Mühle und die Kirche aus dem Jahr 1770 mit einem Presbyterium von 1787 zu besichtigen.

Das bildschöne mittelalterlich erhaltene **Dachstein** ist von Hügeln mit Wein umgeben. Durch seine Zugehörigkeit zum Bistum Strasbourg war es über die Jahrhunderte Zankapfel geistlicher und weltlicher Macht. 1214 ließ Bischof Heinrich II. das Städtchen ummauern. Eine Kette der Zerstörungen mußte dieser geplagte Ort ertragen: 1262 wurde es erstmals von den Strasbourgern, 1439 von den Armagnaken (»den armen Gecken«) verwüstet, 1635 von den Schweden besetzt und 1665 von Turenne zerstört. Die bischöfliche Burg wurde 1675 gesprengt. Der Prunkbau bildete einst ein Quadrat mit vier Ecktürmen und war von einem Wassergraben umgeben. Erhalten sind zwei Rundtürme am Ufer der Bruche. Von der Ortsbefestigung steht noch das Bruche-Tor von 1574, desen Unterbau jedoch wesentlich älter ist. Schöne Ranaissance-Häuser prägen das Ortsbild, darunter das herrschaftliche Barockgebäude im Park. Erhalten und ortsbestimmend ist auch die einschiffige Kirche aus dem 15.Jh., deren wertvollstes Inventar, eine Muttergottes des 14. Jh., gehauen aus Stein, im Strasbourger Museum zu finden ist.

Im heute friedlichen Dachstein findet unsere Radreise einen genußvollen Abschluß im Auberge de la Bruche, wo sich der Wirt zwar nicht dem Kraut, sondern dem Fisch verschrieben hat: Sogar der traditionelle Baeckaoffa wird hier mit drei Sorten Fisch statt Fleisch gemacht. Fröhliche Urständ feiert auch ein uraltes Elsässer Rezept, das man nur noch selten auf einer Speisekarte findet: Schniderspadle – das sind mit Gänseleber und Zwiebel gefüllte Teigtaschen in einer Gänselebersauce serviert.

Streckenbeschreibung

Wir verlassen den Bahnhof/Place de la Gare in **Strasbourg** und radeln die Rue de la Course hinunter, überqueren dabei die Rue du Faubourg National. Wir fahren auf der Rue St.Michel weiter, überqueren die Rue Ste.Marguerite und setzen unsere Fahrt südwärts auf der Rue de Molsheim fort, bis wir zu unserer Linken die Rue Marc Bloch erblicken. Hier biegen wir links ab und radeln bis zum Rowing Club de Strasbourg/Ruderclub. Ab hier folgen wir auf dem ausgeschilderten Radweg den Kanal entlang gegen Süden, bis zum Stadtteil Illkirch-Graffenstaden. Unser Weg bis zu diesem Anschluß beträgt vom Bahnhof aus insgesamt 6 km. Wir biegen rechts ab und folgen der D84 Richtung **Geispolsheim** (4 km). Ab Geispolsheim-Gare ist ein Fahrradweg ausgeschildert. Wir radeln auf der gleichen Straße weiter nach Blaesheim (3 km), wo wir vom nahegelegenen Goeckelsberg einen herrlichen Blick über das kleine Weinbaugebiet haben. Wir verlassen **Blaesheim** auf der D161 in südlicher Richtung nach Hindisheim, radeln dabei etwa 4 km zum Teil durch den Wald, bis unsere Straße in die D207 einmündet. Hier biegen wir links ab und erreichen nach etwa 1,5 km **Hindisheim.**

Nach unserer Besichtigung dieses schönen Dorfes kehren wir auf die D207 zurück, Richtung **Krautergersheim,** das wir auf ebener, pappelgesäumter Fahrbahn nach 5 km erreichen. In Krautergersheim biegen wir an der Kreuzung rechts in die D215 und radeln nach **Innenheim** (3 km). Von hier aus nehmen wir die D147, überqueren auf der Autobahnbrücke die A352 und erreichen nach 3 km **Duttlenheim.**

Wir bleiben auf der D147 und radeln zunächst Richtung Ernolsheim-Bruche. Nach etwa 2 km überqueren wir den Bahnübergang und radeln noch etwa 1000 m bis die D93 in unsere Straße einmündet. Hier biegen wir links ab und fahren etwa 3 km nach Dachstein-Gare. Von hier aus sind es etwa 1,5 km bis zum Zielort **Dachstein.** Wir radeln auf gleichem Weg nach Strasbourg zurück oder schließen an unsere Tour 20 an, die im 5 km entfernten Molsheim ihren Höhepunkt fand.

Auch der Tabakanbau hat im Elsaß noch Bedeutung. In Hindisheim werden die Pflanzen für den schwarzen Tabak getrocknet.

Nützliche Informationen

Kartenskizze: Auf Seite 96.
Ausgangspunkt: Bahnhof Strasbourg.Bis zum Ruderclub wie Tour 20.
Zielort: Dachstein; 40 km; als Rundtour etwa 80 km.
Einkehr mit Übernachtung: *Geispolsheim:*
• Relais Bleus; Rue de l'Ill; 67400 Geispolsheim; Tel. 88 67 83 84. – *Dachstein:*
• Auberge de la Bruche; 1, Rue Principale; 67120 Molsheim; Tel. 88 38 14 90; Samstagmittag Ruhetag. Familienfreundliche Preise.
Einkehr: *Blaesheim:* • Restaurant Schadt; Chez Philippe; 67113 Blaesheim; 8, Place de l'Eglise; Tel. 88 68 86 00; Donnerstag und Sonntagabend Ruhetag.
Einkaufen unterwegs: *Hindisheim:* • Bäckerei in der Rue du Château, wo es das unvergleichlich gute Petit Rond und handtellergroße Croissants gibt.
Auskunft: • *Strasbourg:* Office Départemental du Tourisme du Bas-Rhin Office; 9, Rue du Dôme; Tel. 88 22 01 02.
Karte: 3615 IGN – Série Verte Nr. 12, 1:100 000.

22 Auf den Spuren der Merowinger nach Obernai

Strasbourg – Hangenbieten – Breuschwickersheim – Osthoffen – Dahlenheim – Bergbieten – Flexbourg – Still – Dinsheim – Gresswiller – Mollkirch – Bœrsch – Obernai

Tourencharakter: Flach entlang des Canals de la Bruche und entlang der Still bis zum Ausgang des Bruche-Tals; ansteigender Tourenverlauf ab Gresswiller und in ständigem Auf und Ab dann bis Obernai, mit allerdings auch einer 3 km langen Talfahrt nach Bœrsch.
Länge der Tour: 40 km.
Höhenunterschied: 100 m.

Eine echte Genußtour haben wir heute vor uns. Zuerst in der Morgensonne 11 km lang das Leben am Canal de la Bruche genießen, in der schönsten Weise, Strasbourg den Rücken zu kehren. Dann an Herrenhäusern und Schlössern vorbei zur Merowingersiedlung Obernai, wo sich Landesgeschichte mit der Legende um die Merowinger-Tochter, der heiliggesprochenen Odile, mischt. Mehrfache kulinarische Höhepunkte gibt es am Ende unserer Reise in Obernai, wo wir auch übernachten.

Breuschwickersheim ist ein altes Dorf mit schönen, wohlerhaltenen Fachwerkhäusern; die Spur dieser Siedlung führt zu den Römern: An der Kirche finden wir im gotischen Chorturm ein römisches Relief eingemauert. Das Schloß war einst Sitz derer von Wickersheim, daher der Name des Ortes, dann der Wintur und der Zuckmantel und schließlich Wohnsitz der Sturm von Sturmeck. Das Schloß, eine Geviert-Anlage mit drei runden Ecktürmchen und barockem Treppenaufgang, lockt zu einer Besichtigung. Der letzte Besitzer des wohlerhaltenen Schlosses war der Strasbourger Stettmeister Hugo Sturm (1616 verstorben).

Schon seit Merowinger-Zeiten besteht **Osthoffen,** dessen Name auf seine Lage zum Königshof Kirchheim Bezug nimmt. Osthoffen gelangte später an das Bistum Strasbourg. Sein Schloß wurde um 1600 neu erbaut und im T-Winkel angelegt, mit Treppenturm und geschweiftem Giebel. Im 18. Jh. erfuhr es eine Veränderung und neue Ausstattung. Weitgehend erhalten ist das barocke Mobiliar.

Dahlenheim gehört als alter Besitz seit dem Mittelalter dem Bistum Strasbourg. Berühmt ist seine Kirche, dem hl. Blasius gewidmet, mit barockem Saal, eingezogenem Chor und Chorturm (1774–1975) in der Ausstattung der Zeit. Im nördlichen Seitenaltar befindet sich eine neugefaßte Muttergottes von 1500. Der südliche Seitenaltar zeigt den Schutzpatron St. Blasius, umgeben von den übrigen 13 Nothelfern. Gegenüber der Kir-

Choucroute-Ernte, das Kraut, das die Elsässer in den Adelsstand erhoben haben.

che befindet sich ein besonders schönes Haus mit Erker von 1612.

Auch **Gresswiller** war merowingisches Königsgut, das 849 durch Schenkung an die Abtei Erstein gelangte. 1437 wurde Gresswiller dem Strasbourger Domkapitel unterstellt. Die Kirche ziert ein 1523 entstandenes spätgotisches Portal mit Relief des hl. Martin. Der jetzige Bau stammt von 1706.

Im hügeligen Rebland liegt **Bœrsch,** von Stadtmauer und Toren umgeben. Sehenswert ist der Marktplatz mit dem Sechs-Eimer-Brunnen von 1617, der mit dem in Obernai an Schönheit gleichzusetzen ist. Zu einem ausgiebigen Spaziergang laden die mittelalterlichen Gäßchen mit ihren Fachwerkhäusern ein. Besonders sehenswert: die alte Ratsstube am Rathaus-Platz mit geschnitzten Pfosten und Erkern von 1629, der ehemalige Fronhof zwischen Frongasse und Krumgasse sowie das ehemalige Deutschordenshaus gegenüber dem Pfarrhaus an der Stadtmauer. Eine gemütliche Rast empfiehlt sich im schönen Bœrsch – am besten verbunden mit einer Weinprobe bei den örtlichen Winzern. In Bœrsch reifen nicht nur in der Domaine Schaetzel einige vollmundige Tropfen; im »Atelier du Tonnelier« finden wir Weinkultur im Höchstformat, und nicht nur die Römer fühlten sich in dieser »Wiege des Weins« wohl.

Und dann das malerische **Obernai** – Königshof aus merowingischen Zeiten. Hier soll auch Herzog Eticho residiert haben und seine Tochter Odile geboren sein. Im 12. Jh. ging Obernai in den Besitz der Hohenstaufen über, die aus dem Ort einen ihrer Stützpunkte im Elsaß machten. Sie errichteten als Residenz eine Burg, von der aber keine Spuren mehr erhalten sind. 1240 wurde Obernai zur Stadt erhoben und ein Jahrhundert später, 1330, machte Ludwig der Bayer Obernai zur freien Reichsstadt, die nur noch per Rechtsprechung dem Reich unterworfen war. Inzwischen hatten aber auch die Bischöfe von Strasbourg versucht, die Stadt in ihren Besitz zu bringen. Obernai umgab sich in dieser Zeit mit einer ausgedehnten doppelten Befestigung, die zum großen Teil erhalten ist. 1354 gehörte Obernai zur Dekapolis, dem Zehn-Städte-Bund. Eine Zeitlang konnte Obernai den verschiedenen An-

griffen (Armagnaken 1440, Karl der Kühne 1476, Bauernkrieg 1525) widerstehen. Ebenso energisch widerstand die Stadt dem Locken der »Wittenberger Nachtigall« (der Reformation) – erst 1570 wurde in einer Kirche am Stadtrand ein protestantischer Gottesdienst eingeführt. Thomas Murner (1469–1537), der große Verteidiger des alten Glaubens und Widersacher Luthers, stammt denn auch nicht zufällig aus Obernai. »Des Heiligen Römischen Reiches oberster Dreckrüttler« nannten ihn elsässische Zeitgenossen. Seine letzten Lebensjahre verbrachte Murner wieder in Obernai. Dabei predigte er in eben jener Johanniskirche, die dann protestantisch wurde.

Schwer gelitten hat Obernai im Dreißigjährigen Krieg – die Bevölkerung ging auf ein Sechstel zurück. 1679 schwor die Stadt dann dem König von Frankreich den Treueid. Und ebenso schwer wie die Ideen der Reformation in Obernai Fuß gefaßt hatten, war es auch mit dem Gedanken der Revolution. Der öffentliche Ankläger der Revolutionstribunale im Elsaß, Eulogius Schneider, ließ drei Bürger der Stadt unter die Guillotine hinrichten, mit der er das Land bereiste. Auch die umliegenden Orte Barr und Epfig hatten stark zu leiden unter diesem reisenden Bürger mit der Guillotine. Nicht nur die legendäre Odile, Schutzheilige des Elsaß, stammt aus Obernai und nicht nur der scharfzüngige, polternde Thomas Murner, sondern auch der Schriftsteller René Schickele (1883–1940), der als zweisprachiger Elsässer sein Leben und sein Werk unter das Ziel deutsch-französischer Verständigung gestellt hat. Sein wichtigstes Werk ist die Romantrilogie »Das Erbe am Rhein«.

Sehenswert ist die *Altstadt von Obernai.* Straßen und Plätze der etwa rechteckig angelegten Stadt, mit einer Vorstadt im Westen, haben weitgehend ihr mittelalterliches Gepräge bewahrt, so daß Obernai heute das anschauliche Bild einer kleinen elsässischen Reichsstadt bietet. Ein ausgedehnter Spaziergang durch Obernai ist ein Muß! Immer wieder gelangt man auf den Marktplatz/ Place du Marché, dem belebten Mittelpunkt der Stadt mit dem Wahrzeichen, dem Fontaine Ste. Odile. Östlich die Kornhalle von 1554 mit Glockentürmchen auf dem Giebel, westlich das Rathaus, 1462 begonnen und restauriert. Von der Place du Marché führt Richtung Norden die Rue du Chanoine-Gyss, an der sich der bekannte Sechs-Eimer-Brunnen befindet, 1579 errichtet, ein wunderschönes Renaissance-Kunstwerk aus behauenem Stein. Auf der Bedachung thront eine Figur mit Habsburger Wappen. In den Straßen finden wir zahlreiche Häuser des 17. Jh. Den interessantesten Teil der Stadtmauer und Befestigung findet man im Osten am Kommandantengraben (Rempart Marechal Foch). Dort steht auch die Synagoge von 1876 mit Holztreppe. Die beiden bekanntesten Kirchen Obernais sind Saint Pierre et Saint Paul und die Kapellkirche, von der nur noch Chor und Turm erhalten sind. Der Kapellturm wurde mit seiner typischen Turmbekrönung zum Wahrzeichen Obernais. Die unteren vier Geschoße sind das älteste Bauwerk der Stadt (von 1285), das fünfte Geschoß stammte von 1597.

In einem schönen alten Bürgerhaus im Stadtzentrum ist auch unsere Einkehr untergebracht: A la Cour d'Alsace. Spezialität sind drei Fischsorten: Zander aus dem Fluß, Lachs aus dem Norden und Dorade aus dem Mittelmeer auf Sauerkraut, außerdem Spargelgerichte zur Spargelzeit und im Dezember Spezialitäten rund um die Gans.

Mitten in der Innenstadt finden wir auch eine der schönsten Weinstuben Obernais, das L'Agneau d'Or. Ein kleiner Raum, rotweiß karierte Tischdecken, Bauernstühle mit Herz in der Lehne und viel Folklore. Spezialitäten sind die Fleischpastete nach Winzerart und der in Teig eingebackene Munster, ein sättigendes Hauptgericht neben dem allgegenwärtigen Choucroute. Niedrige Preise und riesige Portionen machen das Lokal radler- und familienfreundlich.

Streckenbeschreibung

Wir verlassen **Strasbourg** und wählen den Canal de la Bruche (siehe Tour 20) bis **Hangenbieten** (11 km). Wir durchqueren Hangenbieten und fahren nördlich auf der D 221 nach **Breuschwickersheim** (3 km). Von hier aus radeln wir auf der D 118 nach **Osthoffen** (3 km), wo wir das Schloß besichtigen können. Danach setzen wir unsere Radreise auf

der D 118 fort und erreichen nach etwa 4 km **Dahlenheim,** wo wir uns zunächst bis zum Ortsausgang links halten und der D 118 Richtung **Bergbieten** folgen (4 km); wir überqueren dabei das Bahngleis, die Mossig und die D 422. Von Bergbieten radeln wir weiter auf der D 118 und erreichen nach 2 km **Flexbourg.** Nach **Still** radeln wir 4 km entlang der Still zum Ausgang des Bruche-Tals, wo wir links in die D 392 einbiegen und nach etwa 1 km **Dinsheim** erreichen. Mitten in Dinsheim biegen wir rechts ab und überqueren die D 420 Richtung **Gresswiller** (500 m). Wir halten uns rechts, lassen Gresswiller links liegen und folgen der D 217 bei ansteigender Straße durch den Gresswiller Wald, Richtung **Mollkirch** (6 km). Von hier aus radeln wir über **Laubenheim,** bis unsere Straße an eine Kreuzung stößt, die wir nach 2 km erreichen. Wir radeln geradeaus, folgen der D 204, die uns nach 2 km an eine zweite Kreuzung führt. Hier biegen wir links in die D 216 und nach weiteren 3 km Talfahrt erreichen wir **Bœrsch.** In Bœrsch folgen wir der D 322 am Rand des Bischenbergs zu unserem Tourenziel **Obernai** (3 km).

Nützliche Informationen

Kartenskizze: Auf Seite 108.
Ausgangspunkt: Bahnhof Strasbourg.
Zielort: Obernai; 9500 Einwohner, südwestlich von Strasbourg.
Einkehr mit Übernachtung: *Obernai:* • A la Cour d'Alsace; 3, Rue de Gail; Tel. 88 95 07 00; Restaurant Sonntagabend geschlossen. • Le Parc; 67210 Obernai; Tel. 88 95 50 08; Sonntagabend und Montag Ruhetag. Spezialität: Baeckaoffa mit Kalbsbries/Ris de Veau, außerdem Gänseleber mit frischen Kräutern.
Einkehr: *Obernai:* • Weinstube L'Agneau d'Or; 99, Rue General Gouraud; Tel. 88 95 28 22; ab Mittag durchgehend geöffnet, Montag Ruhetag.
Sehens- und Wissenswertes: • Heimatmuseum in Obernai, Auskunft erteilt das Syndicat d'Initiative.
Auskunft: • *Obernai:* Syndicat d'Initiative; Chapelle du Beffroi; Tel. 88 95 64 13.
Karte: 3615 IGN – Série Verte Nr. 12, 1:100 000.

Über die Pässe der Mittelvogesen

Strasbourg

»Oh Strasbourg, du schöne, du wunderschöne Stadt…«, heißt es in einem Lied, und dies ist sie trotz allen Wandels bis zum heutigen Tag geblieben, die Stadt, die Kunstinteressierte und Gourmets gleichermaßen auf ihre Kosten kommen läßt.

1988 feierte Strasbourg seinen zweitausendsten Geburtstag. Die offizielle Geschichtsschreibung der Stadt beginnt mit dem Jahr 12.v.Chr., als sich aus dem Legionslager bei dem Keltendorf Argentorate/Stadt am Silberfluß eine wichtige römische Festungs- und Handelsstadt entwickelte. Im 5.Jh. eroberten die Alemannen das Gebiet und gaben der Stadt den Namen Strataburgum/Burg an den Straßen. 496 kam Strasbourg zum Frankenreich und wurde Sitz eines Bischofs. Ein wichtiges Datum ist das Jahr 842, als die Enkel Karls des Großen, Ludwig der Deutsche und Karl der Kahle, die Strasbourger Eide schlossen. Darüber besteht das erste Dokument, das in deutscher und französischer Sprache abgefaßt war. 925 wurde Strasbourg in das Römisch-Deutsche Kaiserreich unter Heinrich I. eingegliedert, im Jahr 1262 zur freien Reichsstadt erklärt, und im 16.Jh. nahm die Stadt eine führende Stellung unter den Stätten des Humanismus ein. Nur einige berühmte Namen jener Epoche seien erwähnt, sie prägten das reformatorische Gedankengut entscheidend mit: der Theologe Geiler von Kaysersberg (1444–1510), der Dichter und Kaiserliche Rat Sebastian Brant (1458–1521), der Gelehrte und Satiriker Thomas Murner (1469 bis 1537) sowie der Dichter Johann Fischart (1546–1590).

Als das Deutsche Reich durch den Dreißigjährigen Krieg besonders geschwächt war, ließ Ludwig XIV. am 30.September 1681 die Stadt besetzen. Ein Jahr später wurde Strasbourg Hauptstadt der bereits bestehenden französischen Provinz Elsaß. Obwohl die Strasbourger Verfassung unangetastet blieb, wurde der zentralistische Einfluß, der von Paris ausging, deutlich spürbar. So ging auch die Revolution nicht spurlos an der Stadt vorüber. Auf der Place Kléber mußten viele unter der Guillotine ihr Leben lassen. In Strasbourg soll Rouget de Lisle im April 1792 auch die Marseillaise, die französische Nationalhymne, komponiert haben. Da sie erstmals beim Einzug in Paris 1792 von einem freiwilligen Bataillon aus Marseille gesungen wurde, heißt sie heute Marseillaise, obwohl man sie genausogut Strasbourgeoise nennen könnte.

Nach mehreren friedlichen Jahrzehnten wurde die Stadt am 29.September 1870 von deutschen Truppen eingenommen. Bomben fiel die berühmte Strasbourger Bibliothek zum Opfer. Unter der deutschen Herrschaft, besiegelt durch den Frankfurter Frieden, wurde die nördliche Neustadt mit der Universität und der Place de la République gebaut. Nach dem Ersten Weltkrieg kam Strasbourg wiederum an Frankreich. Im Zweiten Weltkrieg kämpften dann französische und reichsdeutsche Truppen um die Vorherrschaft. Erst am 23.November 1944 eroberte der französische General Leclerc die Stadt endgültig wieder zurück. Heute, wo Strasbourg nicht mehr als Zankapfel zweier Völker betrachtet wird, ist die Hauptstadt des französischen Departements Bas Rhin/Unterelsaß Sitz des Europarates, einer Institution, die Strasbourgs internationales Renommee gestärkt hat. In Strasbourg wird europäische Geschichte geschrieben, und so fühlt man sich auch in dieser Stadt europäisch und französisch.

Das Strasbourger Münster: Alle Wege in Strasbourg führen zum Münster. Aber am überwältigendsten ist der Eindruck, wenn man von der Place Gutenberg durch die Rue Mercière/die alte Krämergasse auf das Münster zugeht. Da wächst plötzlich, wie nicht

Strasbourg, La Petite France:
Am Canal de la Bruche beginnt
das Paradies der Radler.

an unsere Erdenschwere gebunden, die Fassade in die Höhe und zieht die Blicke unwiderstehlich nach oben – metaphysische Architektur. Der Bau des Portalgeschosses mit den drei großen Portalen, die den drei Schiffen entsprechen, wurde 1277 begonnen, nach einem sogenannten Riß-B-Bauplan, dessen Original als eine große Seltenheit noch heute im Musée de Notre Dame aufgehoben ist. Ab 1284 leitet dann Meister Erwin von Steinbach die Bauhütte. Unter seiner Leitung entsteht vor allem das zweite Geschoß mit der sechzehnblättrigen Rose – 14 m im Durchmesser –, einem der schönsten »Gedanken« dieser Fassade. Meister Konrad errichtete dann über der Rose eine Galerie mit Apostelfiguren, um den Höhenunterschied der Rose zu den Seitenteilen auszugleichen. In diesem Zustand, um 1365, gleicht die Fassade also etwa Notre Dame in Paris. 1493, fast zwei Jahrhunderte nach Baubeginn, wurde der spätgotische Turmhelm vollendet, mit 142 m lange Zeit das höchste Bauwerk der christlichen Welt. In der Französischen Revolution plante man, den Turm abzureißen, da er angeblich gegen das Gebot der Gleichheit verstieß! Ronald Reagan, der amerikanische Präsident war es, der 1985 anläßlich eines Strasbourg-Besuchs den denkwürdigen Satz sagte: »Europe is this cathedral/Europa ist diese Kathedrale.« Hervorragend ist auch das Innere der Kathedrale mit dem reichen Schatz an romanischen und gotischen Glasfenstern, und ein Höhepunkt der abendländischen Skulpturen sind die Engels- oder Gerichtspfeiler von 1225 im südlichen Querhaus sowie die Statuen vor dem Südportal. Ebenfalls im südlichen Querhaus betrachte man schließlich die astronomische Uhr, ein kleines Weltwunder für die damalige Zeit. Im Sommer kann man den Steinmetzen der Münster-Bauhütte unter den südlichen Arkaden (18. Jh.) bei der Arbeit zuschauen. Vielleicht zeigt Ihnen ein Mesner auch die Grabplatte des Erwin von Steinbach, die Goethe einst vergeblich suchte. Sie befindet sich im Leichhöfel hinter der Johanniskapelle.

Was wäre Strasbourg ohne seine kulinarischen Höhepunkte? Da wäre zuerst zu nennen das Maison Kammerzell am Place de la Cathédrale. In dem 1954 restaurierten Gebäude befindet sich heute ein vorbildliches elsässisches Restaurant. Im Erdgeschoß Winstub, im ersten und zweiten Stock ein nobles und trotz Touristenansturm immer noch ex-

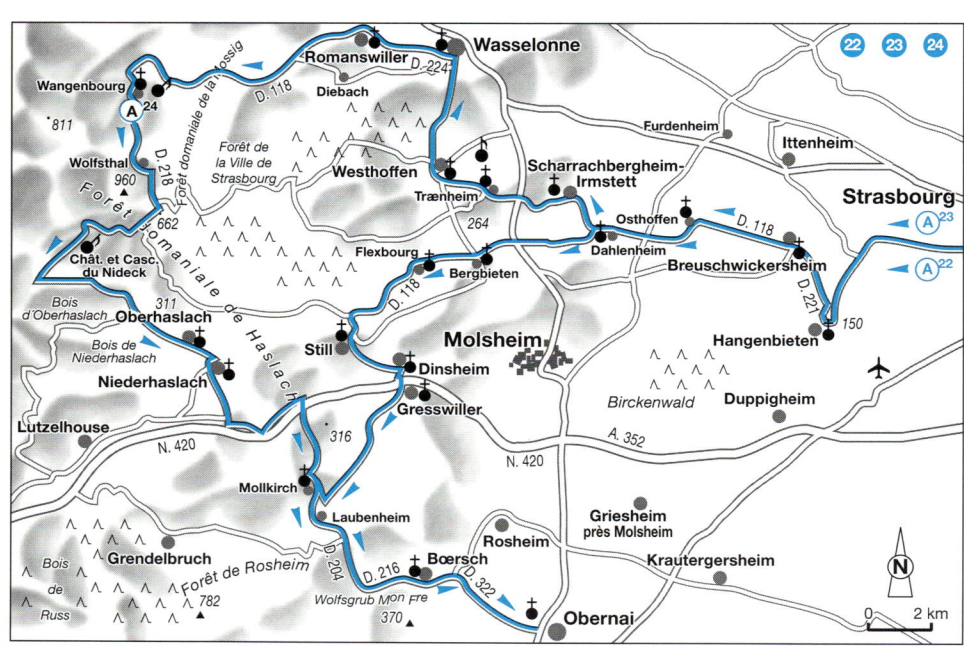

quisites Restaurant. Man sollte nachts einen Blick auf das Haus werfen, wenn sich aus seinen Fenstern golden-warmes Licht ergießt. Erbaut wurde es 1571 während der wirtschaftlichen Blütezeit der Reichsstadt Strasbourg, in der die lutherische Reformation triumphiert hatte. Ein Käsmann, ein reicher Strasbourger Käsehändler namens Martin Braun, ließ sich dieses stolze Bürgerhaus erbauen.

Eine der ältesten Weinstuben der Stadt, Hailich Graab, ist gleichermaßen rustikal und familiär. Schon am frühen Morgen kann man hier Schinken in Blätterteig genießen oder einen Guglhupf essen und dazu Gewürztraminer trinken.

Noch zwei Juwele hat Strasbourg in den engen Gassen der Fußgängerzone und direkt nebeneinander in der Rue Sanglier zu bieten: Einmal das Burgerstuwel Chez Yvonne, ein malerisches Haus, in dem sich die Strasbourger Bürger ebenso wohl fühlen wie die Touristen. Es hat sich längst herumgesprochen, daß Chez Yvonne eine Strasbourger Institution ist. Spezialitäten wären hier die Sauerkrauttorte, die Fleischpastete und das Schweinszüngerl. Und gleich daneben – weniger spektakulär und dennoch wärmstens zu empfehlen – der Katzeroller.

In der Rue des Tonneliers ist es besonders die Winstub Sternstebele, die wir an dieser Stelle empfehlen könnten. Und für die hungrigen Radler, ganz besonders preiswert, im Stadtteil Schiltigheim, wo das Bier gebraut wird, die Fischerstub.

Unzählig wären die Tips, die hier noch zu geben wären, aber am besten erschließt man sich die Stadt entweder zu Fuß oder zu Wasser. Bei den Einkehrmöglichkeiten kann man keine Fehler machen, so vielfältig ist das Angebot. Wer einen Besichtigungsbummel durch Strasbourg macht, sollte sich auf jeden Fall bei der Touristeninformation einen aktuellen, kostenlosen Veranstaltungskalender besorgen. Man läuft sonst Gefahr, eines der vielen Festivals zu versäumen, die praktisch rund ums Jahr stattfinden. Regelmäßig werden sonntagmorgens, auch während der Sommermonate, im Hof des Rohan-Schlosses um 10.30 Uhr von Trachtengruppen folkloristische Aufführungen geboten. Jeden Dienstagabend um 20.30 Uhr auf der Place Benjamin Zix, sowie mittwochs zur gleichen Zeit auf der Place du Marché-aux-Cochons-de-Lait treten elsässische Volksmusiker mit stimmungsvollen Konzerten auf. Für Antiquitäten-Liebhaber ist es gut zu wissen, daß es über 30 Trödlerläden und Boutiquen mit alter Kunst und Kunstgewerbe gibt und daß jeden Mittwoch und Samstag auf der Place du Vieil-Hôpital, nahe beim Münster, ein bedeutender Flohmarkt abgehalten wird.

Selbstverständlich kann man Strasbourg auch ganz schlicht auf Spaziergängen fern aller speziellen Spektakel entdecken. Am schönsten ist es, man geht vom Münster aus zum Vauban-Wehr bei den gedeckten Brücken, von der Thomaskirche mit dem Grabmal für Moritz von Sachsen längs der Ill zur merowingischen Stefans-Abtei St. Etienne, durch den Orangeriepark zum Europapalast, nebst einer Rast in dem Traditionslokal Bürehiesel. Aber abends von April bis Oktober um 20.15 Uhr sollte der Weg ins Münster führen zur deutsch kommentierten Geschichtserläuterung mit famosen Licht- und Toneffekten.

Erwin von Steinbach, der Ausgang des 13. Jh. die unvergleichliche Turmfassade entwarf, hätte gewiß zugestimmt, wenn man seine Leistung als den Gipfel der europäischen Gotik preisen würde. »Alle diese Massen waren notwendig«, soll er gesagt haben, »nur ihre willkürlichen Größen habe ich zum stimmenden Verhältnis erhoben. Das all war notwendig, und ich bildete es schön.« Und kaum ein Besucher wird sich der Schönheit dieses Ortes und auch der Gastlichkeit seiner Bewohner entziehen können. Herzlich und direkt ist man und stolz auf seine Stadt. »Oh Strasbourg, du schöne, du wunderschöne Stadt.«

Nützliche Informationen

Einkehr mit Übernachtung: • Maison Kammerzell; 16, Place de la Cathedrale; Tel. 88 32 42 14; 23. (abends) und 24. 12. geschlossen. Restaurant der Spitzenklasse und sehr komfortables Hotel.

Einkehr: • Hailich Graab; 15, Rue des Orfèvres; Tel. 88 32 39 97; geöffnet 10.00–13.00 Uhr und 15.15–21.30 Uhr, Sonntag und Montag geschlossen.

• Chez Yvonne; Rue Sanglier; Tel.
88 32 84 15; Sonntag und Montagmittag
geschlossen, abends immer geöffnet. • Kat-
zeroller; Rue Sanglier; Montag geschlossen.
• Winstub Sternstebele; Rue des Tonnelliers;
Tel. 88 21 01 01. • Fischerstub; Route de
Bischwiller; Schiltigheim.
Sehens- und Wissenswertes: • Münster:
Führungen im Juli und August Montag bis
Freitag um 10.30, 14.30 und 15.30 Uhr,
Samstag 10.30 und 14.30 Uhr, Sonntag
14.30 und 15.30 Uhr.
Stadtführungen: • *Office du Tourisme;* Place
Gutenberg; Tel. 88 32 57 07.
Auskunft: • *Office Départemental du Tou-
risme du Bas-Rhin;* Maison du Tourisme; 9,
Rue du Dome; 67000 Strasbourg; Tel.
(00 33) 88 22 01 02.

23 Durch die Elsässische Schweiz nach Wangenbourg

Strasbourg – Hangenbieten –
Breuschwickersheim – Osthoffen –
Dahlenheim – Scharrachbergheim-
Irmstett – Traenheim – Westhoffen –
Wasselonne – Romanswiller –
Wangenbourg

Tourencharakter: Im ersten Teil
flach, durch die Elsässische
Schweiz zuerst kräftig bergan und dann
im Auf und Ab bis Wangenbourg.
Als Fortsetzung eignet sich Tour 24.
Länge der Tour: 40 km.
Höhenunterschied: 400 m.

Die Gegend um Wangenbourg bezeichnet
man als die Elsässische Schweiz. Wir erreichen hier immerhin Höhen von 450–500 m.
Viel Wald, viel Wild und auf Schritt und Tritt
die Spuren der Vergangenheit. Schlösser

*Die zwei Türme zwischen den Illbrücken
gehörten zu Straßburgs Stadtbefestigung
im 14. Jahrhundert.*

und Burgruinen säumen unseren Weg; auf einen Weinlehrpfad treffen wir in Traenheim. **Westhoffen** könnte man als das Freilichtmuseum der Elsässischen Schweiz bezeichnen. Das alte Dorf, um 739 gegründet, gehörte zur Abtei Wissembourg. 1332 wurde die Oberstadt ummauert und 1357 als Lichtenbergisches Reichslehen zur Stadt erhoben, Sitz eines Amtes und 1355 von den Engländern, 1444 von den Armagnaken besetzt. Ab 1480 ist der Ort in Besitz der Hanau-Lichtenbergischen Linie und fällt ab 1680 unter französische Hoheit. Noch einmal geht es im 18. Jh. an die Grafen von Hessen-Darmstadt, um dann ab 1801 gesetzlich an Frankreich angebunden zu sein. Der Ort besaß im Mittelalter zwei Kirchen: St. Erhard, die Oberkirche im ummauerten »Städtel«, und St. Martin, die Niederkirche in der Vorstadt. Von St. Erhard ist ein 7 m breites Mauerstück mit Lisenen und Rundbogenfries, sowie ein großes Kapitel aus dem 12. Jh. erhalten. Die Niederkirche ist die heutige evangelische Kirche. Sie wurde um 1250 gegründet, im 14. Jh. dreischiffig als gewölbte Hallenkirche mit Rundpfeilern erneuert und im 19. Jh. nochmals verändert und erweitert. Erhalten sind das Langhaus und ein Teil des Chors. In den zwei Chorfenstern finden wir hervorragende Glasmalereien – mit Szenen aus dem Leben Jesu vom Ende des 13. Jh. Ein Fenster (um 1310) zeigt das Johannes-Evangelium mit Stifter Derivat aus der Strasbourger-Münster-Werkstatt. Ebenso ist ein Weihwasser-Becken (um 1300) erhalten.

Das Ortsbild von **Westhoffen** ist besonders mittelalterlich. Da stehen der Städtel-Glöckelturm und zahlreiche Fachwerkhäuser, darunter die berühmtesten: das Haus Nr. 127 mit Eckerker aus dem 17. Jh., Hoftor mit Adam und Eva sowie Engeln und Spruch von 1642, außerdem ein Haus mit Treppenturm und großen Rautenfeldern im Fachwerkgiebel von 1580. Auch von der Stadtbefestigung sind noch lange Mauerstrecken und mehrere Türme erhalten. Von der Rosenburg, die einst von den Deutschherren erbaut wurde und schließlich in den Besitz der Truchseß von Rheinfelden gelang, steht noch die Viereckanlage mit Ecktürmen und fünfeckigem Bergfried.

Wasselonne, 4200 Einwohner, am Osthang der Vogesen, an der Mossig gelegen, ist heute ein regionales Zentrum für Handel und Gewerbe, doch auch hier sind aus der Vergangenheit viele alte Häuser erhalten geblieben, die das Stadtbild bestimmen. Im Jahr 754 wird die Siedlung zum ersten Mal erwähnt: 754 schenkt eine gottgeweihte Jungfrau Adala dem Kloster Hornbach »Wazzeleneheim«. Dieser Grundbesitz ist während des Mittelalters erhalten geblieben, und der Ort ist lange Zeit Reichsgut, weshalb zwischen Kaiser und Bischof ständig Streitereien entstanden. Schließlich wird Wasselonne von der Stadt Strasbourg erworben und ist bis zur Revolution Sitz eines Amtes. Das Schloß Wasselonne wird 1447/48 von den Strasbourgern belagert und zerstört, weil die darin befindlichen Herren die Armagnaken unterstützt haben. 1496 geht es an Strasbourg über und wird erst 1674 von General Turenne und dann von den Kaiserlichen eingenommen. Seit 1680 ist Wasselonne französisch, es galt in der Reformation als Zentrum des Protestantismus. Von den Kriegen des 19. und 20. Jh. wurde der Ort weitgehend verschont. Vom alten Schloß sind noch Reste eines Rundturms vorhanden. Von der Stadtbefestigung kann man stellenweise ebenfalls noch Reste erkennen. Bemerkenswert ist das Stadttor mit dem gotischen Turm, das später durch zwei Rundtürme auf der Feldseite verstärkt wurde.

Für den Gourmet gibt es südlich von Wasselonne, im 3 km entfernten **Marlenheim,** einen Feinschmeckertip, und zwar die berühmte Hostellerie du Cerf. Die Gäste werden hier mit raffiniert zubereitetem Hasenbraten und exquisiten Fischgerichten und im späten Frühjahr mit Spargelgerichten in einer Trüffelvinaigrette verwöhnt.

Das Oberschloß, alte Wassermühlen und Fachwerkhäuser aus dem 18. Jh. begrüßen uns in **Romanswiller.** Mittelpunkt der Elsässischen Schweiz ist das malerische **Wangenbourg.** Die Wangenburg, eine große Anlage aus dem 14. Jh. mit fünfeckigem Aussichtsturm war kein Herrensitz, sondern diente als

*Wangenbourg liegt inmitten
der Elsässischen Schweiz.*

Der Ort Bœrsch war die Wiege des Weins seit den Römerzeiten und ist noch heute eines der Zentren.

kleines befestigtes Militärlager. Aus der ersten Hälfte des 13. Jh. rühren noch die Ringmauer und der Bergfried aus Buckelquadern. Im Palas befindet sich ein Renaissance-Kamin, eine mit 1537 bezeichnete Stirnleiste mit Wappen derer von Wangen-Hüffel ist neben dem Bergfried eingemauert. Ostwärts des Dorfes können wir zur Burg Freudeneck wandern. Sie wurde 1290 durch Heinrich von der Dicke, Vogt von Andlau, erbaut und 1408 zerstört. Es handelt sich um eine kleine Burganlage auf trapezförmigem, fast dreieckigem Grundriß und einen Bergfried, der in die Schildmauer eingreift und durch eine Vorlage verstärkt ist. Mit Wangenbourg haben wir unser Ziel und zugleich einen kulinarischen Höhepunkt erreicht. Wir lassen uns im Belle Vue verwöhnen, das weit über die Grenzen der Elsässischen Schweiz hinaus bekannt ist für seine traditionell französische Küche vom Feinsten.

Streckenbeschreibung

Wir verlassen **Strasbourg** entlang dem Canal de la Bruche (siehe Tour 20) bis **Hangenbieten** (11 km), durchqueren Hangenbieten und fahren nördlich auf der D 221 nach **Breuschwickersheim** (3 km). Von hier sind es 3 km

auf der D 118 nach **Osthoffen** und weitere 4 km nach **Dahlenheim**. In Dahlenheim biegen wir rechts in die D 220, Richtung **Kirchheim,** verlassen diese Straße aber nach etwa 600 m und biegen links nach **Scharrachbergheim-Irmstett,** das wir nach weiteren 400 m erreichen. Wir fahren durch Scharrachbergheim, und überqueren die D 422 Richtung **Traenheim** (1 km). Von Traenheim führt uns anschließend die D 625 in das 2 km entfernte **Westhoffen.** Von hier aus steigt unsere Straße, die D 75, zunächst steil an, und nach etwa 3 km sind wir in **Wasselonne,** wo wir auf die D 224 überwechseln, um nach 3 km **Romanswiller** zu erreichen. Wir bleiben auf der D 224 und fahren zunächst auf mäßig, später auf steil ansteigender, kurvenreicher Straße durch den Forêt domaniale de la Mossig nach **Wangenbourg** (10 km), Ausgangsort der Tour 24.

Nützliche Informationen

Kartenskizze: Auf Seite 108.
Ausgangspunkt: Bahnhof Strasbourg.
Zielort: Wangenbourg; 1100 Einwohner; inmitten der Elsässischen Schweiz gelegen.
Einkehr mit Übernachtung: *Wangenbourg:*
• Belle Vue; 16, Route du Dabo; Oberstei-

gen, 67710 Wangenbourg; Tel. 88 87 32 39; Sonntagabend und Montag sowie Mitte Januar bis Mitte Februar geschlossen. Haus (***) der gehobenen Mittelklasse.
Einkehr: *Marlenheim:* • Hostellerie du Cerf; 67520 Marlenheim; Rue de General de Gaulle; Tel. 88 87 73 73; Dienstag und Mittwoch geschlossen. Restaurant der Spitzenklasse.
Sehens- und Wissenswertes: *Traenheim:* • Weinlehrpfad. *Wasselonne:* • Der protestantische Predigerstuhl aus dem 17. Jh., der sich auf dem Friedhof befindet. • In der protestantischen Kirche die herrliche Silbermann-Orgel (vor allem auch hörenswert). – *Westhoffen:* • Museum in der alten Synagoge und die alte Steinmühle. Außerdem das Château Rosenbourg aus dem 14. Jh. • Die alten Schlösser in Wasselonne und Wangenbourg.
Auskunft: • *Strasbourg:* Départemental du Tourisme du Bas-Rhin Office; 9, Rue du Dôme; Tel. 88 22 01 02.
Karte: 3615 IGN – Série Verte Nr. 12, 1:100 000.

24 Über die Paßhöhen zur Burg Nideck und St. Florentius

Wangenbourg – Wolfsthal – Château du Nideck – Oberhaslach – Niederhaslach – Mollkirch – Laubenheim – Maison Forestière de Wolfsgrub – Bœrsch – Obernai

Tourencharakter: Anspruchsvolle Bergstrecke. Möglich als Fortsetzung der Tour 23; in Obernai Anschluß an die Touren 25 und 26.
Länge der Tour: 35 km.
Höhenunterschied: 600 m.

Stiller einsamer Wald und Berglandschaft umfangen uns auf dieser Tour. Auf halber Strecke zwischen Wangenbourg und Niederhaslach liegt die **Burgruine Nideck.** Adalbert Chamisso hat mit seiner Ballade

das »Riesenspielzeug«, die Burg, von der im wesentlichen nur noch zwei Türme erhalten sind, unsterblich gemacht. Die Anlage bestand aus Ober- und Unterburg. Von der Unterburg ist der Bergfried erhalten. Die gewaltigen Mauerreste des Vierecktturms lassen den ehemals imposanten Bau erahnen. Seit 1636 ist die Burg eine Ruine. Sie war als alter Besitz des Bistums Strasbourg als Lehen vergeben worden und immer wieder heiß umkämpft und belagert. 1454 eroberte Ludwig von Lichtenberg die Burg, die schließlich 1636 zerstört wurde. Adalbert von Chamissos Riesen hausen zwar nicht mehr hier, aber die Buckelquader des mächtigen Bergfrieds der Unterburg, um 1200 erbaut, lassen noch immer in ihren Ausmaßen an ein Riesenspielzeug denken. Unweit der Ruine Nideck finden wir einen rauschenden Wasserfall und wilde Felsenformationen. So recht ein Platz für Romantiker.

Niederhaslach liegt wie die Schwestergemeinde Oberhaslach malerisch im Tal der Hasel, kurz bevor das Flüßchen in die Breusch (La Bruche) mündet. Beide Orte haben dieselbe liebliche und wildromantische Umgebung. Bekannt ist Niederhaslach vor allem wegen der ehemaligen Benediktinerabtei, die der Strasbourger Bischof Florentius im letzten Drittel des 6. Jh. gegründet haben soll. 810 wurden seine Gebeine von St. Thomas nach Niederhaslach überführt. Bereits Mitte des 11. Jh. war die Abtei Kollegiatstift, 1525 wurden die Stiftsgebäude von den Rosheimer Bauern geplündert, 1633 von den Schweden eingeäschert. 1853 wurden unter dem östlichen Teil der Kirche Reste eines Gotteshauses mit vermutlich einschiffigem Langhaus und drei Apsiden entdeckt, dessen Mauerwerk auf karolingische Entstehung schließen lassen. Erhalten, wenn auch stark restauriert, ist die heutige, hoch- und spätgotische Pfarrkirche. Fassade und Fensterrosen stammen vermutlich von einem Sohn des Erwin von Steinbach, der das Strasbourger Münster erbaut hat. Das Turmobergeschoß und der vor die Fassade gesetzte Treppenturm sind allerdings aus dem 19. Jh. Das Innere ist sehenswert, vor allem die Glasfenster in Chor und Langhaus. Sehenswert sind im Chor Heiligenfiguren (um 1290), die zehn Langhausfenster von 1360–1370 und

Der Kapellturm mit seiner typischen Turmbekrönung, dem Wahrzeichen von Obernai.

ein Grabstein von Erwin von Steinbachs Sohn in der südlichen Seitenkapelle.

Wie einst die Pilger zu Florentius kamen, so halten wir heute bei St. Florent in Oberhaslach eine schöne Einkehr. Der Wirt hat sich ganz auf Wild spezialisiert: Reh mit Preiselbeeren, Wildpasteten, Taubenfilet mit Gänseleber und Salat.

Streckenbeschreibung

Wir verlassen **Wangenbourg** auf der D 218 mit dem Forêt domaniale de la Mossig zu unserer Linken und dem Schneeberg (960 m) zu unserer Rechten und radeln auf ansteigender Straße nach **Wolfsthal** (2 km). Von hier aus schlängelt sich unser Weg steil hoch bis zum Château du Nideck, das wir nach weiteren 6 km erreichen. Nach Besichtigung der Burg Nideck und des Nideck-

Wasserfalls rollen wir, von der Hasel zu unserer Rechten begleitet, das Tal bis nach **Oberhaslach** hinunter (7 km). Von hier ist es etwa 1 km bis nach **Niederhaslach,** wo unsere Straße noch etwa 1500 m weiterführt, bis sie beim Schweizer Hof in die Vallée de la Bruche einmündet. Hier biegen wir links in die D 392 in Richtung Heiligenberg ein. Wir bleiben etwa 3,5 km auf dieser Straße bis kurz vor Heiligenberg, wo wir rechts in die D 704 einbiegen, Richtung Mollkirch, das wir nach weiteren 2,5 km erreichen. Wir setzen unsere Fahrt über **Laubenheim** (1 km) fort und durchqueren den Bois de Bœrsch, bis wir die Kreuzung am **Maison Forestière de Wolfsgrub** erreichen (4 km), wo wir links in die D 216 einbiegen, die uns nach weiteren 2 km Talfahrt nach **Bœrsch** führt. Nach **Obernai** sind es noch etwa 4 km auf der D 322.

Nützliche Informationen

Kartenskizze: Auf Seite 108.
Ausgangsort: Wangenbourg; 1100 Einwohner; inmitten der Elsässischen Schweiz gelegen.
Zielort: Obernai.
Einkehr mit Übernachtung: *Wangenbourg:* • Belle Vue; 16, Route du Dabo; Obersteigen, 67710 Wangenbourg; Tel. 88 87 32 39; Sonntagabend und Montag sowie Mitte Januar bis Mitte Februar geschlossen. Restaurant und Hotel (***) der gehobenen Mittelklasse. – *Oberhaslach:* • St. Florent; 28, Rue du Nideck; 67280 Oberhaslach; Tel. 88 50 94 10; das sehr einladende gastliche Haus verfügt über 25 Fremdenzimmer. Preiswerte und gute Einkehr. – • *Obernai:* Siehe Tour 22.
Einkehr: *Bœrsch:* • Weinstube Au Pied du Bœuf; Tel. 88 95 89 53; tägl. geöffnet ab Mittag. – *Obernai:* Siehe Tour 22.
Auskunft: • *Obernai:* Syndicat d'Initiative; Chapelle du Beffroi; Tel. 88 95 64 13.
Karte: 3615 IGN – Série Verte Nr. 12, 1:100 000.

Cascades du Nideck. Die rauschenden Wasserfälle von Nideck unweit der Burgruine sind so recht ein Ort für Romantiker.

25 Auf Pilger- und Keltenwegen zum Mont Ste. Odile

Heiligenstein – St. Nabor – Niedermunster – Ste. Odile – Klingenthal – Ottrott – Heiligenstein

> **Tourencharakter:** Rundtour. Anspruchsvolle Bergstrecke, die auf windungsreicher Straße genau dem Weg folgt, den bereits die Kelten angelegt hatten.
>
> **Länge der Tour:** 25 km.
> **Höhenunterschied:** 550 m.

Zum Heiligen Berg der Elsässer, Ste. Odile, der Schutzpatronin des Elsaß, führt uns der alte Keltenweg. Der 763 m hohe **Mont Sainte Odile** war in vorchristlichen Zeiten Kultstätte der Kelten und Römer, die ihn Altitona nannten. Im Mittelalter wurde daraus die Hohenbourg, wo Odile im 7. Jh. ein Kloster und am Fuße des Odilien-Berges ein Hospiz und das Kloster Niedermünster gründete. Umgeben ist der Heilige Berg von dem bedeutendsten Zeugnis vorchristlicher Kultur, einer 10 km langen »Heidenmauer«, die zur Fliehburg der Kelten gehörte und auf das 2. bis 1. Jh. v. Chr. zurückgeht. Kein Pilgerweg ohne Einkehr: Wir sind hier im Herzen der kostbarsten Weinlagen und wo ein guter Wein wächst, wird auch gut gespeist, deshalb bietet diese Kult-Tour in jeder Hinsicht einen Genuß.

Ausgangsort unserer Tour ist **Heiligenstein**, dessen kostbare Weinlagen wir immer wieder auf unserem Weg nach St. Nabor zwischen den Bäumen erblicken können. Hier wächst der Spitzenwein »Klevener«, den Ehret Wantz 1742 aus Italien eingeführt hat. Sein Standbild steht am Rathausbrunnen von Heiligenstein. Der Trog des Brunnens ist ein alter merowingischer Steinsarg. Heiligenstein, 280 m hoch gelegen, ist eines jener Balkondörfer des Elsaß, das einen wundervollen Blick auf die umliegenden Weinorte bietet, ein Kleinod abseits der großen Wege und erfreulicherweise vom Tourismus noch nicht erobert.

Über **Heiligenstein** liegt die Ruine Landsberg. Darunter befinden sich die Reste der ehemaligen Abtei Truttenhausen, die 1182 durch Herrade von Landsberg gegründet wurde. Am 15. April 1525, während des Bauernkrieges, wurde das Kloster niedergebrannt. Die Ruine der spätgotischen Klosterkirche aus dem 15. Jh. ist noch erhalten und macht den Besuch empfehlenswert.

St. Nabor, die erste Pilgerstätte die wir erreichen, war einst im Besitz vom Kloster Niedermünster. Mehrmals verpfändet kam es dann 1543 an das Domkapitel Strasbourg. In der Kirche, deren Turm noch romanisch ist, ruhen die Reliquien des St. Nabor, ebenso der Heiligen Gorgon und Nazarius, die Bischof Chrodegang von Metz aus Rom mitgebracht hatte.

Abgelegen im Wald liegen die letzte Reste der untergegangenen Nonnen-Abtei Niedermünster. Hier soll nach der Legende die heilige Odilie 707 ein Hospital ins Leben gerufen haben, wo sie mit dem Quellwasser der nahen »Odilien-Quelle« die Kranken heilte. Höchste Blüte dieser Klosterniederlassung erfuhr Niedermünster im 12. Jh., gefördert durch Friedrich Barbarossa. Damals entstand auch der Neubau der Kirche. 1375 durch die Engländer verwüstet, 1525 durch die Bauern niedergebrannt und, kaum wiederhergestellt, durch einen neuen Brand 1540 zerstört. Die Ruinen des Klosters und Hospiz Niedermünster wurden bis zum 19. Jh. als Steinbruch ausgebeutet. Im Jahr 1902/03 legte man die Überreste der Klosteranlage frei, und noch immer erkennen wir die sakrale Anlage. Inmitten des Kirchenschiffes lag der Brunnen, dessen Wasser aus der Odilien-Quelle kam; unter dem Chor erkennen wir eine geräumige Krypta, eine Unterkirche mit drei stollenförmigen Altarräumen, die eine karolingische Anlage vermuten lassen. Um die Krypta läuft ein äußerer, vielleicht zweigeschossiger Umgang. Ein in der Ostmauer sichtbares halbrundes Fundament gehörte zu einer Kapelle, in der das berühmte, vermutlich aus dem Orient stammende Wunderkreuz aufgestellt war, das Karl der Große dem Kloster auf einem Kamel geschickt haben soll. Dieses Kreuz, dessen Aussehen eine Zeichnung von 1669 überliefert, stand Modell für das Prozessionskreuz auf dem Odilien-Berg. Das

Original befand sich seit Ende des 16. Jh. in Molsheim, wo es in der Revolution unterging. Die Scheibe mit der Kamel-Legende können wir im Museum von Obernai sehen. Oberhalb von Niedermünster finden wir die Jakobs-Kapelle/Chapelle St. Jacques, der Sage nach von den fünf das Kamel begleitenden Rittern erbaut. Jetzt ist diese Kapelle eine Ruine und wir erkennen noch das einschiffige, gewölbte Langhaus mit eingezogenem, quadratischem und gewölbtem Chor. Diese Ritter sollen jenes Kreuz aus dem Orient mitgebracht haben, dessen Inschrift der Äbtissin Relindis geweiht war, die das Kloster nach seinem Niedergang zu neuer Blüte führte.

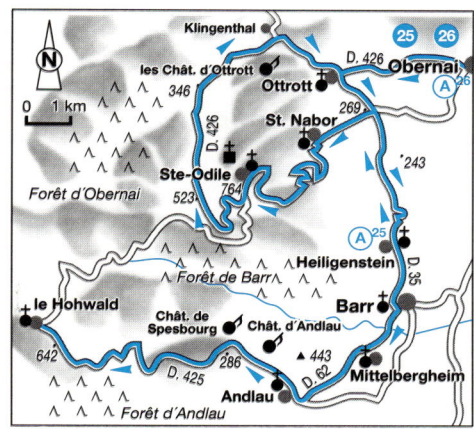

Mit dem **Odilien-Berg** erreichen wir die älteste Kultstätte des Elsaß überhaupt. Nachhaltiges Zeugnis der keltischen Kultstätte ist die zehn Kilometer lange Heidenmauer, die den Berg umgibt, auf dessen Felsplateau im 7. Jh. Odilie, die Tochter des Lichtes, ein Kloster gründete. Der Legende nach war sie dem Herzog Eticho als blinde Tochter geboren worden, der sie töten lassen wollte. Ihre Mutter Bereswinde versteckte das Mädchen im burgundischen Kloster Baume-lès-Dames, wo es durch ein Wunder bei der Taufe das Augenlicht gewann. Schnell holte Eticho seine Tochter zurück und wollte sie später zu einer politischen Ehe zwingen. Odilie floh jedoch über den Rhein in die Gegend von Freiburg, wo sich eine Felswand aufgetan haben soll, um sie vor ihren Verfolgern zu schützen. Nach diesem zweiten Wunder bekam sie von ihrem Vater dessen Schloß Hohenburg geschenkt, und sie gründete dort ein Kloster.

Auf der nördlichen Felsplatte des Hauptgipfels entstanden mehrere Kapellen, in denen auch die Heilige und ihr Vater beigesetzt wurden. Im Kloster, dessen Rechte 837 durch Ludwig den Frommen bestätigt wurden, entstand 1045 eine neue Kirche. Anfang des 12. Jh. geriet das Kloster in Verfall. Friedrich Barbarossa, der 1153 den Odilien-Berg besuchte, ließ das Kloster durch die mit ihm verwandte Äbtissin Relindis zwischen 1155 und 1165 wiederherstellen. Es wurde zu einer bevorzugten Pflegestätte staufischer Kultur, deren geistvollster Ausdruck das Hortus Delicarum der Äbtissin Herrade von

Landsberg (1167–95) wurde. Heinrich VI. bestimmte 1195 das Kloster zum Aufenthaltsort der Witwe Tankreds und ihrer Töchter. Hohenburg hatte den Rang einer Reichsabtei. 1354 wallfahrte Karl IV. zum Grab der Heiligen, dem er eine Reliquie für den Dom zu Prag entnehmen ließ. 1365, 1375, 1473 und 1525 erfuhr das Kloster Verwüstungen durch Krieg und Brand. Der Konvent löste sich auf, nachdem die Gebäude 1546 einer abermaligen Brandkatastrophe zum Opfer gefallen war. Die Versorgung der Kapellen übernahmen 1605 die Prämonstratienser aus Etival. Sie gründeten 1661 eine eigene Niederlassung. Die Revolution erklärte das Kloster zum Volkseigentum und verkaufte es. 1853 konnte es der Bischof von Strasbourg erwerben und wieder seiner ursprünglichen Bestimmung zurückgeben. Größere Restaurationen fanden in den Jahren 1925 und 1937 statt.

Die bedeutendsten Bauwerke auf dem Odilien-Berg sind die Klosterkirche, die 1684 auf den alten Grundmauern errichtet wurde, und die Kreuzkapelle. Sie schließt sich am Rand des Odilien-Hofs an, der 1853 an Stelle des früheren Kreuzgangs angelegt wurde. Die Kreuzkapelle ist das künstlerisch bedeutendste Überbleibsel der mittelalterlichen Anlage (Mitte des 12. Jh.), wohl unter der Äbtissin Relindis erbaut. Nördlich angrenzend befindet sich die Odilien-Kapelle, sie enthält das Grab der Heiligen. Das gegenwärtige Bauwerk geht auf das 11. Jh. zurück, hat aber schon im 8. Jh. bestanden

Mont Ste. Odile – der Heilige Berg der Elsässer. Odile, die Schutzheilige, überblickt segnend das Land.
Die Heidenmauer, 2. bis 1. Jh. v. Chr. errichtet, gibt Altertumsforschern noch immer Rätsel auf.
Zehn Kilometer lang umrundet sie den Heiligen Berg.

und wird in der Lebensgeschichte der Heiligen erwähnt. Der Odilien-Sarkophag, durch eine vergitterte Öffnung sichtbar, steht dort seit 720, dem Todesjahr der Heiligen. Und noch immer finden sich in dieser kleinen Kapelle Pilger aus aller Welt ein. Die heilige Odilie wird besonders bei Augenleiden und anderen Krankheiten der Sehorgane angerufen, und das Wasser der Odilien-Quelle steht bis heute im Ruf, heilbringend zu sein. Ganz am Rande des Abgrunds, inmitten eines merowingischen Friedhofs mit ausgehauenen Felsengräbern, finden wir die Tränenkapelle und die Engelskapelle, beides turmartige, einräumige Bauten des 12. Jh. mit neuen Mosaiken nach Motiven des Hortus Deliciarum, dem »Wonnegarten« – jenes Buch höfischer Kultur in lateinischer Sprache, das Relindis Nachfolgerin, Herrade von Landsberg, verfaßt hatte, das zur Unterrichtung der meist adeligen Nonnen diente und das gesamte geistige, theoretische und praktische Wissen der damaligen Zeit auf 648 Seiten vereinte.

Von der großen Terrasse, auf der schon Goethe, Victor von Scheffel, Ludwig Uhland und Victor Hugo in Begeisterung ausbrachen, kann man bei gutem Wetter über die Rheinebene bis zum Schwarzwald blicken und an besonders klaren Tagen sogar die Turmspitze des Strasbourger Münsters erkennen. Trotz des Pilgerrummels, der hier besonders an Festtagen herrscht, kann man Ruhe und Besinnung auf dem Mont Sainte-Odile finden.

Die **Heidenmauer,** ist eines der interessantesten und wichtigsten prähistorischen Denkmäler des Landes. Teile dieser Umfassungsmauer, deren ungefähres Ausmaß sich nur erahnen läßt, führen um den gesamten Mont Sainte Odile. Die Umwanderung der etwa 10 km langen Maueranlage würde 4–5 Stunden in Anspruch nehmen; steile Geländeabschnitte werden ebenso nachvollzogen wie natürliche Felsformationen. Die Stärke der Mauer beträgt durchschnittlich 1,7 m, die Höhe noch bis zu 3 m. Sie ist aus roh behauenen Steinblöcken ohne Verwendung von Mörtel zusammengesetzt. Diese Blöcke wurden durch schwalbenschwanzartige Eichenkeile zusammengehalten, deren Vertiefungen noch gut zu sehen

sind. Besonders interessant sind die Teile der Mauer an der Zufahrt zum Odilien-Berg, wo sich rechts und links der Straße, ausgeschildert, noch größere und gut erhaltene Abschnitte befinden. Auf unserer Rückreise vom Mont Ste. Odile befinden wir uns sofort auf dem alten Keltenweg, der den Mont Ste. Odile mit dem Donon verband, dem die anschließende Tour gewidmet ist, und der vor allem als große Kultstätte von Kelten und Römern überliefert ist.

Klingenthal hat seinen klangvollen Namen von den Säbeln, sprich Klingen, die hier einst hergestellt wurden.

Ottrott bestand bis 1857 aus zwei Dörfern, wobei Ober-Ottrott ursprünglich zum Besitz der Abtei Hohenbourg gehörte, also zum Odilien-Berg. Ottrott, vor allem bekannt wegen seines wundervollen Rotweins Le Rouge d'Ottrott verfügt gleich über zwei Burgen, die »Ottrotter Schlösser« – durch einen Graben getrennt nur 100 m voneinander entfernt. Wahrscheinlich entstanden sie im 12. Jh., erbaut unter Konrad von Lützelbourg. 1372 wurden sie geplündert und 1392 gingen sie als Lehen in Besitz der Grafen von Andlau über. Nach abermaliger Zerstörung, wahrscheinlich 1570 durch die Engländer, stehen sie unbewohnt.

Wir haben uns unseren kulinarischen Höhepunkt für den Abend aufgehoben: In der Goldenen Traube zu Heiligenstein/Au Raisin d'Or. Hier empfiehlt sich besonders der Salade Paysanne, ein mächtiger Salat mit Münsterkäse-Croutons. Auch die Ententerrine und das Steak in Pinot Noir waren von köstlichem Geschmack. Lohnender Abschluß einer Kult-Tour, die alle Sinne ansprach.

Streckenbeschreibung

Wir verlassen **Heiligenstein** auf der D 35, die uns bergab am Rande des **Bois d'Urlosenholtz** zunächst Richtung **Ottrott** führt. Nach etwa 3 km erreichen wir eine Kreuzung, wo wir links abbiegen und etwa 1,5 km durch eine Kastanienbaum-Allee nach **St. Nabor** radeln. Von St. Nabor nehmen wir die D 109 und folgen der Beschilderung bei ansteigender Straße nach Ste. Odile. Nach etwa 3,5 km an einer Rechtsabbiegung geht es auf einem nicht befestigten Weg nach **Niedermunster**, etwa 500 m. Nach unserer Besichtigung der Klosterruinen kehren wir zu unserer Bergstraße zurück und radeln weitere 1000 m, bis die D 109 in die D 33 einmündet. Hier biegen wir rechts ab und folgen der D 33 etwa 3 km zum **Kloster Ste. Odile.** Nach unserer Besichtigung der Klosteranlage und Heidenmauer verlassen wir Ste. Odile über die D 426 an der Odilien-Quelle/Fontaine de Ste. Odile vorbei und nehmen nach etwa 500 m die rechte Abzweigung in Richtung Ottrott. Wir rollen jetzt ca. 8 km bergab, an der Maison Forestière de Vorbruck vorbei, nach Klingenthal. Von hier sind es 2 km nach **Ottrott**, wo wir auf der D 35 nach 5 km unseren Ausgangsort **Heiligenstein** erreichen.

Nützliche Informationen

Ausgangs- und Zielpunkt: Heiligenstein; 800 Einwohner, 280 m hoch gelegen, unweit von Barr. Bekannt für den Spitzenwein Klevener. Wegen seiner erhöhten Sicht über die Weinstraße sogenanntes Balkondorf.
Empfohlene Wanderungen um Heiligenstein: • Dem roten Zeichen folgend zur verlassenen Abtei Truttenhausen. • Die Klevener-Route mit dem blauen Wegzeichen, eine 1½ stündige Wanderung durch die Weinlagen des Klevener von Heiligenstein. • Ein dritter Wandervorschlag folgt dem rosenfarbigen Zeichen entlang zum Rosenberg. Hier finden wir Picknickplätze und ein Grillplatz steht zur Verfügung. • Dem gelben Zeichen nach folgt ein Rundweg um Heiligenstein. 1¼ Std. rechnet man dafür. • Am Winzerhaus Albert Boch führt ein Fußweg durch Weinberge und Wald direkt hoch zum Mont Sainte Odile.
Einkehr mit Übernachtung: *Mont Sainte Odile:* • Hospices du Mont Sainte Odile; 67530 Ottrott; Tel. 88 95 80 53; Mitte November bis Anfang Dezember geschlossen; 132 Zimmer. Wochenende meiden, unter der Woche, außerhalb der Saison, hat man den Odilien-Berg fast für sich allein. Wer hier nächtigen will, muß sich besonders an den Wallfahrts-Tagen – Ostern, Pfingsten, Fronleichnam, Maria Himmelfahrt und am

Tag der heiligen Odilie, am 13. Dezember – voranmelden.
Heiligenstein: • Relais du Klevener; 51, Rue Principale; Mittwoch- und Donnerstagmorgen Ruhetag; 1.1.–31.1. geschlossen; Tel. 88 08 05 98; preiswerte, komfortable Hotelunterkunft mit sehr gemütlichem Restaurant in dem vor allem auch viele Einheimische einkehren. Spezialität sind Elsässer Gerichte: Choucroute und Kleinigkeiten zum Wein, wie Zwiebeltorte, preiswerte Tagesgerichte.
Übernachtung: *Heiligenstein:* • Übernachtung mit königlichem Frühstück bei Madame Albert Boch; 67140 Heiligenstein; 4, Rue Principale; Tel. 88 08 97 30. Direkter Weinkauf möglich.
Einkehr: *Heiligenstein:* • Goldene Traube/Au Raisin d'Or; Heiligenstein; Tel. 89 08 95 23: Mittwoch Ruhetag, nur abends geöffnet. – *Ottrott:* • Weinstube A l'Ami Fritz; 8, Rue des Chateaux; Tel. 88 95 87 39; Mittwoch geschlossen; Weinstubenspezialitäten: Sauerkraut mit eingemachter Ente, Kalbsnieren in Senfsauce, gefüllte Tauben sowie das Schneckengratin auf Spinat mit Knoblauch. Hauseigene Weine (Ottrotter Roter/Le Rouge d'Ottrott). Direkter Weinkauf möglich.
Sehens- und Wissenswertes: *Ottrott:* • Les Naïades /Aquarium; 30, Route de Klingenthal; 67530 Ottrott; Tel. 88 95 90 32. Hier befindet sich ein Großaquarium mit über 2500 Fischen, das nicht nur für Kinder sehenswert ist. Dazugehörig gibt es ein Restaurant und einen Freizeitpark.
Rosheim: • Im Sommer, Juli und August, verkehrt zwischen Rosheim und Ottrott eine Dampf- und Diesellok. Rosheim ist eine der ältesten Städte im Elsaß und hat sich viel von seinem mittelalterlichen Charakter bewahrt. • Die Kirche St. Peter und Paul (1143) zählt zu den schönsten romanischen Kirchen des Elsaß. Alljährlich an Christi Himmelfahrt gibt es das traditionelle Himmelfahrts-Konzert auf der Silbermann-Orgel. Auskünfte erteilt das Syndicat d'Initiative Rosheim.
Auskünfte: • *Rosheim:* Syndicat d'Initiative Rosheim; Tel. 88 50 75 38.
Karten: 3615 IGN – Série Verte Nr. 12, und 3615 IGN – Série Verte Nr. 31, beide 1:100 000.

Hoch über der Weinstraße zum magischen Donon

Ist der **Mont Saint Odile** der heilige Berg der Elsässer, so war der **Donon** das Heiligtum der Römer, das sie von den Kelten übernommen hatten. Hier verehrten sie ihre Gottheiten – noch heute zeugen Funde aus vorchristlicher Zeit von der großen heidnischen Kultstätte. Unsere Route führt uns denn auch auf römischen Handels- und Pilgerwegen in drei Etappen zum magischen Donon, den die Christen so verdonnerten, daß sie im Felsgestein die Abdrücke des Teufels ausmachten. Wie auch immer, die heidnischen Götter fordern unsere ganze Kraft beim Anstieg zum Donon.

26 Durch das Tal der Andlau zum Hochwald/Le Hohwald

Etappe 1: Obernai – Heiligenstein – Barr – Mittelbergheim – Andlau – Le Hohwald

Tourencharakter: Leicht ansteigend, nach Andlau bergig. Anschluß an Tour 27.

Länge der Tour: 23 km.
Höhenunterschied: 400 m.

Lieblich beginnt die Route im Weingebiet: **Barr,** behäbig, bürgerlich, sollte man zum Weinlesefest am ersten Sonntag im Oktober besuchen, wenn um das prächtige Rathaus die duftenden Flammkuchen gebacken werden, die Elsässer in Tracht das Tanzbein schwingen und der ganze malerische Ort ein einziger Festplatz ist. Nicht immer ging es in Barr so friedlich zu. Aus der Geschichte Barrs, dessen Name 788 zum ersten Mal erwähnt wird, ragt die Zeit des Bauernkriegs heraus – als sich die Bewohner der Stadt (1517 beim Bundschuh und 1525) auf die Seite der aufständischen Bauern schlugen. Noch einmal macht Barr Geschichte: 1789 zur Zeit der Französischen Revolution, als mehrere Bürger Barrs dem wütenden Eulogius Schneider und seiner fahrenden Guillotine zum Opfer fallen, weil sie sich der Will-

kür dieser Zeiten widersetzten. Barr verfügt auch über ein recht ungewöhnliches Museum: Im Jahr 1763 ließ sich Louis Felix Marco, Advokat am Conseil Souverain d'Alsace, ein prächtiges Wohnhaus mit Park und Nebengebäuden errichten, eine Verrücktheit/ Une Folie für das kleine Barr. Dieses Haus vermachten die Brüder Henri und Gustave Schwartz mitsamt Möbel und Einrichtung ihrer Vaterstadt, und es stellt heute eine reiche Sammlung elsässischer Wohnkultur dar. Im Keller dieses Museums finden wir eine typische Winstub mit Weinen und Flammkuchen/Tarte Flambée. Außerdem verfügt Barr über ein schönes solargeheiztes Freibad.

Am Dorfbrunnen in Heiligenstein erinnert ein Standbild an Ehret Wantz (s. Tour 25). In der Umgebung des Weindorfes Andlau wachsen die erlesenen Rebsorten für den Grand Cru.

Das bergige **Mittelbergheim** war einst dreigeteilt. Jetzt ist es nur noch ein herrliches Ensemble von prächtigen Winzerhäusern, und jedes Haus lädt zur Weinprobe. Einst gehörte Mittelbergheim zur Abtei Andlau, dann hatten es die Kaiserlichen in Besitz und ein Drittel davon war Strasbourg zugehörig. Mittelbergheim grüßt uns mit seinem herrlichen Rathaus aus dem 17. Jh., mit Freitreppe, Laube und Vordach und seinen durch Wappen geschmückten, portalegesäumten Gäßchen.

Zwischen Wein und Wald liegt **Andlau** – malerisch am Beginn des Tals der Andlau gelegen. Im Hintergrund die Burgruine Haut Andlau, die weithin sichtbar die Gegend beherrscht. Sie wurde 1344 gebaut und war noch bis 1806 bewohnbar. Im Volksmund nennt man sie »Kiwele« (ein Kübel mit zwei Henkeln).

Auch die Spesbourg überschaut Andlau. Sie beeindruckt durch ihre mächtigen Buckelquader aus Granit. Wichtigste Sehenswürdigkeit des Ortes ist die ehemalige Abteikirche Andlau. Die heilige Richardis, vom Karl dem Dicken verstoßene Gemahlin, gründete dort 880 ein Kloster. Die Sage erzählt, eine Bärin hätte der Gründerin den Ort gezeigt, wo sie ein Kloster stiften sollte. Sehenswert ist die in der Klosterkirche noch erhaltene Krypta aus dem 10. Jh., der Schrein der hl. Richardis und vor allem das Westwerk mit romanischen Skulpturen aus dem 12. Jh.

Das ehemalige Renaissance-Haus der Grafen von Andlau (16. Jh.) steht neben prachtvollen Gebäuden aus dem 18. Jh., überragt von der Silhouette der Burgruine. Gleich bei der Abtei steht ein gotischer Ziehbrunnen von 1504 mit Skulptur der hl. Richardis. Einen weiteren Brunnen aus dem 19. Jh. finden wir auf dem Place de la Mairie.

Heute lebt Andlau ganz von seinem Wein und vom Weintourismus. Es waren Andlauer Winzer, die dafür sorgten, das im Elsaß – wie im Burgund – Grand-Cru-Lagen eingeführt wurden, das sind jene Lagen, die den besten Wein hervorbringen. Ihre Bezeichnung erleichtert dem Verbraucher die Orientierung und den Winzern den Verkauf. Allein drei von den insgesamt 45 Grand-Cru-

Lagen im Elsaß besitzt Andlau mit seinen hervorragend geeigneten Schieferböden, die die Sonnenwärme besonders gut speichern.

Die schönste Weinstube weit und breit finden wir in Andlau im Val d'Eleon. Hier können wir neben dem Genuß der herrlichen Andlauer Weine preiswert und ungewöhnlich gut essen. Spezialität ist das Sauerkraut mit fünf Sorten Fisch und Buttersauce, neben den üblichen Weinstuben-Angeboten, wie Preßkopf mit Vinaigrette und Quiche Lorraine. Dies alles bietet der Wirt natürlich zu hauseigenen Weinen. In der äußerst gemütlichen, verspielten Stube des alten Winzerhauses kann man sich so richtig wohl fühlen.

Die Gemeinde **Le Hohwald** zieht sich über mehrere Kilometer hin. Sie ist heute eine vielbesuchte Sommerfrische und Standquartier für das Skigebiet um den Champ du Feu. Natur und touristische Infrastruktur wetteifern hier um die Gunst der Besucher. Ein weitverzweigtes Wandernetz führt bis in 1000 m Höhe. Erst im 16. Jh. siedelten sich hier im Le Hohwald Wiedertäufer aus Tirol, Schweden und dem Bruchetal an.

Auf halbem Weg zwischen Andlau und Le Hohwald liegt die Ferme Auberge du Sorbier, wo wir nicht nur gut und komfortabel nächtigen, sondern auch elsässische Spezialitäten genießen können. Auch sein mitgebrachtes Picknick darf man hier verspeisen. Nichts ist gemütlicher, als am Abend mit den Wirtsleuten zusammenzusitzen und die Legenden und Sagen der Gegend zu hören. Am beeindruckendsten wohl immer noch die Sage, die sich um Richardis rankt, die hier im Hochwald das tote Junge einer Bärin zum Leben erweckt haben soll, weshalb der Orden, den sie dann später begründete, noch jahrhundertelang die Bären der Umgebung fütterte.

Streckenbeschreibung

Vom **Place du Marché** lassen wie die Peter- und Paulskirche in **Obernai** rechts liegen und radeln auf der D 426 Richtung **Ottrott**, das wir nach 4 km erreichen. Mitten in Ottrott biegen wir links in die **Route du Vin** (D 35) ein, und bei ansteigender Straße erreichen wir nach weiteren 6 km **Heiligenstein**.

Nach Besichtigung des schönen Dorfbrunnens fahren wir auf der gleichen Straße weiter nach **Barr** (1,5 km) und anschließend am Weinberg entlang, bis unsere Straße rechts in die D62 einbiegt und uns nach **Andlau** führt (3 km). Wir durchqueren Andlau und tauschen das Weingebiet gegen den Forêt de Barr zu unserer Rechten und den Forêt d'Andlau zu unserer Linken. Wir befinden uns jetzt auf der D425, die durch das Tal der Andlau zum Hochwald hochzieht. Nach anstrengenden 8 km erreichen wir Le Hohwald.

Nützliche Informationen

Kartenskizze: Auf Seite 108.
Ausgangspunkt: Marktplatz von Obernai.
Zielort: Le Hohwald; 500 Einwohner, kleines touristisches Zentrum im Gebirge.
Einkehr mit Übernachtung: *Andlau:* • Ferme Auberge du Sorbier; 67140 Andlau; Tel. 88 08 33 38; tägl. außer Montag geöffnet, vom 24.–25.12. geschlossen. 3 Zimmer, im Juli und August auch Camping-Möglichkeiten. Im Winter bieten Bernadette und Francois Lieber auch Skikurse und Skiwanderungen an, so daß das Haus niemals leer steht. – *Le Hohwald:* • Ferme Auberge Wittertal-Hof; Suzanne Hazemann; 77, Chemin Eck; 67140 Le Hohwald; Tel. 88 08 31 24; an Samstagen, Sonn- und Feiertagen mittags und abends geöffnet, unter der Woche für Gruppen nach Voranmeldung, in den Schulferien tägl. außer Freitag geöffnet; 3 Zimmer. Spezialität: Sauerkraut, Baeckaoffa nach Vorbestellung. Im Saal Platz für 45 Personen. Direktverkauf von Milch.
Einkehr: *Andlau:* • Winstub Val d'Eleon; Tel. 88 08 93 23; Montag geschlossen. – *Le Hohwald:* • Ferme Auberge Lindenhof; Monique und André Deisler; 11, Route du Kreuzweg; 67140 Le Hohwald; Tel. 88 08 31 98; tägl. außer Donnerstag geöffnet, vorherige Anmeldung notwendig. Spezialitäten: Geflügel-, Enten-, Kalb- und Rindfleischgerichte, auch Obstkuchen. Im Freien ist der Verzehr mitgebrachter Speisen gestattet, und in der Gaststube ist Platz für 25 Personen. Direktverkauf von Münsterkäse, Lindenhofkäse, Quark, Butter und Joghurt

auf Bestellung – also ein ausgemachter Platz für Milchfans. Spezialität ist La Roue/das Rad, das sich sogar Nachbarn und Bauern aus der Umgebung bei ihm holen. Die Ferme Auberge liegt auf der linken Seite am Ortsausgang von Le Hohwald, gegenüber der Jugendherberge auf 600 m Höhe.
Sehens- und Wissenswertes: *Barr:* • Musée de la Folie Marco et Restaurant-Caveau; 30, Rue du Docteur Sultzer; 67140 Barr; Tel. 88 08 94 24 (Museum), 88 08 22 71 (Restaurant). Das Museum ist geöffnet von Juni bis September tägl., außer Dienstag, von 10–12 Uhr und von 14.30–18 Uhr. Von Oktober bis Ende Juni: Samstag und Sonntag von 10–12 Uhr und 14–18 Uhr. • Weinlesefest am ersten Sonntag im Oktober.
Auskunft: • *Obernai:* Syndicat d'Initiative; Chapelle du Beffroi; Tel. 88 95 64 13.
Karten: 3615 IGN – Série Verte Nr. 12 und 3615 IGN – Série Verte Nr. 31, beide 1:100 000.

27 Auf der Straße des Schweigens nach Schirmeck

Etappe 2: Le Hohwald – Rothlach – Camp du Struthof – Rothau – La Broque – Schirmeck

 Tourencharakter: Anspruchsvolle Bergstrecken. Fortsetzung von Tour 26, Anschluß an Tour 28.
 Länge der Tour: 25 km.
Höhenunterschied: 400 m.

Auf der breiten Kammstraße zwischen Rothlach und Struthof zeigen sich die Vogesen von majestätischer Schönheit. 7 km sind es von der Kreuzung bis **Struthof.** Auf der Höhe erreichen wir das Konzentrationslager Struthof, das in den letzten Kriegsjahren von den Nationalsozialisten eingerichtet und in dem 10 000 Häftlinge planmäßig ermordet wurden. Diese Vernichtungsstätte liegt in großer Abgeschiedenheit. Der Weg führt an dem ehemaligen Steinbruch und an den armseligen Hütten vorbei, in denen die Häft-

*Auf der Straße des Schweigens – die Schönheit hat den Schrecken überdauert –
Vogesenlandschaft bei Struthof.*

linge untergebracht waren. Das Monument, das General De Gaulle am 23. Juli 1960 enthüllte, ein monumentaler Galgen, hebt sich wie ein weißes, starres Mahnmal von der grünen Vogesenlandschaft ab. »Zone de Silence« lesen wir am Lagertor – Struthof ist ein einziges Schweigen der Natur. Doch gleichsam, als ob die Natur wettmachen möchte, was Menschen hier einander angetan und zerstört haben, finden wir seltene Pflanzen am Wegesrand, während wir über die blaugrünen Rücken der Vogesen blicken, die unverrückbar und bleibend in ihrer Schönheit überdauert haben.

Und während unsere Straße des Schweigens in sachten Abwärtsbewegungen nach **Schirmeck** führt, erinnern wir uns: In Schirmeck befand sich ein zweites Konzentrationslager, und hier auf diesem Bahnhof rollten die Transporte in die beiden Vernichtungsstätten an – auf daß es nicht vergessen wird. Schirmeck wurde im 13. Jh. durch den Bischof von Strasbourg gegründet und war bis zur Revolution im Besitz des Bistums Strasbourg. Die Burg auf dem Schloßberg und die Stadtbefestigung wurden Anfang des 14. Jh. durch Bischof Johann von Dirpheim erbaut. Die Kirche von 1758 hat eine dreischiffige gewölbte Halle, ist neugotisch und

besitzt einen großen, figurengeschmückten Turm. Die Burg wurde 1547 erweitert und neu befestigt. 1633, also im Dreißigjährigen Krieg, wurde sie zerstört. Neuerdings hat man die Ruinen gesichert und mit einer Aussichtsplattform versehen, die einen schönen Blick über die Vogesen-Landschaft gewährt.

Streckenbeschreibung

Wir verlassen **Le Hohwald** auf der D 426 Richtung **Mont Saint Odile.** Nach etwa 3 km an der **Maison Forestière de Welschbruch** biegen wir am Rondell links in die D 130 in Richtung **Rothlach** ein, das wir nach weiteren 4 km erreichen – der Grenzstein zeigt 975 m Höhe an. Wir bleiben auf der D 130 und folgen dem Wegzeichen **Le Struthof – Schirmeck**. Von der Auberge de la Rothlach sind es noch 7 km zum Lager Struthof. Nach unserer Besinnungszeit in Struthof windet sich unsere Straße langsam bergab, wobei wir **Natzwiller** links liegen lassen und Rothau ansteuern, das wir nach 6 km erreichen. In **Rothau** überqueren wir die N 420, die Bahnlinie nach Schirmeck und das Flüßchen La Bruche, durchradeln auf einer Nebenstraße **La Broque** und erreichen unseren nächsten Zielort **Schirmeck** nach 2 km.

Nützliche Informationen

Ausgangsort: Le Hohwald; 500 Einwohner; 42 km südwestlich von Strasbourg; weitverzweigtes Wandernetz.
Zielort: Schirmeck.
Einkehr mit Übernachtung: *La Broque:*
• Ferme Auberge du Salm; Hermina und Bernard Rebmann; Le Salm; 67130 La Broque; Tel. 88 97 22 33; tägl. außer Dienstag geöffnet, im Winter auch Montag geschlossen. Besonders für Gruppen geeignet, es gibt einen Schlafsaal mit 11 Plätzen, Bauerngerichte, Bibbeles-Käs, und auch der Verzehr selbst mitgebrachter Speisen ist gestattet. Die frischen Milchprodukte stammen vom benachbarten Bio-Bauernhof Malplaquet. Von Schirmeck aus nehmen wir den Weg nach Le Salm – La Claquette, und in Höhe des alten Mennoniten-Hauses biegen wir nach rechts ab. – *Schirmeck:*
• Hotel-Restaurant Neuhauser; Le Quelles; Tel. 88 97 06 81. Durchgehend geöffnet. Zwei-Sterne-Hotel, sehr gute Küche.
Sehens- und Wissenswertes: *Struthof-Natzwiller:* • Mémorial National de la Déportation; 67130 Schirmeck; Tel. 88 61 49 50–5 66; Führungen finden von Mai bis September 8–12 und 14–19 Uhr und von Oktober bis April 9–12 und 14–17 Uhr statt.
Auskunft: • *Schirmeck:* Office du Tourisme; 67130 Schirmeck.
Karten: 3615 IGN – Série Verte Nr. 12 und 3615 IGN – Série Verte Nr. 31, beide 1:100 000.

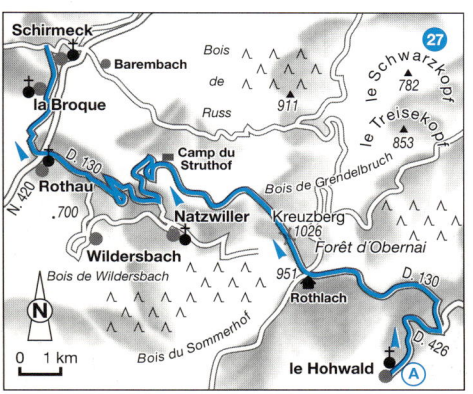

28 Auf Römerwegen zum Donon

Etappe 3: Schirmeck – Col du Donon – Le Donon – Raon-sur-Plaine

 Tourencharakter: Anspruchsvolle Bergstrecken. Fortsetzung von Tour 27, Anschluß an Tour 29.
 Länge der Tour: 15 km und 3 km Fußweg zum Donon.
Höhenunterschied: 300 m und 290 m zu Fuß vom Col du Donon zum Gipfel des Donon.

Auf dieser fast hochgebirgsartigen Paßstraße, die schon Kelten und Römer hochzogen, für die sie Handels- und Pilgerweg war, gelangen wir ganz in den Bann des magischen **Donon.** Auf dem 1008 m hohen Donon – Wasserscheide und Grenzmarke zwischen Elsaß und Lothringen – hatten zuerst die Kelten ihre große Kultstätte, die dann die Römer übernahmen. Esus, Taranis und der Gott Vogesus, namengebend für die Bergwelt der Vogesen, wurden dort verehrt, wo heute die Nachbildung von 1869 eines römischen Tempels, einst Merkur geweiht, steht. Windböen und Nebelfetzen, die den Tempel meist umwehen, verleihen der heidnischen Kultstätte noch immer jene magische Aura, die sich seit 2000 Jahren nicht verändert hat. Alte Abbildungen zeigen noch eine mächtige, hochgemauerte Pyramide, und im 17. Jh. beschreibt der Abt von Moyenmoutier heidnische Bildwerke, die er aus dem Boden ragen sah. Die heidnische Kultstätte war den Christen so suspekt, daß man noch heute glaubt, den Teufel an jedem dritten Tag des Neumonds tanzen zu sehen. Den Abdruck seiner Füße soll man in den umliegenden Felsen ausmachen können. Mehr als 20 Kultsteine hat man hier gefunden, sie sind in den Museen in Strasbourg und Epinal zu besichtigen.

Bricht die Sonne durch die Wolken über dem Donon-Gipfel, so kann man einen überwältigenden Ausblick genießen und sich erinnern, daß der germanische Wettergott Donar für den Donon Namensgeber war. Heute fördert die Europäische Gemein-

**Die Römerstraße in Raon-sur-Plaine –
wo wir unseren kulinarischen Höhepunkt
im Plaine-Tal erleben.**

**Le Donon: Sonnenuntergang am Tempel
des Merkur (rechts).**

schaft hier oben eine Forschungs- und Meßstation für Luftverschmutzung und Waldsterben.

Ob der Wettergott uns gnädig ist oder auch nicht, der Aufstieg zum Donon lohnt sich in jedem Fall, der Aura und der Aussicht wegen! Vor allem aber wegen der lohnenden Abfahrt nach Raon-sur-Plaine, kulinarischer Höhepunkt im Plaine-Tal auf der lothringischen Seite der Vogesen. Auch wenn wir die Sprachgrenze mit dem Donon schon überschritten haben, so ist doch die Gastlichkeit international. Bei Wildpastete, Forelle aus den hauseigenen Gewässern, hauchzartem Steak mit Pfifferlingen aus dem nahen Wald in einer herrlichen Sauce und Salat mit knusprigen Speckcroutons läßt sich die vorhergegangene Anstrengung schnell vergessen, und es bleibt nur noch das Gaumenvergnügen.

Streckenbeschreibung

Wir verlassen **Schirmeck** auf der D 392 in Richtung Col du Donon. Die Straße steigt steil an und führt uns durch den Wald von Schirmeck zunächst nach **Wackenbach** (3 km). Nach weiteren 3 km erreichen wir **Grandfontaine** zu unserer Linken. Hier können wir das alte Eisenerz-Bergwerk von Framont besuchen, wo sich jetzt ein Museum befindet.

Nach Besichtigung des Museums steigen wir weiter bergan, Richtung **Col du Donon,** den wir nach 4 km erreichen. Unser Ausflug zum Gipfel des **Donon** führt uns etwa 1500 m weiter auf der D 393, wo wir rechts gegenüber des Parkplatzes ein Holzschild finden, das den Fußweg hochweist. Nach unserem mühsamen Aufstieg von knapp 2 Stunden kehren wir zu unserer Straße zurück und rollen jetzt nach **Raon-sur-Plaine** 5 km talwärts, wo wir im kleinen Hôtel de la Poste übernachten wollen.

Nützliche Informationen

Kartenskizze: Auf Seite 132.
Ausgangsort: Schirmeck.
Zielort: Raon-sur-Plaine.
Einkehr mit Übernachtung: *Raon-sur-Plaine:* • Hôtel-Restaurant de la Poste; 10, Raon-sur-Plaine; Tel. 29 41 16 89; während der Saison tägl. geöffnet (s. a. Seite 133).
Sehens- und Wissenswertes: *Grandfontaine:* • Museum im alten Eisenerz-Bergwerk von Framont; geöffnet 1. 6.–30. 9. Samstag und Sonntag 14–18 Uhr und bei vorangemeldeten Gruppen tägl. nach Vereinbarung. Führung auch in deutscher Sprache möglich.
Auskunft: *Schirmeck:* Office du Tourisme; Hôtel de Ville; 67130 Schirmeck.
Karte: 3615 IGN – Série Verte Nr. 12, 1:100 000.

29 Ausflug an den Stausee Vieux Pré in Lothringen

Raon-sur-Plaine – Luvigny – Vexain-court – Allarmont – Celles-sur-Plaine – Seeumrundung Vieux Pré – Bion-ville – Allarmont – Vexaincourt – Luvigny – Raon-sur-Plaine

Tourencharakter: Rundtour. Talfahrt bis zum See Vieux Pré, Seeumrundung hügelig, auf dem Rück-weg allmählich ansteigend bis Raon-sur-Plaine. Als Fortsetzung von Tour 28 möglich.

Länge der Tour: 60 km.
Höhenunterschied: 100 m.

Mit **Raon-sur-Plaine** haben wir das weite Wiesental der Plaine erreicht. Wir sind im lothringischen Teil der Vogesen, und gleich neben unserer Auberge de la Poste/Zur alten Poststation entdecken wir die Römer-straße. Sie verläuft von Raon aus 4 km weit durch das Unterholz in Richtung Donon, und etwa 500 m dieser Straße sind im origi-nal erhaltenen Zustand, wie sie damals die Römer hinterlassen haben. Es ist anzuneh-men, daß auch vom Plaine-Tal aus ein Weg hoch zum Donon führte, der großen Kult-stätte der Römer und Kelten. Das Plaine-Tal ist im Gegensatz zu den Nachbartälern be-siedelt. Das frische Grün der Wiesen, die Häuser mit ihren roten Ziegeldächern und der dunkle Tannenwald ergeben einen herr-lichen Farbkontrast. Tannenhonig ist es denn auch, den wir in den Dörfern kaufen können und dazu frisch gebackenes Stein-ofenbrot direkt vom Erzeuger.

Mit dem **Lac de la Maix** erreichen wir ei-nen kleinen, smaragdgrünen See, der sich wie eine Perle im Grün des Tals ausnimmt; dann am Stauwehr rechts der Straße Minera-lien- und Steinschleiferei. Im alten Sägewerk Hallière hat man jetzt ein kleines Museum eingerichtet. Die ehemalige Mühle steht un-ter Denkmalschutz, und auf der ganzen, herrlichen 10-km-Talfahrt durchradeln wir Tannenwald auf einsamster Straße. Eine Strecke, die süchtig macht; dann der **Stausee Vieux Pré/Die alte Wiese.** Die Einheimi-schen nennen ihn See des gespaltenen Steins/Lac de Pierre Percée, wie das kleine Dörfchen heißt, das sich unmittelbar am Stausee befindet. 1987 erst schuf man die-sen See, indem man das gesamte Tal flutete. Ein Dorf versank dabei in den Wassern. Der See dient der Stromversorgung des Tals und der Umgebung. Durch einen Stollen ist er direkt mit dem Lac de la Maix verbunden, und wenn das Wasser des Stausees zu nied-rig ist, öffnet man die Schleuse zum Lac de la Maix, um den Wasserstand wiederherzu-stellen. Unsere Seeumrundung führt an ei-nem Gefallenendenkmal vorbei und hinauf an den Fuß der Ruine der Grafen von Salm. Noch ist der Bergfried aus dem 14. Jh. erhal-ten, und immer wieder erblicken wir zwi-schen Tannenwald die silberne Fläche der Wasser des Stausees. Ein kleiner Camping-platz hat sich am Rande des Sees angesie-delt. Manchmal endet eine Straße abrupt di-rekt am Wasser. Hier hat sich einst die alte

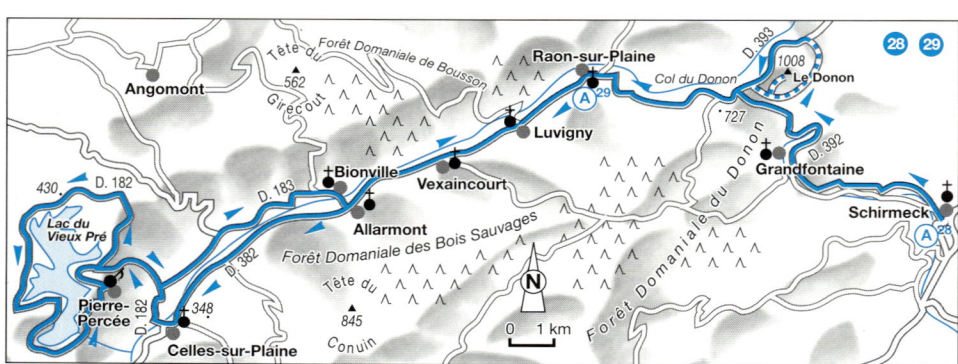

Lac du Vieux Pré. Die Einheimischen nennen ihn den See des gespaltenen Steins.

Dorfstraße befunden, die in das jetzt versunkene Dorf geführt hat. Es standen aber vor dem Bau des Stausees nur noch zwei Häuser, und die Bewohner hatten das Tal bereits verlassen. Auf der Höhe des Staudamms haben wir einen herrlichen Blick über das Celles-Tal und auf den Höhenweg der Vogesen. Erklärende Tafeln zum Staudamm und seiner Errichtung finden wir ebenfalls an diesem Aussichtspunkt.

Streckenbeschreibung

Wir verlassen **Raon-sur-Plaine** auf der Talstraße 392, die uns zunächst leicht absteigend durch einen Tannenwald nach **Luvigny** (2,5 km) und **Vexaincourt** (2,5 km) führt. Bei Vexaincourt gibt es den smaragdgrünen **Lac de la Maix**, der von Vexaincourt aus in einer Viertelstunde zu Fuß umrundet werden kann. Zu beiden Seiten unserer Straße befinden sich mehrere Sägewerke, die zum Teil noch in Betrieb sind. Von Vexaincourt aus sind es noch 3 km nach **Allarmont**. Zu unserer Rechten liegt **Bionville**, das wir auf dem Rückweg durchqueren werden. Wir verlassen Allarmont, fahren nun etwa 7 km lang bis **Celles-sur-Plaine,** vorbei an einem Mutter-Gottes-Tempel und an der Ferme Auberge de la Planée und schließlich kurz vor Celles-sur-Plaine am alten Sägewerk/Ancienne Scierie vorbei. Wir haben nun insgesamt 10 km herrliche, bewaldete Talstraße

absolviert. In Celles-sur-Plaine wenden wir uns an der Kirche dem Schild Pierre Percée zu, und auf der D 182 erreichen wir nach 4 km das Dorf **Pierre Percée**, von wo aus wir auf einer gut ausgebauten Teerstraße den See umrunden können. Die ganze Umrundung, auf zum Teil hügeliger Strecke, beträgt ungefähr 30 km.

Nach der Umrundung des Vieux Pré steuern wir wieder **Celles** an, biegen aber an der Einmündung der D 182 und 183 links ab und fahren jetzt auf der anderen Talseite Richtung **Bionville**, das wir nach etwa 6 km erreichen. Von hier aus wechseln wir auf unsere D 392 über und fahren über **Allarmont**, **Vexaincourt** und **Luvigny** zu unserem Ausgangspunkt **Raon-sur-Plaine** zurück, den wir nach 9 km erreichen.

Nützliche Informationen

Ausgangs- und Zielort: Raon-sur-Plaine; 200 Einwohner.
Einkehr mit Übernachtung: *Raon-sur-Plaine:* • Hôtel-Restaurant de la Poste; 10, Raon-sur-Plaine; Tel. 29 41 16 89; während der Saison tägl. geöffnet, außerhalb der Saison (Herbst und Winter) Dienstagabend und Mittwoch Ruhetag.
Sehens- und Wissenswertes: • Museum La Hallière, im alten Sägewerk Hallière.
Karte: 3615 IGN – Série Verte Nr. 12, 1:100 000.

Landschaft in den Südvogesen.

Der Süden des Elsaß

Das Oberelsaß wird im Norden durch den Hauptkamm der Vogesen vom Col de Saales bis Col du Fouchy, im Süden durch den Schweizer Jura und die Burgundische Pforte abgeschlossen. Vom Nachbarland Lothringen im Westen trennen das Elsaß die runden Bergrücken der Südvogesen, wobei die malerische Route des Crêtes, die Kammstraße über die südlichen Vogesen, fast deckungsgleich mit der Grenze zu Lothringen verläuft. Den Südvogesen vorgelagert, zwischen bewaldeten Bergrücken und dem Rhein, breitet sich das Hügelland des Weins aus. Dazwischen schlängelt sich in sanften Windungen die Weinstraße, umgeben von Rebhängen, deren Weinstöcke wie eine friedliche Armee bis zum Waldsaum der Vogesen emporsteigen.

Um ein Viertel kleiner als das Unterelsaß, erfreut sich diese Region regsten Touristenzuspruchs, bedingt durch die Grenznähe zu Deutschland und der Schweiz, bedingt auch durch das milde, fast mediterrane Klima, das durch die Burgundische Pforte milde Luft in das Oberrheintal bringt und Wein und Obst in gesegneter Fülle gedeihen läßt. Von den Vogesen her schützt der Kamm der bewaldeten Berge vor den rauhen Westwinden. Aber auch die Täler, die sich wie Fächer von den Kammhöhen aus der Ebene zuwenden, zeichnen sich durch mildes Klima aus. So blühen auf den Weidematten des Münstertals im Vorfrühling die Narzissen, ein Blütenmeer, das bis Gérardmer hinüberreicht. Eine schier paradiesische Landschaft erschließt sich uns im Blumenthal/Florival, das seinen Namen durch die seltenen Blumen bekam, die seit dem Mittelalter hier heimisch sind.

Colmar

Die kunstsinnige Hauptstadt des Oberelsaß ist geographischer und kultureller Mittelpunkt der Region. Von hier erfolgte die Ansiedlung der Klöster in den umliegenden Tälern, und die Stadt birgt unermeßliche Kunstschätze dieser reichen geschichtlichen Vergangenheit.

Columbarium nannten die Römer ihre Siedlung – Stätte des Friedens. Und in der Innenstadt – befreit vom Autoverkehr – kann und wird man jene Seelenruhe zur Betrachtung der herrlichen Kunstwerke, die Colmar zu bieten hat, finden, denn sie ist zuerst und vor allem eine Stadt der schönen Künste.

»Trés drapeau« (sehr fahnenfreudig) nennt sie Tomi Ungerer, der wohl bissigste und begabteste der elsässischen Künstler, der Mann mit der spitzen Feder und den frechen Karikaturen. In Colmar schlägt das Herz französischer als anderswo im Elsaß. Dies mag daher rühren, daß hier Auguste Bartholdi geboren wurde, patriotischer Bildhauer und Offizier im 1870/71er Krieg, Schöpfer der Statuen des Napoléongenerals Rapp und der amerikanischen Freiheitsstatue in New York. Ebenfalls aus Colmar stammt »Hansi« alias Jean-Jacques Waltz, ein Karikaturist, der mit seinen frechen Zeichnungen anno 1918 mit Vorliebe deutsche Pädagogen aufs Korn nahm – 500 Reichsmark Geldbuße mußte er dafür zahlen. Heute spürt man seine bösen Zeichnungen höchstens noch im Museum auf, an Postkartenständen findet man lediglich die niedliche, harmlose Elsässer Trachtenidylle.

Colmar, »die Kunstsinnige«, birgt Kunstschätze aus allen Jahrhunderten, und wer sich diese Stadt dann noch außerhalb der Touristensaison – etwa Ende Oktober, Anfang November – erschließt, wird keine Mühe haben, das Columbarium der Römer zu finden. Die herrlichen Straßencafés von Colmar und die zahlreichen »Cremant-Probierstuben«, wo man jenen trockenen, nach Champagner-Methode geschüttelten Winzersekt probieren kann, lassen den Stadtrundgang durch Colmar zu einem heiter-besinnlichen Erlebnis werden.

Colmar, schon der Rheinebene zugehörig, am Ausgang des Münstertals gelegen, ist vom Wasser umgeben: Die Ill fließt an der

Stadt vorbei und weiter parallel zum Rhein bis nach Strasbourg, die Lauch durchquert die Stadt, der Canal du Logelbach kommt von Westen – Colmar hat denn auch sein »Klein-Venedig«, »La Petite Venise«. Zum Rhein sind es nicht einmal 25 km, und die Vogesen liegen vor der Haustüre. Aus dem Columbarium der Römer entstand der Merowingische Königshof, der 823 zum ersten Mal erwähnt wird. Den Hohenstaufen verdankte Colmar später die Stadtrechte. Barbarossa hielt sich hier mehrfach auf, und Kaiser Friedrich II. ließ die Stadt ummauern. 1254 trat Colmar dem Rheinischen Städtebund bei, ein Jahrhundert später, 1354, gehörte es zu dem Schutzbündnis der 10 freien Reichsstädte im Elsaß, der Dekapolis. Inzwischen war auch eine große Zahl von Mönchsorden in die Stadt gekommen, die Colmar sein »geistliches Gesicht« gaben: die Dominikanerinnen in Unterlinden, die Minoriten, die Dominikaner, die Johanniter, die Augustiner – und sie alle bauten ihre Kirchen und Klöster. Die blühende Stadt zählte im 14. Jh. über 6000 Einwohner. Aber auch die Pest und die Judenverfolgungen (1348) jener Zeit müssen erwähnt werden. Die Reformation wurde erst 1575 eingeführt, knapp hundert Jahre später schleiften die Franzosen die Mauern, und mit dem Treueeid von 1679 wurde Colmar französisch. 1698 wurde der »Conseil Souverain«, die höchste Gerichtsbarkeit, nach Colmar verlegt. Drei Jahre später, 1791, wurde Colmar Präfektur des »Haut-Rhin«. Es blieb auch nach der Annexion von 1871 ein Zentrum französischen Geistes im Elsaß. Die beiden Weltkriege hat Colmar ohne Zerstörungen überstanden. Längst sind um den mittelalterlichen Stadtkern, der vollkommen restauriert wurde, neue Viertel entstanden. Im 19. Jh. siedelte sich Textilindustrie an, nach dem Zweiten Weltkrieg kam ein neuer industrieller Aufschwung.

Doch Colmar ist vor allem die Stadt der schönen Künste geblieben: 1450 wurde hier der Maler und Kupferstecher Martin Schongauer geboren. Sein Vater war Goldschmied, Nachbar des Malers Caspar Isenmann, der dem jungen Schongauer frühe Impulse gab. Rund 100 von Schongauers Kupferstichen existieren noch heute, von

seinen Gemälden nur noch wenige. Sein Ruhm begann schon zu Lebzeiten, selbst Michelangelo kopierte nach ihm. Doch als Dürer 1492 nach Colmar kam, um Schongauer zu besuchen, war dieser bereits gestorben. Das Meisterwerk Schongauers, eine Perle altdeutscher Malerei, ist die »Madonna im Rosenhag« von 1473 in der Dominikanerkirche.

Aber auch die Dichter waren hier heimisch, so Jörg Wickram, der in Colmar 1546 eine Meistersingerschule gründete. Sein Rollwagenbüchlein von 1555 – eine Sammlung von Schwänken – hat die Zeit überdauert. 1557 erschien sein »Goldfaden«, ein erster bürgerlicher Roman. Nach dem Ende der Bauernkriege lebten der Arzt Paracelsus hier, und Voltaire (1694–1778), der wichtigste Repräsentant der französischen Aufklärung, verzehrte hier eine Pension des Herzogs Karl Eugen von Würthemberg, die in Erträgen der Weinberge zu Riquewihr bestand. Der Fabeldichter Gottlieb Konrad Pfeffel (1736–1809) unterhielt in Colmar eine berühmte Privatschule und belieferte von hier aus den deutschen Markt mit einer Unzahl von Fabeln – politisch engagierten Tex-

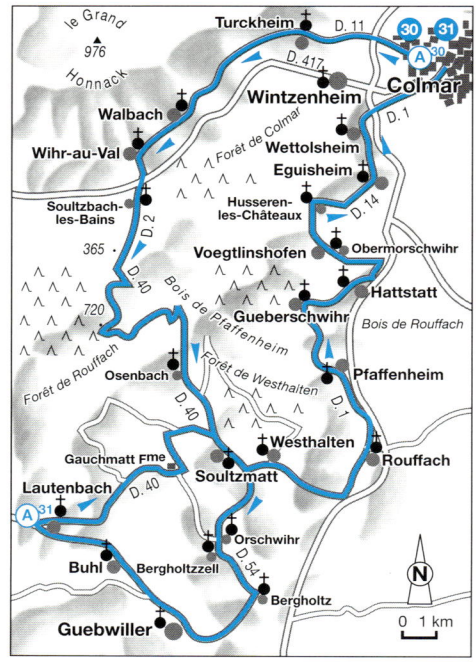

ten, für die er auf der anderen Seite des Rheins in den Turm gekommen wäre. Aus dem 19. Jh. sei Jacques Rothmuller (1804–1862) erwähnt, der das romantische Elsaß in seinen Zeichnungen und Stichen festgehalten hat.

Wichtigstes und schönstes Aushängeschild der »Stadt der schönen Künste« ist der Isenheimer Altar von Matthias Grunewald, jetzt im Museum Unterlinden. Ursprünglich stand er in einem kleinen, von der Welt abgeschnittenen Ort südlich von Colmar, in Isenheim, in der Kirche des dortigen Antoniter-Klosters. Die Gemeinde, die zu diesem großen, spätgotischen Hochaltar aufschaute, war ebenso abgeschieden von der Welt, es waren die aus der Welt zurückgezogen lebenden Antoniter-Mönche und ihre Pfleglinge, die aus der Gesellschaft verstoßenen Kranken. Das Antoniter-Kloster war ein Aussätzigen-Hospital. Die Menschen, die hier von den Mönchen aufgenommen und gepflegt wurden, siechten langsam und qualvoll dahin. Sie litten an dem Antonius-Feuer, an Pest, Syphilis oder Epilepsie. Das Antonius-Feuer war eine der verheerendsten Seuchen des Mittelalters, ausgelöst durch das Mutterkorn des Brotgetreides. Es befiel die Gliedmaßen, ein Kribbeln ging zu heftig schmerzendem Brandgefühl über, dem ebenso krasses Kältegefühl folgte, und führte schließlich zum Abfaulen der erkrankten Glieder. Die Krankheit war auch von Krampfanfällen und Tobsucht begleitet, die zu völliger Apathie und meist zum Tod führte. Sie wurde auch »Ignis sacer« (»Heiliges Feuer«) genannt, und die Kranken »Märtyrer Gottes«. Der Gliederbrand wurde als läuterndes heiliges Feuer aufgefaßt, das den geistigen Menschen gebären soll. Der Krötenmensch, dargestellt im Bild des Altartriptychons, hat die Beulenpest mit Krankheitssymptomen, die diese Kranken selbst an ihren eigenen Körpern gefunden haben. Die Krankenpflege im Mittelalter war nicht nur auf den Körper ausgerichtet, sondern sie war Fürsorge für Körper und Seele. In den Antoniter-Hospitälern wurden die Kranken medikamentös behandelt, doch stand die Heilung aus dem Geist im Vordergrund. Die Kranken wurden in der Hoffnung auf körperliche und seelische Heilung vor den Altar gebracht. Stundenlang lagen sie vor diesem Altar auf ihren Pritschen und ließen Farben und Symbolik der Bilder auf sich wirken; besonders vor den eindrucksvollen Bildern des erstandenen Christus wird die Heilswirkung sichtbar, die die Kranken beim Anblick dieser Farben empfunden haben müssen. Bis zum heutigen Tag kann sich kein Besucher des Museums dieser Bildsprache entziehen.

Colmar war Mittelpunkt der großen Strömungen der Mystik, Mittler zwischen Mittelalter und Renaisssance und ist durch seine Kirchen, Bauwerke und Bilder Mittler zwischen den Kulturen bis in unsere Tage geblieben.

Colmar hat nicht nur eindrucksvolle Geschichte und Kunstwerke, sondern bietet sich für schöne Rad-Wanderungen in das nahe Münstertal und außerdem zu einem romanischen Rundkurs in Klöster und Kirchen des Umlandes an.

30 Auf Vogesenwegen nach Lautenbach

Etappe 1: Colmar – Turckheim – Zimmerbach – Walbach – Wihr-au-Val – Soultzbach-les-Bains – Osenbach – Soultzmatt – Orschwihr – Bergholtzzell – Bergholtz – Guebwiller – Buhl – Lautenbach

Tourencharakter: Kräftige Anstiege, die sich über Kilometer durch den Wald hinziehen, werden belohnt mit langen Talfahrten. Anschluß an Tour 31.
Länge der Etappe: 40 km.
Höhenunterschied: 400 m.

In abgelegener Vogeseneinsamkeit im Blumenthal und an der Weinstraße finden wir, fernab der großen Touristenrouten, in kleinen unscheinbaren Dörfern Kleinodien der romanischen Baukunst. Zuerst führt uns unser Weg durch die Vogesenwälder nach **Osenbach**. Am Fuß des Dorfes begrüßen uns ein Sandsteinbrunnen mit der Jeanne d'Arc,

Das alte Colmar offenbart sich in der Rue des Marchands und mit der Kirche
St. Martin (rechts), die romanische und gotische Stilelemente aufweist.

vor der Mairie ein weiterer Brunnen mit einer Marienstatue und Kinder, die mit Rucksack auf dem Rücken den Weg auf ansteigender Fahrbahn zur Schule radeln. Ein Juwel von einem romanischen Turm aus dem 12. Jh. finden wir hier, 1977 hat man ihn restauriert – letzter Rest einer Kapelle aus dem 12. Jh. –, im 19. Jh. hat man auf dem Grundstein eine neue Kirche errichtet. Osenbach wartet außerdem mit herrlichen Wanderwegen auf, und in dem farbenprächtigen Bau der Mairie hat man sich eine ganz besondere Touristenattraktion ausgedacht: Seit 1986 wird hier das Schneckenrennen veranstaltet, bei dem die bisher schnellste Schnecke mit 0,002 km/h Sieger wurde. 10 »durchtrainierte« Schnecken gehen an den Start, und in den 500 Seelen zählenden Ort strömen die Touristen, um am Wettkampf, der sich über mehrere Tage hinstreckt, mit Anfeuerungsrufen mitzuwirken. Hinterher wird die gesamte »Mannschaft« – ob Gewinner oder Verlierer – in Knoblauchsoße verzehrt, sozusagen kulinarischer Höhepunkt des Rennens. Neueste Wettnachrichten erteilt die Mairie von Osenbach. Das Schneckenrennen findet alljährlich Ende April bis Anfang Mai statt.

Soultzmatt hat nicht nur das beste Tafelwasser, das auf keinem Tisch im Elsaß fehlen darf, und einen guten Wein, sondern wird gleichsam überragt von seinem romanischen Glockenturm, der noch Überrest der mittelalterlichen Kirche ist, die über schöne Fresken aus dem 15. Jh. verfügt.

Mit **Guebwiller** erreichen wir einen ersten Glanzpunkt der romanischen Baukunst. Guebwiller im schönen Blumenthal verdankt seinen Ursprung der Schenkung eines Grundbesitzes an die Abtei Murbach. Im Mittelalter genoß die befestigte Stadt wichtige Privilegien: Von den Armagnaken und auch im Dreißigjährigen Krieg schwer heimgesucht, stieg sie im 19. Jh. zu einem wichtigen Weinbau- und Industriezentrum auf. Glanzvoller Höhepunkt der Romanik ist der um 1200 vollendete Bau von Saint Leger. Besonders eindrucksvoll die Fassade mit dreischiffiger offener Vorhalle, darüber im Mittelteil Arkaden und dann ein dreieckiger Giebel mit Rautenschmuck. Doch auch die Kirche Notre Dame, die sich das Kapitel aus dem Kloster Murbach hier zwischen 1766

und 1985 erbauen ließ, beeindruckt mit einer gewaltigen Sandsteinfassade mit dorischen Säulen und acht allegorischen Statuen. Sehenswert ist außerdem das ehemalige Dominikaner-Kloster, wo alljährlich in stimmungsvollem Rahmen klassische Konzerte stattfinden.

Ebenfalls sehenswert ist ein Besuch im Musée du Florival: es beherbergt eine hervorragende Sammlung des in Guebwiller geborenen Keramikers Theodore Deck (1823–1891). Er war Direktor der weltbekannten Manufacture de Sèvres in Paris.

Lautenbach: Die Linden von Lautenbach tragen bei unserer Ankunft schon ihr Herbstkleid und lassen diesen trüben Herbsttag zum Sonnentag werden. Ihre Farben leuchten golden gegen die graue Fassade des Café-Restaurant du Centre. Zart beschirmen sie die mächtige Abteikirche aus rotem Sandstein. Für »Schangala«, Romanfigur und Ich-Erzähler in den »Linden von Lautenbach«, ist Lautenbach das Paradies, und der schönste Platz in seinem Paradies zwischen Uhr und Glocken im Kirchturm der St.-Mi-

Im Paradies von Lautenbach. Die Kollegiatskirche ist ein Juwel der Romanik.

chaels-Kirche. Dem Himmel nahe, sieht er von dort den Dorfplatz, die Linden, den Brunnen und »das ganze Dorf mit dem glänzenden Panzer der Dächer«. Tatsächlich ist in der alten Kollegiatskirche von Lautenbach ein Stück Paradies festgehalten und dingfest gemacht: romanisches Kleinod in einem Dorf fernab der Touristenrouten. Die Gründung Lautenbachs reicht in das 8. Jh. zurück, als irische Mönche aus dem Kloster Honau bei Strasbourg sich in diesem schönen Ort des Blumenthals ansiedelten. Nach der Stellungnahme des Philosophen-Mönchs Manegold von Lautenbach im Investitur-Streit zerstörten die Truppen von Kaiser Heinrich IV. das Kloster und die primitive Kirche im Jahr 1080. Ein Augustiner-Chorherrenstift folgte dem Benediktiner-Kloster. Um das Jahr 1150 wurde die Stiftskirche gebaut, die mit den umliegenden Stiftshäusern Zeuge der Ausstrahlung und der weltlichen Macht des Lautenbacher Stiftes bleibt.

Das Kollegiatstift wurde während der Französischen Revolution aufgehoben. Die Vorhalle ist ein Juwel der romanischen Kunst des 12. Jh. Die mächtigen Säulen, die Harmonie ihrer Proportionen haben zu ihrem Ruhm beigetragen. Der Fries um das Hauptportal zeigt links Szenen des Ehebruchs, rechts das Laster und seine Folgen. In der Südwestecke Adam und Eva neben dem Lebensbaum. Der verstümmelte Tympanon zeigt einen sitzenden Christus zwischen den Stiftspatronen St. Michael und St. Gangolf. Der Glockenturm von 1862 ersetzt einen schweren mittleren Turm, der 1475 gebaut wurde. Das Langhaus im romanischen Stil ist der älteste Teil der Kirche; aus dem 11. Jh. stammen Arkaden und Kapitell. Die Anordnung der Fenster geht auf das Jahr 1134 zurück und erinnert an die von Murbach. Zur Zeit wird diese wundervolle Kirche restauriert. Seit etlichen Jahren finden regelmäßig Konzerte in der Stiftskirche statt, besonders am Karfreitag. Jedes Jahr, Anfang September, veranstaltet Lautenbach ein Gemeindefest, dessen Ertrag ebenfalls zur Unterstützung der Renovierungsarbeiten dient. Das Festmahl unter den Linden von Lautenbach mit Musik und Folklore sollten sich die Liebhaber von Kunst und Kulinarik nicht entgehen lassen… Und genau gegenüber

der St.-Michaels-Kirche das Café-Restaurant Du Centre mit dem Besitzervermerk: Henri Herrgott. Kaum bewohnt, das Restaurant und seine Fensterläden abweisend geschlossen. Nichts erinnert mehr an die stolze Besitzerin des Lokals, die Veuve Herrgott, propriétaire, die hier so mächtig und zum Genuß aller Gäste den Kochlöffel schwang. Wir werden dafür in der Auberge von Lautenbach von Monsier Nunninger sozusagen ersatzweise für »Großmutter Herrgott« göttlich bewirtet. Spezialität: Riesling-Sauerkraut und Karpfen-Filet in Bierteig.

Der Weg nach Lautenbach hat sich auf jeden Fall gelohnt, und ganz im Sinne von Jean Egen«, dem Autor der »Linden von Lautenbach«, spricht der Apotheker von Lautenbach das Schlußwort zur Freundschaft zwischen Frankreich und Deutschland, jedem falsch verstandenen Nationalismus abhold: »Die einzigen Dämonen sind jene, die auf dem Grunde unseres eigenen Herzens rumoren!«

Streckenbeschreibung

Von **Colmar** wählen wir zunächst den Münstertalweg – siehe Tour 32 (Münstertour) – biegen dann bei **Wihr-au-Val** links ab und folgen – an der Nouvelle Auberge vorbei – auf der D 2 dem Tal nach **Soultzbach-les-Bains.** Durch den Forst von **Soultzmatt** radeln wir zunächst in einer 1 km langen Talfahrt bis zur Kreuzung, schwenken dann an der Kreuzung links in die D 40 in Richtung Osenbach ein. Zunächst folgt eine kräftige Steigung durch den Ruffacher Forst, die sich über 4 km hinzieht und alle unsere Geduld und Kraft erfordert. Nach Erreichen der Höhe haben wir einen wunderbaren Ausblick über die Vogesen und können dann eine fast ebenso lange Talfahrt nach **Osenbach** genießen, das wir nach 3 km erreichen. Hier legen wir unsere erste Besichtigung ein und staunen, was dieser winzige Ort zu bieten hat. Neben dem romanischen Glockenturm beeindrucken die hübschen Brunnen mit wildem Blumenschmuck. Nach der Besichtigung radeln wir weiter nach **Soultzmatt,** das wir in einer herrlichen Talfahrt, die in langgezogenen Serpentinen erfolgt, nach 3 km erreichen. Im Soultzmatter »Tal des Seigneurs« radeln wir nun, mit dem Heidenberg zu unserer Rechten, auf der D5 nach **Orschwihr** (4 km). Schon von weitem grüßt uns die legendenumwobene St.-Nicolas-Kirche. Die hübschen Winzerhöfe laden zu einer Dégustation. Wir bleiben auf der D5 und radeln nun über **Bergholtzzell,** zu Füßen der St.-Denoid-Kirche aus dem 14. Jh., deren Fundamente zu den ältesten des Landes gehören. Wir fahren weiter Richtung **Bergholtz** 2 km und nach **Guebwiller** 2 km. Von hier aus radeln wir auf einem ausgeschilderten Radweg über Buhl, das wir nach 3,5 km erreichen, weitere 2 km nach **Lautenbach.** Der Radweg verläuft entlang der D430.

Nützliche Informationen

Kartenskizze: Auf Seite 136.
Ausgangsort: Colmar; 85 000 Einwohner, drittgrößte Stadt des Elsaß, auf halbem Weg zwischen Strasbourg und Mulhouse.
Zielort: Lautenbach, 1300 Einwohner, 30 km nordwestlich von Mulhouse, im Tal der Lauch (auch Blumenthal genannt) gelegen.
Einkehr mit Übernachtung: *Colmar:* • Hôtel-Restaurant Terminus Bristol; Drei-Sterne-Hotel; 7, Place de la Gare; 68000 Colmar; Tel. 89 23 59 59; Voranmeldung nötig (ruhiges Zimmer bestellen), der nahe Bahnhof und die reizvolle Kombination von gut essen und schlafen sorgen immer für volles Haus; Spezialität: Wild – Rehlende in Rotwein. – *Lautenbach:* • Auberge de Lautenbach; 68, rue Principale; Tel. 89 76 32 03; Montag Ruhetag, preiswertes und gutes Quartier.
Sehens- und Wissenswertes: *Osenbach:* • Sonnwendfeuer Ende Juni. Auskünfte darüber sowie über das Schneckenrennen erteilt die Mairie von Osenbach – das Schneckenrennen findet alljährlich Ende April bis Anfang Mai statt.
Guebwiller: • Sehenswert das Dominikanerkloster, wo alljährlich in stimmungsvollem Rahmen klassische Konzerte stattfinden – Juli bis September ein Konzert im Monat. • Das Musée du Florival beherbergt eine hervorragende Sammlung des in Guebwiller geborenen Keramikers Theodore Beck (1823–1991).

Thann: • Hier feiert man, wie der Name schon sagt, das Tannenfeuer/Cremation des Trois Sapins; 68800 Thann; Tel. 89 37 96 20; am letzten Sonntag im Juni.
Auskunft: • *Osenbach:* Mairie; 1, Rue du Bois; 68570 Soultzmatt; Tel. 89 47 00 26. • *Guebwiller:* Office de Tourisme: Place Saint Leger; 68500 Guebwiller; Tel. 89 67 10 63. • Auskunft über das Fest unter den Linden von Lautenbach erteilt die Mairie von Lautenbach; Tel. 89 76 32 02.
Karte: 3615 IGN – Série Verte Nr. 31, 1:100 000.

31 Vom Blumenthal zurück an die Weinstraße

Etappe 2: Lautenbach – Gauchmatt – Soultzmatt – Westhalten – Roufach – Pfaffenheim – Gueberschwihr – Hattstatt – Obermorschwihr – Husseren-les-Châteaux – Eguisheim – Wettolsheim – Colmar

 Tourencharakter: Hügelig, mit einigen wenigen Anstiegen. Fortsetzung von Tour 30.
Länge der Tour: 33 km.
Höhenunterschied: 280 m.

Nach den Touren in den Vogesen und im Blumenthal (Florival) hat uns die Weinstraße wieder. Inmitten der Weinberge, weit genug entfernt von der Route Nationale, liegt **Roufach,** dessen Stadtbild von der Liebfrauenkirche überschattet wird. Diese Kirche mit ihren unvollendeten Fronttürmen ist ein frühgotischer Bau, der wie wenig andere Beispiele den Übergang von der romanischen zur gotischen Kunst veranschaulicht. Im Inneren sind bemerkenswert: ein Sakramentshäuschen und ein Taufstein aus dem 15. Jh., der Grabstein des »Ritters mit der Ampel«, eine Mutter Gottes (15. Jh.), deren Vorhandensein an eine Heldentat der Roufacher Frauen erinnert: Der heißblütige Kaiser Heinrich V. hatte eine unschuldige Jungfrau entführt. Angesichts der Gleichgültigkeit der Männer und deren vermutlichem Zögern, bewaffneten sich die Rouffacher Frauen mit Greifen und Sensen und erstürmten das Schloß. Nur mit knapper Not konnte der Kaiser entfliehen, den Frauen die »Unschuld vom Lande« überlassend.

Daneben und um den Place da la République schließen sich an: der ehemalige Fronhof des Strasbourger Domkapitels, das Rathaus aus dem 16. Jh., der Hexenturm mit seinen Schießscharten, die Kornhalle von 1569 und ein früheres Franziskanerkloster, in dem das Amtsgericht untergebracht ist. Auf die Stadt blickt die Isenbourg herab, in der Karl der Große 778 eine Charta unterzeichnete. Die Siedlung Rouffach entstand im 7. Jh., gehörte bis zur Französischen Revolution den Strasbourger Bischöfen. 1238 erhielt Rouffach das Stadtrecht, 1663 kam der Ort an Frankreich. Die Befestigungen wurden auf Anordnung Ludwig XIV. im Jahr 1675 geschleift. Heute ist Rouffach regionales Handelsstädtchen. Fürstlich speist man im Schloßhotel Isenbourg, einem Luxushotel und Restaurant der Spitzenklasse.

Pfaffenheim, schöner stiller Weinort am Rand der Weinstraße, wird zum ersten Mal

736 erwähnt als »Papanheim« und heißt doch nichts anderes als Wohnort der Pfaffen. Im Mittelalter gehört Pfaffenheim zum Bistum Strasbourg, und das Dorf blühte auf durch den Weinbau, der hier betrieben wurde. Die Abtei Lautenbach, die Franziskaner von Rouffach, die Klöster Unterlinden von Colmar und Klingenthal, alle hatten sie hier ihre Weinberge. 1338 wurde Pfaffenheim angezündet durch die Einwohner von Colmar und Sélestat, die Verbündete des Kaisers von Bayern gegen den Bischof von Strasbourg waren. Ein Jahrhundert später, 1444, wurde das Dorf von den Armagnaken und nochmals 1525 während des Bauernkriegs in Schutt und Asche gelegt. Jedesmal hat das Dorf es verstanden, sich wieder aus seiner Asche zu erheben. Die Revolution wütete furchtbar in Pfaffenheim: Die Kirche am Schauenberg wurde geplündert und der Bürgermeister, der den alten Sitten treu geblieben war, 1794 hingerichtet. Von der mittelalterlichen Kirche existieren nur noch Chor und Sakristei, die schönste Beispiele für die romanische Kunst im Elsaß sind. Die romanische Ostseite der Kirche zeugt von der engen Verbindung zwischen Weinbau und Volksglaube – sie trägt Schürfspuren, denn

Gueberschwihr, das malerische Weindorf, das die Jahrhunderte unversehrt überstanden hat.

die Winzer wetzten dort ihre Rebmesser und Sicheln. Der Sage nach schärft der Teufel nachts seine Krallen an diesen Steinen.

Hoch über Pfaffenheim liegt der Schauenberg, mit seiner Pilgerstätte Notre Dame de Schauenberg. Die Legende berichtet, daß die Einwohner den Berg in Flammen sahen und ausriefen: »Schaut am Berg!« Das war im Jahr 1400. Eine andere Geschichte erzählt von einem Wunder, das an dieser Stelle geschah: Der Eremit Ulrich hatte um 1400 eine Kapelle errichtet und lebte dort in großer Abgeschiedenheit. Die schwer erkrankte Landesherrin Comtesse de Hesse entsandte einen Diener mit der Statue der Jungfrau zum Eremiten, damit er für seine Herrin bete. Sie genas, und die Statue blieb am Schauenberg – von da ab setzten die Wallfahrten ein. 1515 wurde die Kapelle vergrößert und 1690 mit der Hilfe der Franziskaner von Rouffach schuf man eine noch größere Kirche, die die wachsende Pilgerzahl fassen konnte. Zur Zeit der Revolution wurde der Ort geplündert, und erst im 20. Jh. wurde die Kirche restauriert. Notre Dame de Schauenberg ist seither wieder Wallfahrtsort, der jährlich Tausende von Pilgern anzieht. In Pfaffenheim, dem Winzerdorf abseits der großen Weinroute, wird ein naturreiner Wein angebaut. Seit 1620 ist das Haus Humbrecht der Tradition verpflichtet, keine Chemie zu verwenden. Die Keller des Hauses sind in den alten Gewölben der einstigen St.-Michaels-Kapelle untergebracht. Weinproben des edlen Tropfen Grand Cru, der am Fuße des Schauenbergs wächst, beweisen es: Klima und Lage am Schauenberg produzieren einen Spitzenwein.

Die guten Weinlagen von Pfaffenheim: Da wäre zuerst zu nennen der Grand Cru, von dem es nur noch eine ganz kleine Menge gibt. Er wächst links vom Schauenberg direkt am Wald. Pinot Gris und Riesling sind die besonderen Lagen des Gebietes Steinert. Die Lage des Steinert war schon von den Bischöfen von Strasbourg geschätzt und wurde ursprünglich 1150 von den Benediktinern aus dem Bistum Basel angelegt.

Gueberschwihr, das malerische Weindorf, das die Jahrhunderte unversehrt überstanden hat, besitzt mit seinem Turm von 1120 das schönste Beispiel der romanischen Baukunst im ganzen Elsaß. Der Vierungsturm der abgerissenen Kirche, in vier Geschossen durch Lisenen, Bogenfriese und gekuppelte Fenster harmonisch gegliedert, ist von einem Storchennest gekrönt und überragt das Dorf in einsamer Schönheit. Gueberschwihr, 728 erstmals urkundlich erwähnt, stand nacheinander unter dem Schutz der Äbte von Murbach, St. Marc und des Deutsch-Ritter-Ordens. Drei Schlösser waren entstanden – 1444 während des Feldzugs gegen die Armagnaken wurde eines davon nur von Frauen verteidigt. Auf dem Kirchengelände befinden sich fränkische Grabstätten, und über der Ortschaft steht das Kloster St. Marc, eines der ersten Benediktinerklöster im Elsaß.

In **Eguisheim,** der Wiege des elsässischen Weinbaus, thront die Stammburg der Grafen von Eguisheim, die eines der mächtigsten Adelshäuser im Elsaß waren. 1908 wurde die Burg mehr schlecht als recht erneuert, teilweise sind noch neben der Kapelle des hl. Leo Mauern der Stammburg zu erkennen. Leo IX., aus dem Geschlecht der Eguisheimer und der Dagsburger, war der erste Papst elsässischer Herkunft (1048–1054). Erzählt wird, eine Wahrsagerin habe Graf Hugo von Eguisheim prophezeit, eines Tages würde er den Staub an den Füßen seines Sohnes küssen. Darunter verstand der Vater, daß sein Sohn ihn seines Besitzes berauben würde, und Graf Hugo befahl einem Knappen, den jungen Leo zu töten. Als Beweis dafür, daß er den Befehl ausgeführt hatte, brachte der Knappe dem Grafen ein Fuchsherz. Von Reue gepeinigt, soll Hugo später nach Rom gepilgert sein, um den Papst um Vergebung für sein Verbrechen anzuflehen. Tief verneigte er sich vor ihm und küßte seine Füße. Die Prophezeihung hatte sich bewahrheitet, denn der Papst war kein anderer als sein Sohn, nunmehr Leo IX. 1189 starb das Geschlecht der Eguisheimer aus. Ende des 13. Jh. erlosch auch das der Dagsburger. Das Erbe teilten sich die Strasbourger Bischöfe und die Grafen von Ferrette. In der Mitte des Dorfplatzes steht die Statue des hl. Leo.

Die Eguisheimer Schlösser, die »Drei Exen«, drei viereckige, jeweils 60 m voneinander entfernte Türme, überragen Husseren-les-Châteaux. Die erste Anlage dürfte aus

Pfaffenheim – Weinprobierstube beim Ökowinzer Humbrecht im Gewölbe der einstigen St.-Michaels-Kapelle.

dem 11. Jh. stammen, die zwei südlichen Türme sind etwa 45 m hoch, der nördliche Turm ist verfallen. Seine Zerstörung erfolgte vermutlich im sogenannten »Sechs-Plappart-Krieg« von 1466: Ein Müller wähnte sich um sechs Gulden betrogen, er holte Verstärkung, um den Herren von Eguisheim zu bestrafen. So begann die Fehde. Heute wird in und um Eguisheim nicht mehr gekämpft, nur noch gut gelebt. Das Städtchen mit seinen kreisrunden Befestigungen, seinen vielen romantischen Häusern und Winkeln lädt zum Verweilen ein. Im »Caveau« von Eguisheim, wo früher Wein gekeltert wurde, kann man jetzt neben der alten Weinpresse einen kühlen Tropfen genießen und vor allem auch sehr gut essen.

Streckenbeschreibung

Wir verlassen **Lautenbach** auf einer für Radler empfohlenen Straße (mit Radsymbol gekennzeichnet) und durchradeln dabei das Blumenthal auf der D 430 in umgekehrter Richtung. Wir schwenken nach etwa 1500 m in die D 40 in Richtung Soultzmatt ein. Die Straße steigt nun kräftig an. Wir fahren am **Maison Forestière de Schweighouse** vorbei und erreichen nach etwa 2 km den **Col du Bannstein** (478 m) und damit die höchste Stelle unserer Tour. In sachter Talfahrt gleiten wir nun nach **Gauchmatt** hinunter. Hier befindet sich der Rumänische

Soldatenfriedhof, dessen weiße Kreuze grell aus dem umliegenden Grün aufleuchten. Nachdenklich rollen wir talwärts, immer noch auf der D 40, bis wir nach weiteren 1500 m eine Kreuzung erreichen, wo wir rechts nach **Soultzmatt** (2 km) einschwenken. Wir radeln an der kleinen Fabrik vorbei, wo das berühmte Quellwasser von Soultzmatt in Flaschen gefüllt wird, und durchqueren den Ort auf abfallender Fahrbahn. Unmittelbar nach Soultzmatt erreichen wir das Neubaugebiet von **Westhalten**. Wir befinden uns nun auf der D 18, radeln an einem Sägewerk vorbei und erreichen nach 2 km **Rouffach**. Direkt neben der Route Nationale läuft ein unmarkierter Parallelweg, der uns nach **Pfaffenheim** bringt (2 km). In Pfaffenheim nehmen wir links neben dem Dorfbrunnen eine kleine Straße, die durch die Weinberge nach **Gueberschwihr** (3 km) führt. Von Gueberschwihr radeln wir auf der D 1^v nach **Hattstatt** (2 km). Wir durchqueren das Dorf und biegen an der Kreuzung links in die D 1 ein, auf der wir über **Obermorschwihr** (1 km), vorbei an Voegtlinshofen (1 km), **Husseren-les-Châteaux** (1,5 km) erreichen. In Husseren-les-Châteaux sind wir im höchstgelegenen Weindorf des Elsaß (350 m). Über uns ragen die Schlösser, die Husseren den Namen gegeben haben. Von hier aus geht es auf der D 14 (Route du Vin) hinunter nach **Eguisheim** (2 km) und weiter auf der Route du Vin nach **Wettolsheim**

(2 km). Von Wettolsheim aus fahren wir Richtung **Colmar**, wobei wir die sehr befahrene Nationalstraße überqueren müssen, in die D 1b^{II}. Auf der neugeteerten und relativ einsamen Zufahrtsstraße nach Colmar gibt es eine Radspur. Auch in Colmar sind zahlreiche Radwege ausgeschildert. Von Wettolsheim bis Colmar sind es etwa 4 km.

Nützliche Informationen

Kartenskizze: Auf Seite 136.
Ausgangsort: Lautenbach; 1300 Einwohner, im Tal der Lauch (auch Blumental genannt).
Zielort: Colmar; 85 000 Einwohner.
Einkehr mit Übernachtung: *Rouffach:*
• Chauteaux-Hôtel d'Isenbourg: 68250 Rouffach; Tel. 89 49 63 53; 40 Zimmer; von Anfang Januar bis Mitte März geschlossen; Luxushotel mit einem Restaurant der Spitzenklasse, das einen äußerst guten Ruf bei Kennern der elsässischen Küche genießt. – *Eguisheim:* • Auberge des Comtes; 1, Place Charles de Gaulle; Tel. 89 41 16 99; 15. Januar bis März geschlossen; Mittwoch Ruhetag.

Einkehr: *Eguisheim:* • Le Caveau d'Eguisheim; Tel. 89 41 08 89; Mittwoch geschlossen, 3.1.–1.3. geschlossen; Spezialität: soufflierter Zander – Spitzenweine.
Einkäufe für das Picknick: *Lautenbach:*
• Bäckerei in Lautenbach; Spezialität ist das köstliche Lautenbacher Brot, nach dem uralten Rezept der Familie gebacken. *Buhl:*
• Pasteten für den Brotbelag von der Metzgerei Peter (Boucherie und Charcuterie); Rue de la Gare, Buhl. – *Pfaffenheim:* • Weinprobe und Übernachtung beim Ökowinzer; Maison G. Humbrecht et Fils; 68250 Pfaffenheim; Place Notre Dame; Tel. 89 49 62 97; täglich geöffnet 9–12 und 14–19 Uhr, Sonntag morgens geschlossen; hervorragende Weine, darunter der Grand Cru, Steinert u. a., ohne Chemie!
Auskunft: • *Colmar:* 4, Rue d'Unterlinden; 68000 Colmar; Tel. 89 41 02 29; ganzjährig Montag bis Freitag 9–12 und 14–18 Uhr, Juli bis Mitte September 9–12.30 und 14–17 Uhr, November bis Ostern nur 9–12, Sonntag 9.30–12.30 Uhr.
Karte: 3615 IGN – Série Verte Nr. 31, 1:100 000.

Der romanische Kirchturm von Gueberschwihr.

Landschaft in den Südvogesen.

32 Von Colmar ins Münstertal

Colmar – Turckheim – Zimmerbach – Walbach – Wihr-au-Val – Guns- bach – Munster und zurück

Tourencharakter: Leicht wellige Talstrecke. In Munster möglicher Anschluß an Tour 33.

Länge der Tour: 36 km hin und zurück.

Höhenunterschied: 60 m.

Gleich drei Namen hat das **Münstertal.** Einmal ist es nach dem Münster benannt, das hier 660 entstand, dann wird es auch Gregoriental genannt, weil eben jener Klosterbauer, der Benediktinermönch Oswald ein Schüler Papst Gregors I. war, der dann namengebend für das gesamte Tal wurde; und schließlich Fechttal, da es von der Fecht durchflossen wird, deren beide Arme, Kleine und Große Fecht, sich bei Münster vereinigen und bei Illhäusern in die Ill münden.

Das Münstertal liegt zwischen Wein und Wald. Die meisten Dörfer des weiten Wiesentals liegen auf der sonnigen Nordseite, wo auch Wein angebaut wird, während auf der Südseite der Wald bis zur Talsohle reicht. Das Münstertal verläuft vom weinseligen Turckheim bis hinauf zum Vogesenkamm und zum Col de la Schlucht, wo der Winter sehr früh einsetzt und sibirische Temperaturen vorherrschen können. Vorwiegend wird im Münstertal Weidewirtschaft betrieben, und weltbekannt ist der hier hergestellte Münsterkäse, dessen Herstellung sich bis ins frühe Mittelalter zurückverfolgen läßt. Es waren die Benediktinermönche, die diesen Käse zuerst zubereiteten. Auf sie geht auch das Rezept für den aus Kuhmilch hergestellten scharfen, aromatischen Weichkäse zurück, der auch heute noch von den Bauern des Münstertals nach der althergebrachten Methode als Spezialität produziert wird. Zahlreiche Schilder auf unserem Weg laden zum Kosten und Direktkauf ein. Jean Egen nennt den Munster den König der Käse, und er ist auch für die Elsässer *der* Käse überhaupt. Man bestreut ihn oft mit Kümmel, verpackt ihn in Blätterteig oder schmilzt ihn auf Weißbrot – den Zubereitungsmethoden sind keine Grenzen gesetzt. Auf jeden Fall trinkt man dazu Wein – häufig Gewürztraminer, es paßt aber auch Riesling und auch ein guter Rotwein wie der Pinot Noir dazu. Doch nirgends wird der Käse mehr so gut schmecken wie hier in diesem Tal direkt vom Bauern. Anhalten, probieren und kaufen lohnt sich also.

Mit **Turckheim,** unserer ersten Station, sind wir noch einmal ganz beim Wein. 3600 Einwohner hat dieses berühmte Weinstädtchen, direkt am Ausgang des Münstertals und an der Weinstraße gelegen. Turckheim gehörte teilweise dem Kloster Münster, teilweise zum habsburgischen Amt Hohlandsberg. Dem Anteil der Abtei Münster gab Heinrich der VII. 1312 Marktrechte und erlaubte seinen Bewohnern den Bau einer Schutzmauer. Karl IV. verlieh 1354 das Colmarer Stadtrecht, und seitdem gehörte Turckheim als Reichstadt zum Zehn-Städte-Bund/Dekapolis. Die Rechtsverhältnisse blieben indes so verwickelt, daß es immer wieder zu Rechtsstreitereien kam, und in den Kriegen war Turckheim besonders betroffen. Im Dreißigjährigen Krieg schmolz die Bevölkerungszahl von 300 auf 80 zusammen, 1664 wurde Turckheim umkämpft, 1673 von den Franzosen besetzt und 1675 errang Turenne vor den Toren der Stadt einen entscheidenden Sieg über die Reichsarmee, die daraufhin das Elsaß räumte. Der Umfang der Stadt beschreibt ein ungefähres Dreieck, dessen Ecken durch Tortürme markiert werden, entsprechend sind die Gassen geführt. Von der Stadtbefestigung sind die drei wuchtigen viereckigen Tortürme erhalten in der ersten Anlage aus dem 14.Jh. Am Münsterertor können wir Renaissance-Fenster aus dem 16.Jh. sehen, am Brandtor ist die Torfahrt gotisch. Vor dem Münsterertor hält ein 1932 errichteter Obelisk das Andenken Turennes und seiner Schlacht bei Turckheim wach. Im Straßenbild finden wir gute alte Häuser des 16. und 17.Jh., zum Teil mit hübschen Erkern. Die Nähe zu Colmar hat Turckheim heute zu einem beliebten Wohngebiet gemacht. Touristen freuen sich besonders über den Nachtwächter, der im Sommer seine Runden dreht. Ab 22 Uhr ist er unterwegs mit Laterne, Horn und Hellebarde, an 14 Kreuzungen hält er an und singt. In Turckheim soll Ende des 16.Jh. der erste Christbaum geschmückt worden sein, nachzulesen im Stadtarchiv von Turckheim.

Kulinarische Attraktion für uns ist das Caveau du Vigneron, untergebracht in einem alten Winzerkeller. Zu Ehren des Marschall Turenne finden wir noch heute auf der Speisekarte überbackenes Kalbskotelett. Delikat ist auch die Tourte de Vallée, eine ofenfrische Fleischpastete, perfekt gewürzt.

Wihr-au-Val hieß ursprünglich Bonificivilare, in Erinnerung an die Tätigkeit des Herzogs Bonifatius bei der Erschließung des oberen Fechttals. Seit 896 gehörte Wihr-au-Val zur Abtei Münster und gelangte mit dieser auch an das Bistum Basel, das auch nach Rückgabe des Gregorientals an das Reich unter Rudolf I. die Oberhohheit behielt. Anfang des 14.Jh. belehnte das Bistum Basel die Herren von Rappolstein mit Wihr-au-Val, das Sitz eines Amtes wurde. 1940 ist der Ort zu großen Teilen abgebrannt. Sehenswert auf dem Friedhof die Michaelskapelle mit Beinhaus aus dem 15.Jh. Sehenswert auch auf dem nahen Sonnenberg die Heiligkreuz-Kapelle, zu der es eine Wallfahrt gibt: im 18.Jh. verfallen, wiederhergestellt, 1793 zerstört und 1802 neu erbaut.

Der kleine Ort **Gunsbach** hat eine große Attraktion für Architekturliebhaber. Hier lebte und wohnte Albert Schweitzer, der zwar in Kaysersberg sein Geburtshaus hatte, das aber seine Eltern bereits verlassen hatten, als Schweitzer noch kein Jahr alt war. Hier in Gunsbach entwarf er selbst sein Wohnhaus, das er sich mit dem 1928 verliehenem Goethe-Preis bauen konnte. Hier war sein Zuhause, hier lebte und arbeitete er, hierher kehrte er immer wieder aus Lambarene zurück. Das Haus ist zu besichtigen.

Munster, die 660 gegründete Benediktinerabtei, die Munster seinen Namen gab, gibt es nicht mehr. Im Mittelalter war Munster eine Reichsstadt, gehörte der Dekapolis an und bildete mit neun anderen Gemeinden des Munstertals eine politische Einheit. Während des Ersten Weltkriegs wurden hier heftige Kämpfe ausgetragen. Heute ist Munster, am Zusammenfluß der nördlichen und südlichen Fecht, ein Städtchen mit 5000 Einwohnern, Textilindustrie und Käsehandel. Für Wanderer und Skifahrer gleichermaßen interessant sind Col de la Schlucht, Gaschney und Schnepfenried.

Das einst mächtige Münster, das in fränkischer Zeit mehrere Bischöfe hervorbrachte, erhielt im 8. Jh. Immunität, freie Abwahl und Zollfreiheit für das Salz von Seille. Aber gerade wegen dieser Salzrechte geriet Munster Ende des 8. Jh. in große Abhängigkeit sowohl der geistlichen als auch der weltlichen Macht. Erst die Hohenstaufen stellten die Rechte des Reichs wieder her. Das Kloster blieb dann bis zu seinem Untergang Reichsabtei. Seit Anfang des 14. Jh. nahm die Abtei, über deren Pfründe der Adel verfügte, mehr den Charakter eines weltlichen Stifts an. Im Schatten des Klosters wuchs die Siedlung Munster, die wahrscheinlich von Friedrich II. zur Reichsstadt erhoben wurde. Das 17. Jh. brachte dem Munstertal, das bislang von Kriegen fast verschont geblieben war, harte Leiden. Im Dreißigjährigen Krieg lösten Kaiserliche, Schweden und Franzosen einander ab. 1673 wurden die Mauern geschleift, im Tal flackerte der Widerstand, der eine starke religiöse Wurzel hatte, immer wieder auf. Die Parolen der Revolution fanden bei den Münstertalern begeisterten Anklang. Das Kloster wurde Nationalgut, seine Güter verkauft, die Kirche 1802 niedergerissen. Im Kirchenschatz befand sich bis zur Revolution die sogenannte »Krone Dagoberts«, bis ins 17. Jh. sind auch Schwert und Zepter nachweisbar. Die reiche Bibliothek ist zum großen Teil in Colmar erhalten. Von den mittelalterlichen Abteigebäuden sind nur Mauerreste mit einem schönen spätgotischen Portal erhalten. Es führte in einen kreuzgangartigen Innenhof, von dem noch mehrere Barockpfeiler und Bogen stehen.

Im Ersten Weltkrieg (1914–18) lag Munster im Frontgebiet und erlitt schwere Schäden. Häftige Kämpfe tobten vor allem am Reichsackerkopf und Schnepfenriedkopf (heute Skigebiet), von denen nicht nur die zum Teil erhaltenen Stellungen, sondern auch die großen deutschen und französischen Soldatenfriedhöfe zeugen.

Nirgendwo sonst im Elsaß gibt es so viele Fermes Auberges wie im Munstertal. Auf der Ferme Auberge du Kahlenwasen arbeitet die ganze Familie noch in der Landwirtschaft, und herrliche Bergbauerngerichte erwarten uns hier: Rehragout, Sauerkraut und Kalbfleischgerichte auf Bestellung, ebenso darf man sein selbst mitgebrachtes Picknick verzehren. Auch der gute Münsterkäse wird hier zubereitet und zum Verkauf angeboten. Wer hier Station macht, kann das Rad auch einmal stehen lassen und eine herrrliche Wanderung zum Petit Ballon machen.

Noch eine Ferme Auberge kann dem Radler empfohlen werden, der hier länger verweilen möchte: Ferme Auberge du Geisbach. Hier hat man sich vor allem auf die Aufzucht von Geflügel spezialisiert, und ganze Gänsescharen werden einem entgegenschnattern, wenn man mit dem Rad anrückt. Deshalb ist, neben der üblichen Bergbauernmahlzeiten, Geflügel Spezialität des Bauernhofes. Ebenso kann man hier wieder den guten Münsterkäse kaufen.

Streckenbeschreibung

Wir verlassen **Colmar-Mitte** auf der D 11 in Richtung **Turckheim,** das wir nach 5 km auf einem leicht ansteigenden Weg durch den Weinberg erreichen. Wir durchqueren Turckheim und befinden uns auf der gleichen Straße Richtung **Zimmerbach** (4 km). Unser Weg führt uns am Rande des Forêt Communale de Turckheim nach **Walbach** weiter (2 km), wo sich die Straßennummer in die D 10 umwandelt. Von hier aus sind es nach **Wihr-au-Val** 2 km. Unsere Straße steigt leicht an und führt uns nach **Gunsbach** (2 km). Unseren Zielort **Munster** erreichen wir nach weiteren 3 km. Wir radeln auf dem selben Weg zu unserem Ausgangsort **Colmar** zurück.

Nützliche Informationen

Kartenskizze: Auf Seite 152.
Ausgangspunkt: Colmar-Mitte.
Zielort: Munster; 5000 Einwohner; 19 km westlich von Colmar, am Zusammenfluß von nördlicher und südlicher Fecht. Textilindustrie, Käsehandel. Kurzentrum für Wanderer und Skifahrer.
Einkehr mit Übernachtung: *Luttenbach:*
• Ferme Auberge du Kahlenwasen: Lutten-

bach; 68380 Metzeral; Tel. 89 77 32 49; von
Ostern bis Mitte November durchgehend
geöffnet; 11 Zimmer. Spezialitäten: Bergbauerngerichte, Wild, Sauerkraut und
Kalbfleischgerichte, Münsterkäse. (Hinter
Munster nach Luttenbach links hochfahren,
ab Ortsausgang Luttenbach der Ausschilderung zur Ferme Auberge folgen.)
• Ferme Auberge du Geisbach: Luttenbach;
68380 Metzeral; Tel. 89 77 32 63;
1.10.–30.6. tägl. außer Donnerstag geöffnet,
1.7.–30.9. tägl. geöffnet, von 15.12.–15.1.
geschlossen. 5 Zimmer, Mindestübernach-
tung 3 Nächte.

Einkehr: *Turckheim:* • Caveau du Vigneron;
5, Grand Rue; Tel. 89 27 06 85; nur abends
ab 18 Uhr geöffnet, Montag geschlossen.

Sehens- und Wissenswertes: *Gunsbach:*
• Maison Albert Schweitzer; 8, Rue de
Munster; 68140 Gunsbach; geöffnet Dienstag bis Sonntag 9–12 und 14–17 Uhr.
Munster: • Sonnenwendfeier am Johannistag
(24.6.), ein Fest, das auf alte keltische Zeiten
zurückgeht. Um den längsten Tag festlich zu
begehen, werden im Juni große Scheiterhau-
fen in Brand gesteckt und besonders auf den
umliegenden Berggipfeln angezündet. • Im
Münstertal finden diese Sonnwendfeuer am
15., 22., und 29.6. statt. Auskünfte erteilt
das Office du Tourisme. • In einigen der
Fermes Auberges kann man sich morgens
zwischen 8 und 9 Uhr ansehen, wie der
Munsterkäse gemacht wird. Auskunft erteilt
das Office du Tourisme Munster. • Die
Käsestraße/Route du Fromage besteht in
den Hochvogesen bereits seit 1968. Sie führt
von Munster über Hohrodberg zum
Weißensee/Lac Blanc und verläuft dann
teilweise auf dem Kamm bis zum Breitfirst.
Über Sondernach, Metzeral und Mulbach
kommt man wieder ins Tal zurück.

Ausflugsmöglichkeiten: Wanderungen auf
die umliegenden Gipfel.

Auskünfte: • *Munster:* Office du Tourisme;
Place du Marché; 68140 Munster;
Tel. 89 77 31 80.
Karte: 3615 IGN – Série Verte Nr. 31,
1:100 000.

Turckheim lebt noch weitgehend
vom Weinanbau.

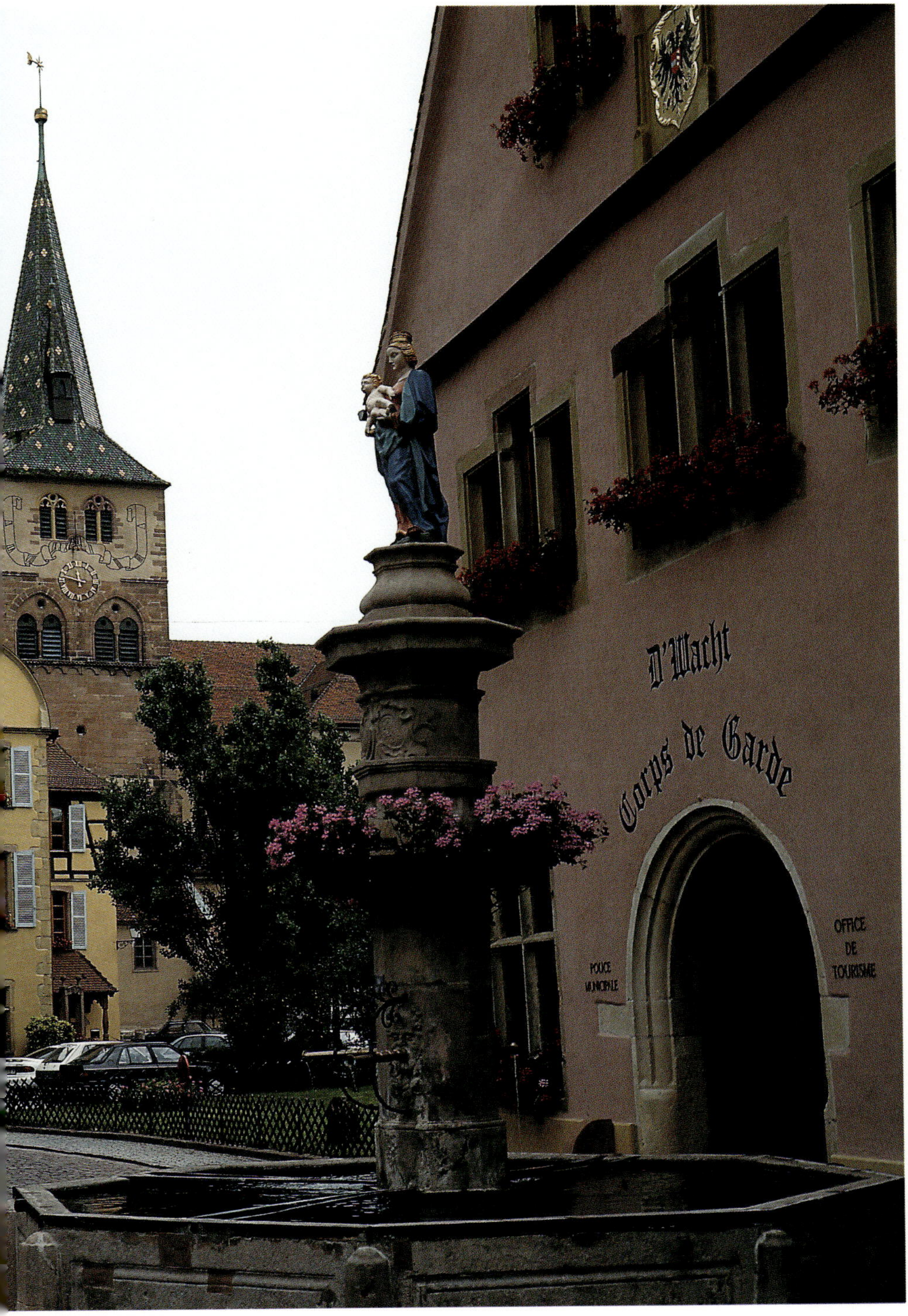
D'Wacht
Corps de Garde
POLICE MUNICIPALE
OFFICE DE TOURISME

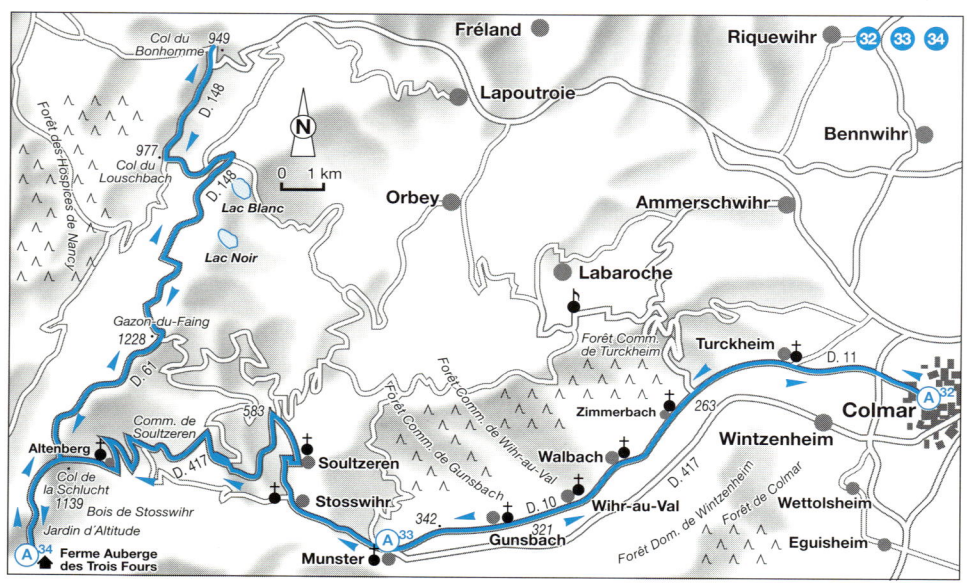

33 Von Munster zum Jardin d'Altitude du Haut Chitelet

Etappe 1: Munster – Stosswihr – Soultzeren – Altenberg – Col de la Schlucht – Jardin d'Altitude du Haut Chitelet

Tourencharakter: Bergig und kurvenreich. Möglich als Fortsetzung von Tour 32 mit Anschluß an Tour 34.

Länge der Tour: 17 km.
Höhenunterschied: 700 m.

Zwischen Munster und dem Col de la Schlucht sind wir auf der **Grünen Straße/La Route Verte** unterwegs. Die Route macht ihrem Namen alle Ehre, denn wir sind auf diesem Weg in die Wilden Vogesen umgeben vom Grün der Weiden und Matten. »Vosges Sauvages« nennen sie die Einheimischen, wo nach Erreichen der Anhöhe von Col de la Schlucht bis hinüber zum Hoheneck (Le Hohneck) die Landschaft mit alpiner Flora aufwartet.

Im **Jardin d'Altitude du Haut Chitelet** ge-

deihen bei 1228 m Höhe auf etwa 10 ha Fläche über 3500 Pflanzenarten aus aller Welt – gegliedert nach geographischen Gruppen – und in liebevoll angelegten Steingärten zusammengefaßt, an die sich ein weitläufiges Hochmoor anschließt. Hier sind nicht nur die unvermeidlichen Edelweiß- und Alpenveilchen-Sorten anzutreffen, sondern auch Rhododendren aus China, Primeln aus den Pyrenäen und viele andere exotische Gewächse aus den Karpaten und dem Himalayagebiet, Pflanzen aus dem Kaukasus und den Balkan-Ländern, aus Neuseeland, Japan, Afghanistan, Nordamerika, Australien und den Mittelmeerländern. Eine große Abteilung dient der speziellen Pflege der reichen Vogesenflora. Speziell Interessierten gibt das fachkundige Personal gern nähere Auskünfte über diesen herrlich gelegenen botanischen Garten, der von der Universität Nancy zu Studienzwecken eingerichtet wurde. Ein Muß für Liebhaber der alpinen Flora!

Nach unserem anstrengenden Aufstieg kann man hier in der prachtvollen Anlage und der klaren Bergluft lehrreiche Stunden verbringen, und nachher geht es zu unserer Ferme Auberge des Trois Fours weiter, was soviel heißt wie »Zu den drei Öfen«; wahrscheinlich bezieht es sich auf die drei Kohlenmeiler, die einst unweit dieser Hochweide bestanden. Herzlich und direkt geht es auf der Ferme Auberge zu, die sich besonders auch für Gruppen eignet. Bergbauernmenu und elsässische Spezialitäten gibt es auf Bestellung.

Streckenbeschreibung

Wir verlassen **Munster** auf der Bergstraße D 417 und erreichen nach etwa 2 km **Stosswihr.** Nach weiteren 1000 m sind wir bereits in **Soultzeren.** Von hier schlängelt sich unsere Straße aufwärts durch den Forêt Communale de Soultzeren, bis wir nach etwa 10 km unseren vorerst höchsten Punkt bei **Altenberg** erreichen (950 m). Von hier sind es nur noch 1,5 km nach **Col de la Schlucht,** der 1139 m hoch liegt. Am Col de la Schlucht radeln wir auf der D 430 in südlicher Richtung **(Route des Crêtes),** bis wir nach weiteren 2 km den **Jardin d'Altitude** erreichen. Nach dem anstrengenden Anstieg übernachten wir in der Ferme Auberge des Trois Fours, die sich gegenüber dem botanischen Garten Haut-Chitelet etwa 1,5 km südlich von der Schlucht befindet.

Nützliche Informationen [i]

Ausgangsort: Munster; 5000 Einwohner; 19 km westlich von Colmar gelegen, Textilindustrie und Käsehandel, Spezialitäten des Landes (u. a. Münsterkäse).
Zielort: Jardin d'Altitude du Haut-Chitelet, botanischer Garten mit alpiner Flora aus allen Erdteilen, Versuchsstation der Universität Nancy.
Einkehr mit Übernachtung: • Ferme Auberge des Trois Fours; André Schott; 68140 Munster; Tel. 89 77 31 14; vom 15. 5.–15. 10. tägl. außer Montag geöffnet, im Winter nur an den Wochenenden und während der Schulferien; Tel. 88 77 61 06; 9 Zimmer. Auf jeden Fall sollte man reservieren. Auch der Verzehr mitgebrachter Speisen ist erlaubt. Direktverkauf von Münsterkäse. Wanderungen zur Schlucht, zum Hoheneck und zum Jardin d'Altitude sind von hier aus möglich. Vorsicht: Im Winter ist der Weg zur Auberge nur zu Fuß oder mit Skiern benutzbar, sie liegt 1250 m hoch.

Sehens- und Wissenswertes: • Botanischer Garten Jardin d'Altitude du Haut Chitelet: tägl. von 8–12 und 14- 17 Uhr, im Juni und August sogar bis 18 Uhr geöffnet. Auskünfte erteilt das Syndicat d'Initiative Munster.
Auskunft: • *Munster:* Syndicat d'Initiative Munster; Tel. 89 77 31 80.
Karte: 3615 IGN – Série Verte Nr. 31, 1:100 000.

34 Unterwegs auf der Route des Crêtes

Etappe 2: Jardin d'Altitude (Ferme Auberge des Trois Fours) – Col de la Schlucht – Gazon du Faing – Col du Louschbach – Col du Bonhomme

 Tourencharakter: Hügelig. Als Fortsetzung der Tour 33 mit Anschluß an Tour 34 möglich.
 Länge der Tour: 17 km.
Höhenunterschied: 100 m.

Die 75 km lange Kammstraße **Route des Crêtes** gehört zu den schönsten Straßen, die die Vogesen zu bieten haben. Im Ersten Weltkrieg aus strategischen Gründen als Nord-Süd-Verbindung zwischen den französischen Stellungen am Brézouard und Hartmannswiller-Kopf angelegt, führt sie durch den eindrucksvollsten Teil der Hochvogesen. Sie verläuft auf etwa 1000 m Höhe mit geringen Höhenunterschieden entlang der Westflanke des Kamms, führt aus langen Strecken durch den Wald, vorbei an Hochmooren, kahlen Bergkuppen und Hochweiden. Gleichgültig, zu welcher Jahreszeit man hier oben radelt, es gilt, den Elementen Licht, Luft und Wasser ausgesetzt zu sein: Im Frühling, wenn das Grün der Bäume in allen Schattierungen den Weg bestimmt, im Sommer, wenn der Lac Vert das Grün der Tannen reflektiert und gleichsam von innen ergrünt, durch die unzähligen, winzigen Algen, die an seiner Oberfläche schwimmen. Vom **Gazon du Faing** durch Blaubeergestrüpp und Heidekraut – blauviolett – hat man vom Gipfel eine herrlichen Blick auf

Fermes Auberges in den Hochvogesen. Fermes Auberges, eine Mischung aus Bauern- und Gasthof, sind für Radwanderer ideale Stützpukte.

die runden Rücken der Vogesen: auf Le Linge, Schratzmaennele und Barrenkopf bis hinunter nach Munster und das Fechttal.

Vom **Col du Louschbach** blickt man auf das Meurte-Tal, und der **Col du Bonhomme** verbindet und trennt das Elsaß von Lothringen. Offiziell beginnt die Kammstraße am Col du Bonhomme und endet in Cernay. In nördlicher Richtung setzt sie sich über den Bagenelles-Paß und das Liepvrette-Tal fort. Zahlreich sind hier die Fermes Auberges, die zwischen Juni und Oktober einfache Mahlzeiten mit den Spezialitäten der Gegend anbieten und für Wanderer und Radwanderer gleichermaßen eine erlebnisreiche Einkehr bieten. Nicht nur im Frühling und Sommer ist die Route des Crêtes unvergeßlich, auch im Herbst hat sie ihre Reize, wenn die windzerzausten Tannen am Bonhomme kaum noch auszumachen sind und die Nebelschleier aus dem Tal aufsteigen. Vapeur d'Alsace/Elsässer Dampf nennen die Einheimischen diesen Nebel, der Landschaft und Straße wie ein filigranes Netz umhüllt. Oder wenn die Tannen ihr erstes Rauhreifkleid tragen – nichts ist so schön, wie dann am »Col du Bonhomme« anzukommen, diesem Kleinod der bäuerlichen Vogesenküche, die heimelige Gaststube zu betreten und die herrlichen Speisen zu genießen, die hier seit

Jahrzehnten in gleichbleibend guter Qualität und zu erfreulich niedrigen Preisen aufgetischt werden. Spezialitäten sind der mit Kalbsbries gefüllte Schweinebraten, hausgemachte Blutwurst mit Äpfeln und Bratkartoffeln, Heidelbeertorte und andere Waldbeeren-Torten je nach Saison.

Streckenbeschreibung

Wir verlassen unsere Ferme Auberge, radeln zurück zum **Jardin d'Altitude** und von hier auf die **Route des Crêtes** (D 430) Richtung Col de la Schlucht (2 km). Von hier aus setzen wir unsere Fahrt nordwärts nunmehr auf der D 61 in Richtung Col du Bonhomme fort. Nach etwa 5 km erreichen wir zunächst die Markierung zum **Lac Vert** und kurz danach **Gazon du Faing**, von wo aus wir einen herrlichen Ausblick über die Vogesen haben. Nach unserem Ausflug folgen wir der Route des Crêtes weiter bis zur Einmündung in die D 48^{II} (6 km). Hier biegen wir links ab und bleiben auf der D 148. Nach weiteren 3 km erreichen wir den **Col du Louschbach.** Von hier sind es noch 3 km zum Zielort **Col du Bonhomme**, wo wir im gleichnamigen Hotel einkehren bzw. übernachten können. Von hier können wir wieder die Talfahrt nach Munster antreten.

Der Lac Vert hat seine smaragdgrüne Farbe durch die winzigen Algen, die sich im Sommer an seiner Oberfläche bilden.

Nützliche Informationen

Ausgangspunkt: Jardin d'Altitude du Haut Chitelet, botanischer Garten in den Hochvogesen.
Zielort: Col du Bonhomme.
Einkehr mit Übernachtung: • Hôtel-Restaurant Col du Bonhomme; 1, Col du Bonhomme; 68230 Plainfaing; Tel. 29 50 32 25; 15.11.–15.12. geschlossen, ansonsten tägl. geöffnet.
Karte: 3615 IGN – Série Verte Nr. 31, 1:100 000.

Weiterer Tourenvorschlag

Südteil der Route des Crêtes
Col de la Schlucht – La Hohneck – Le Markstein – Grand Ballon – Cernay – Thann

Cernay (10 313 Einwohner) wurde nach den Zerstörungen des Ersten Weltkriegs vollständig wiederaufgebaut, ein Teil der mittelalterlichen Stadtbefestigung ist erhalten, und im Turm wurde ein Museum zu den deutschfranzösischen Kriegen eingerichtet. Zwischen Cernay und Sendheim verkehren Züge mit Dampflok. **Thann:** Hier feiert mit der herrlichen St.-Theobalds-Kirche (1350) die Gotik ein grandioses Finale.

Empfehlenswerte Berggasthöfe auf der Strecke: • Ferme Auberge du Kastelberg; Route des Crêtes; 68380 Metzeral; Tel. 89 77 62 25; vom 15.5.–15.10. geöffnet.
• Ferme Auberge du Firstmiss; Route des Crêtes; 88400 Gerardmer; Tel. 29 63 26 13; von Mitte Mai bis Mitte Oktober geöffnet, besonders für Gruppen geeignet (3 Schlafsäle für 20 Personen). Der Firstmiss liegt an der Route des Crêtes, ca. 10 km von Col de la Schlucht entfernt in Richtung Markstein auf der linken Seite. • Ferme Auberge du Rothenbach; Route des Crêtes; 68820 Kruth-Wildenstein; Tel. 89 82 25 39; von Mitte Mai bis Mitte Oktober geöffnet. Direktverkauf von Ziegenkäse und Marmelade.
Das Informationszentrum für die Natur der Hochvogesen – Centre d'Initiation à la Nature (CIN) – am Gasthof Rothenbach bietet zahlreiche Möglichkeiten zur Erkundung der Flora und Fauna der Hochvogesen.

35 Auf Umwegen um die Weinstraße

Colmar – Ingersheim – Kientzheim – Kaysersberg – Kientzheim – Riquewihr – Hunawihr – Ribeauvillé – Bergheim – Rorschwihr – St. Hippolyte – Orschwiller – Kintzheim – Ht. Kœnigsbourg – Kintzheim – Châtenois – Scherwiller – Dambach-la-Ville

> **Tourencharakter:** Durch die Weinberge hügelig, sonst leicht wellig. Anschluß an die Tour 36.
> **Länge der Tour:** 40 km hin und zurück, plus 14 km zum Ht. Kœnigsbourg.
> **Höhenunterschied:** 180 m.

Die Elsässische Weinstraße ist 170 km lang. Sie führt von Marlenheim im Norden kreuz und quer durch das Rebland, das sich zwischen Vogesen und Rheinebene erschließt, bis nach Thann, das Tor zur Weinstraße im Süden. Unsere Tour lenkt uns abseits der offiziellen Weinroute auf Winzer- und Wirtschaftswegen zu den Perlen an der Weinstraße, jene mittelalterlichen Dörfer zwischen Vogesenkamm und Rhein, die ihren Charme über die Jahrhunderte gerettet haben, sehr oft noch von Stadtmauern umgeben sind und deren Ruinen stolzer Burgen das Weinland überragen. Fast jedes Dorf wartet mit der für die Weinstraße so typischen Winstub auf, eine Elsässer Einrichtung, die es zu studieren gilt. In jedem Dorf finden sich auch Winzerhäuser, deren Tore zur Dégustation, zur Weinprobe, offenstehen. Die gemütliche Einrichtung der Weinstuben, wo man bei einem Viertel Wein die Spezialitäten der Region zu moderaten Preisen genießen kann, sind so zahlreich auf dieser Route, daß das Kapitel ein ganzes Buch füllen könnte. Wir haben nun die schönsten ausgesucht, um diese Tour auf den Spuren des Weins und der Weinstuben zu einer echten Genußtour zu machen. Endziel unserer Weinreise auf Umwegen ist das wunderschöne **Dambach-la-Ville,** wo wir diese Tour mit einem kulinarischen Höhe-

Ribeauvillé. An die Pfeifer und Spielleute erinnert die »Winstub Zum Pfifferhüs«.

punkt beenden. Keineswegs einfache, hausbackene Gerichte erwarten uns in den Weinstuben, sondern immer sind es kleine Extravaganzen, wie Schneckentöpfe, Hühnerragouts, Hasenrücken, Fasanenbrüste, Zwiebelkuchen und Gänseleber-Terrinen, Fisch auf Sauerkraut..., um nur ein paar dieser Köstlichkeiten zu nennen, die uns klar machen, wir sind an der Elsässischen Weinstraße unterwegs, wo mit kulinarischer Raffinesse selbst die Hausmannskost zum delikaten Gaumengenuß wird. Die hauseigenen Weine der Winzer veredeln den Genuß, und die Fahrt über die hochgelegenen Weinberge mit schier unbeschreiblich schönen Ausblicken über die Rheinebene wird zu jeder Jahreszeit zum unvergeßlichen Erlebnis. Selbst noch zur Weinerntezeit, wenn die Wirtschaftswege von Eimern und Kübeln und kleinen Traktoren belagert sind, läßt sich diese Radreise nachvollziehen. Dann ergeben sich schöne Gespräche mit den Winzern, und man erfährt so manches über Lebensart und Tradition, das man in keinem Geschichtsbuch oder kulinarischen Führer findet.

Am Fuß des Letzenbergs liegt **Ingersheim**, dessen Grand Cru-Florimont die herausragende Weinlage für Ingersheim ist. Die barocke Kirche von Ingersheim mit romanischen und gotischen Teilen hat einen in Europa einmaligen Zwiebelturm. Aus dem 12. Jh. können wir den Hexenturm bewundern. Das Schloß von 1757, in dem jetzt das Rathaus untergebracht ist, wurde durch Präsident Salomon aus Colmar erbaut. Mit 354 hl lagert auch das größte elsässische Weinfaß in Ingersheim.

Königlich ist die Weinbruderschaft Saint Etienne im mittelalterlich befestigten **Kientzheim** untergebracht. Sie residiert in einem Renaissance-Schloß, in dem auch ein elsässisches Weinmuseum zu finden ist. Außerdem gibt es in Kientzheim einen Weinpfad, und das Weinfest feiert man am letzten Wochenende im Juli. Am westlichen Ortsende stoßen wir auf ein weiteres Château. Dieses hat allerdings nichts mit der Weinbruderschaft gemein und nichts mit dem Weinmuseum, hier kann man lediglich gut essen und den Wein genießen. In der Irrmansstub, in den Gewölben des kleinen Barockschloßes von Reichenberg, können wir so Köstlichkeiten wie geschmorten Schweinsfuß mit Kräuterrösti, in Rotwein mariniertes Kaninchenragout oder Schnecken in Muskat genießen.

Mittelalterlich geht es auch in **Kaysersberg** zu. Die alte freie Reichsstadt hat eine Kirche aus dem 12. Jh. mit Hochaltar und eine Burgruine aus dem 13. Jh. Die Türme der alten Stadtmauer sind gut erhalten, und ein prächtiges Renaissance-Rathaus und weitere Renaissancehäuser sind die Schmuckstücke der Stadt. Nahe der alten Wehrbrücke aus dem 15. Jh., der einzigen ihrer Art im Elsaß, finden wir auch das reich verzierte Haus Ring von 1597, die Oberhofkapelle und am Ende der Hauptstraße das Geburtshaus von Doktor Albert Schweitzer.

Riquewihr, das sehr gut erhaltene mittelalterliche Städtchen mit Stadtbefestigung, Häusern und Höfen aus dem 13., 15. und 17. Jh., ist eine Touristenattraktion erster Güte. Die von einem Doppelwall umschlossene Kleinstadt ist ein wahres Freilichtmuseum. Zunftzeichen, geschnitztes Fachwerk, wohlhabende Bürgerhäuser zeugen von der Vitalität des Weinbaus. Hier war es auch, wo im 16. Jh. die Winzerzunft beschloß, daß im Elsaß fortan nur sieben Rebsorten – Sylvaner, Riesling, Pinot Blanc, Pinot Noir, Gewürztraminer, Muskateller und Elsässischer Tokayer – zugelassen werden sollten. In Riquewihr befindet sich auch das Elsässische Postmuseum und das Postkutschen-Museum. Neben aller Freilicht- und musealen Herrlichkeit finden wir im Haus des Armbrustschützen/L'Arbalétrier, einem vierhundert Jahre alten Gebäude, die wohl anziehendste Winstub von Riquewihr. Spezialität des Hauses ist ein Gugelhupf mit Gänseleber-Füllung und die gefüllte Forelle nach Art des Hauses.

Die heilige Huna, namensgebend für **Hunawihr,** soll einst Wasser in Wein verwandelt haben. Es geht die Sage, daß in einem weinarmen Jahr, als die Winzer schier verzweifeln wollten, aus allen Brunnenröhren zur Genüge Wein floß. Das gastliche Dorf

Hunawihr, ein gastliches Weindorf mit Wehrkirche.

mit der Wehrkirche aus dem 15. Jh. hat mehr zu bieten als nur Wein. Im nahen Gehege ist der Storchenpark von Hunawihr eine Attraktion. Das Fest des Ami Fritz feiert man hier Mitte Juli.

Im mittelalterlichen **Ribeauvillé**, einst den Rappolsteinern als Reichslehen übergeben, feiert man alljährlich Ende August den Pfifferdaa, den großen Tag der Spielleute. Die Herren von Rappolstein und ihre Nachfolger besaßen nämlich als uraltes Reichslehen das Pfeiferkönigtum über die Spielleute und das fahrende Volk zwischen Hauenstein und dem Hagenauer Forst und hatten die Gerichtsbarkeit. Am Pfifferdaa wird das mittelalterliche Gaukler- und Musikantentum wieder lebendig, und in den Gassen strömt das Volk zusammen, um in mittelalterlicher Manier zu tafeln, zu tanzen und zu trinken. Ein wahres Volksfest der leiblichen Genüsse ist dieser Tag in Ribeauvillé. An die Pfiffer erinnert auch unsere Einkehr in der »Winstub Zum Pfifferhüs«.

Bergheim, das noch von seinen mittelalterlichen Mauern und Türmen umgeben ist, hat seine Hexengeschichten, von denen man mehr erfährt, wenn man sich mit den Einheimischen unterhält. Gelegenheit dazu haben wir in der Winstub du Sommelier. Der Kellermeister, jetzt Patron dieser Weinstube, ist ein wahrer Kenner der Weine, und in seiner Winstub, untergebracht in einem alten Winzerhaus, gibt es neben ausgezeichneten Weinen auch noch das gekochte Ochsenfleisch mit grobem Meersalz und Meerrettich, gratinierte Kutteln, Entenbrust mit karamelisiertem Weinkohl und drei Sauerkraut-Variationen – mit Wurst, Fisch oder eingelegter Entenkeule. Die Hexengeschichten dazu liefern die Gäste.

Vom Balkondorf **St. Hippolyte**, am Fuß der Ht. Kœnigsbourg gelegen, eine kleine, von mittelalterlichen Bollwerken umgebene Stadt, die im 8. Jh. gegründet wurde, haben wir einen herrlichen Blick über die Rheinebene. Bekannt ist der Rotwein/Le Rouge de St. Hippolyte.

Ein Abstecher zur **Ht. Kœnigsbourg** ist ein absolutes Muß. Die Burg überragt drei Täler und die Rheinebene. Im 12. Jh. wegen Fehden der Feudalherren entstanden, wechselt sie oft den Besitzer und wird 1633 zerstört.

Zwischen 1900 und 1908 auf Anordnung von Kaiser Wilhelm II. wiederaufgebaut, ist sie die einzige in allen Einzelheiten erhaltene Burg des Elsaß. Sie liegt 753 m hoch und gibt Aufschluß über das Feudalleben im Mittelalter.

Kintzheim steht unter dem Schutz der gleichnamigen Burg, halb Festung, halb Renaissancebau, und beides ist heute Ruine. Eine Attraktion hat Kintzheim: Im Adlerhorst/Volerie des Aigles bietet sich nachmittags ein majestätisches Schauspiel mit diesen mächtigen Vögeln, und man hat die seltene Gelegenheit, Königsadler nicht nur aus der Nähe, sondern in freiem Flug zu bewundern. Es empfiehlt sich schon mal den Kopf einzuziehen, wenn so ein Königsadler mit 190 cm Flügelspannweite unmittelbar über uns hinwegstreicht.

Weiter hinauf auf dem Weg zur Ht. Kœnigsbourg kommen wir auch am Af-

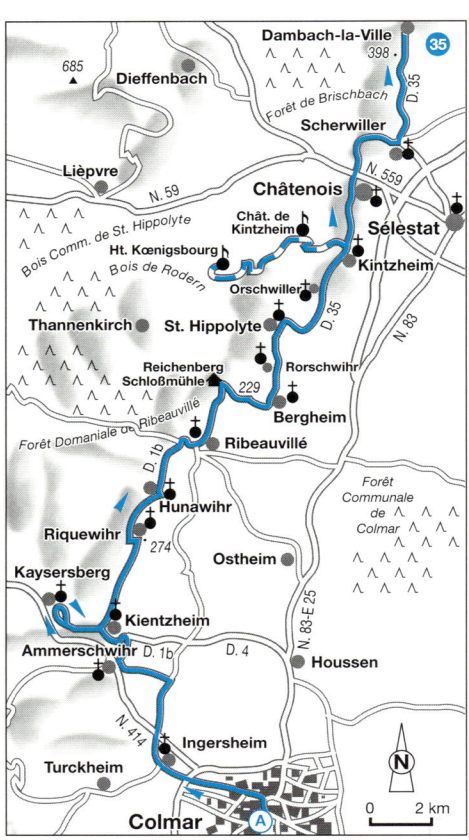

fenberg/Montagne des Singes vorbei. Hier, in einem 20 ha großen Kiefernwald, leben 300 Berberaffen aus Marokko in Freiheit. Das Elsässer Klima bekommt ihnen so gut, daß man Affen von hier sogar wieder nach Marokko transportiert hat, als dort eine Krankheit ausgebrochen war, die den Bestand erheblich reduziert hatte.

Mit **Scherwiller** hat uns die Ebene wieder. Es ist ein langes Straßendorf mit frisch gesetzten Kastanienbäumen am Fuß der Burgen Ortenbourg und Ramstein. Eine St. Odile-Kapelle aus dem 12. Jh. erhebt sich auf dem Passionsweg aus dem 18. Jh., der entlang des Weinpfades führt. Kunst und Wein vereinen sich in Scherwiller im Sommer: Am dritten Wochenende im August findet hier das Fest der Kunst, des Handwerks und des Rieslings statt.

Das Städtchen **Dambach-la-Ville**, 10 km nördlich von Sélestat, ist für uns krönender Abschluß der Weinstraße. Es ist eine Fundgrube für Holzarchitektur! Zum Beispiel das Rathaus am Marktplatz mit Treppengiebeln und das prächtige Hôtel a la Couronne, wo man bürgerlich preiswert speisen kann. Auch die Wein- und Bierstube im Kellergewölbe bietet urgemütliche Einkehr zu allen Tageszeiten. Hier erhält man hübsche kleine Gerichte und Vorspeisenteller zu sehr moderaten Preisen, und man kann sich nach so viel Wein auch schon mal ein frisches Bier vom Faß zapfen lassen. Und gleich gegenüber das schmalste Haus am Platz, ein Juwel zum Ansehen und zum Verweilen, das Caveau Nartz, erbaut Ende des 17. Jh. Spezialitäten sind die Fleischpastete, der Gugelhupf zum Willkommenswein in Krügen, Zwiebelkuchen, Eisbein mit Kartoffelsalat, überbackene Muscheln. Die Preise sind ebenso schmal wie das Haus. Fazit: bescheidene Hausmannskost zu hauseigenen Weinen, allemal eine Radlereinkehr wert.

Durch die besten Dambacher Weinlagen führt ein Weinlehrpfad/Sentier Viticole (1½ Std.). Auf dem Weg trifft man auf die Kapelle des hl. Sebastian aus dem 12. Jh. mit Ölberg und Beinhaus. Im Inneren befindet sich ein phantasievoller Sebastiansaltar von 1690. Noch ein Stück weiter gelangt man an den Felsgrat, auf dem sich die ehemalige Burgruine Bernstein, Sitz der Grafen von

Eguisheim, erhebt. Von dem fünfeckigen, bugförmigen Bergfried aus dem 12. Jh. bietet sich ein wundervoller Blick über die Rheinebene.

Unser Haupt betten wir im Aux deux Clefs. Spezialität des Hauses: Fondue Alsacienne – am Tische gegarte Kalbfleischstücke in Riesling, ein wunderbares Gruppenessen für Leute, die zusammen geradelt sind. Sauerkraut in allen Variationen. Die Weinprobe im hauseigenen Weinkeller können wir uns am Ende der Tour mit gutem Gewissen genehmigen.

Streckenbeschreibung

Wir verlassen Colmar Richtung **Ingersheim** und überqueren dabei die Route Nationale (Nr. 83). Vom Bahnhof in Colmar sind es nach Ingersheim etwa 3,5 km auf meist gut ausgeschilderten Radwegen. In **Ingersheim** überqueren wir die Fecht und radeln durch den Ort auf die D 10 (route du Vin) zu, Richtung Bennwihr. Nach etwa 2 km biegen wir links Richtung Ammerschwihr ab. Nach weiteren 2 km, kurz vor Ammerschwihr, biegen wir rechts in die D 11[1] ein und radeln etwa 1 km nach Kientzheim. Wir halten uns links und fahren auf der D 1[b] nach **Kaysersberg,** das wir nach weiteren 1,5 km erreichen. Nach unserer Besichtigung des Geburtsortes von Albert Schweitzer radeln wir nach Kientzheim zurück. Kurz vor dem Dorfausgang führt ein malerischer Radweg links durch den Weinberg in Richtung **Riquewihr,** das wir nach 3 km erreichen. Oberhalb des Stadttores mit dem Glockenturm folgen wir dem ausgeschilderten Radweg, der uns zunächst über **Hunawihr** (2 km), anschließend nach **Ribeauvillé** führt (2 km). Von Ribeauvillé geht es auf einem Teersträßchen Richtung Schloßmühle zum **Reichenberg** (2,5 km). Vom Reichenberg nehmen wir dann die D 42, die uns 2 km weiter nach **Bergheim** führt, mit seinen mittelalterlichen Mauern und Türmen. Von hier fahren wir auf der Weinstraße (D 1[b]) nach **Rorschwihr** (1 km) und von hier weiter zum Balkondorf **St. Hippolyte** (2 km). Wir durchqueren St. Hippolyte und biegen am Dorfausgang links in die D 1[b] ein, Richtung Orschwiller (1 km). Weitere 1000 m auf der

Romanik im Reinformat demonstriert das bäuerliche Heiligtum St. Marguerite in Epfig.
Haut-Kœnigsbourg gibt Aufschluß über das Feudalleben im Mittelalter (rechts).

nunmehr D 35 führen uns nach Kintzheim, von wo aus wir zur **Ht. Kœnigsbourg** hoch-radeln (7 km), ein absolutes Muß auf der Strecke. Nach unserer Besichtigung fahren wir zurück und stoßen wieder auf unsere Weinstraße, die uns nach **Châtenois** (1 km) führt. Nach Châtenois überqueren wir die N 59 und das Bahngleis Richtung **Scherwiller,** das wir nach weiteren 2,5 km erreichen. Wir durchqueren das Dorf und folgen der D 35 zu unserem Zielort **Dambach-la-Ville** (4 km)

Nützliche Informationen

Ausgangspunkt: Bahnhof Colmar.
Zielort: Dambach-la-Ville; 1800 Einwohner; 10 km nördlich von Sélestat an der Weinstraße gelegen; Fundgrube für Holzarchitektur; Weinlehrpfad/Sentier Viticole. Sehenswert in den Weinbergen ist die Chapelle Saint-Sebastien (12. Jh.).
Einkehr mit Übernachtung: *Dambach-la-Ville:* • Aux deux Clefs; 1, Rue de Dieffenthal; Tel. 88 92 40 11; Dienstagabend und Mittwoch geschlossen, in der Hauptsaison nur Mittwoch. Vom 22.12.–4.1. geschlossen und zwei Wochen im Februar. Sehr preiswerte und hervorragende Küche.
Einkehr: *Colmar:* • S'Parisser Stewwele; 4, Place Jeanne d'Arc; Tel. 89 41 42 33; nur abends geöffnet, Dienstag geschlossen. *Kientzheim:* • Irrmann's Stub; 86, Grand Rue; Tel. 89 47 15 88; geöffnet 12–14 Uhr

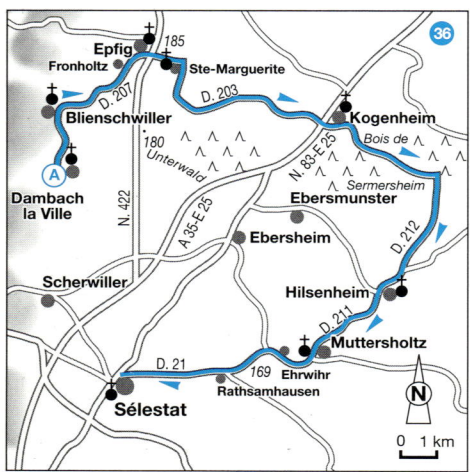

und abends 19–23 Uhr. Montag und Dienstagnachmittag geschlossen. – *Riquewihr:* • L'Arbalétrier; Riquewihr; Tel. 89 49 01 21; Dienstagabend und Mittwoch geschlossen. – *Ribeauvillé:* • Wistub zum Pfifferhüs; 14, Grand Rue; Tel. 89 73 62 28; Mittwoch und Donnerstag sowie 23.12.–5.1. und 15.2.–15.3. geschlossen. – *Kintzheim:* • Auberge Saint-Martin; 80, Rue de la Liberté; Tel. 88 82 04 78; Mittwoch und Donnerstagnachmittag geschlossen. Tischreservierung wird wegen der vielen Stammgäste empfohlen. – *Dambach-la-Ville:* • Caveau Nartz; Place du Marché; Tel. 88 92 41 11; 19.4.–30.11. nur Samstag und Sonntag geöffnet, im Juli und August tägl., im Winter ganz geschlossen.
Sehens- und Wissenswertes: Weinlehrpfad.
Auskunft: • *Dambach-la-Ville:* Im Rathaus.
Karte: 3615 IGN – Série Verte Nr. 31, 1:100 000.

36 Vom Wein zum Ried

Dambach-la-Ville – Blienschwiller – Fronholtz – Epfig – Kogenheim – Hilsenheim – Muttersholtz – Ehrwihr – Rathsamhausen – Sélestat

 Tourencharakter: Anfangs leicht wellig, danach flach. Als Fortsetzung der Tour 35 möglich.
 Länge der Tour: 30 km.
Höhenunterschied: 50 m.

Sachte gleiten wir von der Weinstraße hinunter ins Ried, wo sich zwischen Muttersholtz und Sélestat letzte Reste der einst ausgedehnten Flußauen erhalten haben. Bis Epfig hat uns der Wein noch, dann beginnt das flache, fruchtbare Ackerland. Statt des Weins säumen ausgedehnte Maisfelder unseren Weg, immer wieder unterbrochen von eingestreuten Laubwäldern.

In **Epfig,** der größten Weinanbaugemeinde, die außerdem noch Ackerland besitzt, finden wir ein Kleinod ganz besonderer Art, die Margarethen-Kapelle. Die heilige Marga-

Epfig, Kapelle St. Marguerite. Der Blick durch die kurzen, stämmigen Säulen der Arkaden hinaus in den Friedhof oder hinein ins Hell-Dunkel des Kreuzgangs bleibt unvergeßlich.

rethe, die zu den 14 Nothelfern gehört, ist die Schutzheilige der Bauern. Und so ist die ihr geweihte Kapelle auch ein kleines bäuerliches Heiligtum abseits der großen Straße, umgeben von einem stillen Friedhof. Die romanische Kapelle, mit ihrem kreuzförmigen Grundriß, gehört zu den ältesten Kirchen des Elsaß. Ganz ursprünglich ist das schmucklose, nicht einmal 6 m lange Schiff erhalten. Es hat vier rundbogige Sitznischen in den Seitenwänden und zwei winzige Fenster in den fast meterdicken Mauern. Ein Jahrhundert später, um 1150, umgab man die West- und Südseite mit einer kreuzgangartigen Vorhalle, deren Bestimmung nicht ganz klar ist, deren schlichte urtümliche Schönheit jedoch beeindruckt. Der Blick durch die kurzen, stämmigen Säulen der Arkaden hinaus in den Friedhof oder hinein ins Hell-Dunkel des Kreuzgangs bleibt unvergeßlich. An der Nordseite ist ein Beinhaus auf alten Fundamenten errichtet. Für diesen Friedhof und diese Kapelle sollte man sich Zeit nehmen. Mitten im Friedhof finden wir den bemoosten Grabstein des Friedensrichters, der mit anderen ehrbaren Bürgern Op-

fer des rasenden Eulogius Schneider mit seinem mörderischen Gefährt (der Guillotine) wurde. »Er starb in Epfig auf dem sogenannten Marktplatz den 11. Christmonat des Jahres Christi 1793 und des 49. seines Alters.« So fügt sich bruchstückhaft Landesgeschichte zur Geschichte eines Friedhofs, und menschliches Schicksal leuchtet auf, bewegend, privat und doch allgemein. Noch 200 Jahre später erinnert man sich in diesem Dorf an den Friedensrichter, den Förster und den Gemeindeschreiber.

»Das waren wirre Jahre«, sagt uns ein Bauer aus Epfig und weist gleichzeitig darauf hin, daß die Gemeinde Epfig heute recht stolz dasteht. Mit 520 ha Weinbergen hat Epfig die größte Weinbaufläche des Elsaß. Grandioses Finale für den Wein. Noch eine Superlative gibt es in Epfig: die Weinstube Kirmann. Ein altes Fachwerkhaus, in dem bis zu 500 Gäste Platz haben. An drei Tagen in der Woche finden am Abend alte elsässische Trachtentänze statt, und man kann zur Mittagszeit ein preiswertes Drei-Gänge-Menü genießen, den hauseigenen Wein dazu gibt es gratis.

Ehrwihr: Jenseits der Ill beginnt das Ried.

Jenseits der Ill beginnt das Ried. Mitten im Ried liegt **Muttersholtz**. Das Maison d'Initiation à la Nature hat sich zum Anwalt der Erhaltung der letzten Reste der fast verschwundenen Riedlandschaft gemacht.

Nicht nur Anwalt des Rieds ist **Sélestat**, sondern der Umwelt überhaupt, wie wir an den schönen neugebauten Radwegen sehen können, die wir zwischen Muttersholtz und Sélestat antreffen. In Sélestat lebten schon Römer und Kelten gerne. Im 8. Jh. war Sélestat ein Fränkischer Königshof, in dessen Kapelle im Jahr 775 Karl der Große Weihnachten feierte. Seit dem 11. Jh. waren hier die Hohenstaufen ansässig. Friedrich II., der als der erste große Europäer gilt, ließ den Ort ummauern und regelte 1217 durch einen Vertrag die Verwaltung der Stadt. Unter Adolf von Nassau bekam Sélestat 1292 die Stadtrechte, und seit 1354 gehörte es dem elsässischen Zehnstädtebund an. Der vierundzwanzigköpfige Rat, ursprünglich aus adeligen Geschlechtern gewählt, wurde seit 1352 durch die Zünfte ergänzt. Bei wichtigen Anlässen trat der Große Rat, der aus einhundert Bürgern bestand, zusammen. Die Verwaltung lag bei mehreren Bürgermei-

stern. Besondere Bedeutung erlangte 1441 die reorganisierte Lateinschule, die zu einer der wichtigsten Stätten des frühen Humanismus wurde. Aus ihr gingen so bedeutende Humanisten hervor wie Jacob Wimpfeling (1450–1528), der in Sélesat geboren wurde, und den man später den Präceptor Germaniae nannte. Wimpfeling war Kleriker, Pädagoge, Historiker und Literat. Aus Sélestat kam aber auch Hans Ulmann, ein Altbürgermeister, der 1493 zu den Führern des ersten, im Keim erstickten, Bundschuh gehörte. Und dann vor allem der große Sohn der Stadt Beatus Rhenanus (1485–1547). Ein echter Büchernarr und Erzhumanist, Freund des Erasmus von Rotterdam. Im Lauf seines Lebens hat er eine Privatbibliothek von 760 großen Bänden zusammengetragen, eine gewaltige Zahl für die damalige Zeit. Kurz vor seinem Tod vermachte er alle diese Bücher seiner Vaterstadt. Diese Sammlung ist über die Jahrhunderte hinweg vollständig erhalten geblieben, und in der ehemaligen Kornhalle kann man diese und viele andere Bücher noch heute bewundern. Es ist die Bibliothèque Humaniste, ein Abenteuer für den Kopf. Diese Bibliothek gibt einen faszinierenden Überblick von merowingischen und karolingischen Manuskripten über Prachthandschriften des hohen und späten Mittelalters bis hin zu den frühen Drucken aus Sélestat, Strasbourg und Hagenau. Da findet man alte Karten aus dem 16. Jh., Dokumente über die Namensgebung Amerikas, ja sogar Schulhefte des Beatus Rhenanus.

Heute hat sich um Sélestat Metall- und Textilindustrie angesiedelt. Doch Sélestat hält das Erbe seiner Vergangenheit recht hoch; es verfügt über eine wunderbar erhaltene Altstadt. Die schönste Weinstube Sélestats, die Auberge des Alliés, finden wir ebenfalls in der Altstadt, gleich neben der Kirche Sainte-Foy. In den Tonnengewölben eines Hauses aus dem 14. Jh. können wir nicht nur fürstlich speisen, sondern auch komfortabel nächtigen. Mit der Schönheit des Hauses wetteifert die Küche um die Wette. Rustikale Gerichte in raffinierter Kombination, wie das Schiffala auf Linsen und die Fleischpastete nach Art des Hauses, wobei die Füllung in Weißwein mariniert ist. Die Spezialität der Auberge sind außerdem die delikaten Obsttorten/Tartes. Diesen elsässischen Nachtisch kann man hier sogar um die deutsche Kaffeezeit genießen.

Streckenbeschreibung

Wir verlassen **Dambach-la-Ville** in nördlicher Richtung auf der D 35 und radeln etwa 2 km Richtung Blienschwiller. Kurz vor Blienschwiller gabelt sich unsere Straße. Wir halten uns rechts und biegen am Dorfausgang rechts in die D 703 ein, Richtung Fronholtz. Nach etwa 1,5 km radeln wir durch eine Eisenbahnunterführung und erreichen nach weiteren 1000 m **Fronholtz.** Von hier aus sind es nur ein paar hundert Meter nach Epfig. Am Rand von **Epfig** überqueren wir die N 422 und rollen auf der D 603 nach Ste. Marguerite hinunter, bis wir die Kirche zu unserer Rechten erblicken. Nach Besichtigung dieses Kleinods folgen wir der Straße rechts am alten Friedhof vorbei und radeln auf der D 203, einer einsamen Landstraße, die uns durch Ackerland nach **Kogenheim** führt (6 km). Kurz vor Kogenheim überqueren wir die Eisenbahn und Autobahnbrücke.

Wir durchqueren das Dorf und bleiben auf der D 203, die uns nun 4 km durch den **Sermersheimer Wald** führt, bis wir auf eine Kreuzung stoßen, wo wir rechts in die D 212 in Richtung Hilsenheim einbiegen. Von der Kreuzung bis Hilsenheim sind es 5 km. Wir durchradeln **Hilsenheim,** wobei sich unsere Straße ab der Hilsenheimer Kirche in die D 211 umwandelt und uns 3 km nach **Muttersholtz** führt. Von hier aus radeln wir auf der D 21 durch das schöne, an der Ill gelegene Dorf **Ehrwihr** (1 km) und weiter nach **Rathsamhausen** (1,5 km) und von hier nach **Sélestat,** das wir nach weiteren 2,5 km auf der D 21 erreichen.

Nützliche Informationen

Ausgangsort: Dambach-la-Ville; 1800 Einwohner, 10 km nördlich von Sélestat.
Zielort: Sélestat; 16 000 Einwohner, halbwegs zwischen Rhein und Vogesen gelegen. Einkehr mit Übernachtung: *Sélestat:*
• Auberge de Alliés; 39, Rue de Chevaliers; 67600 Sélestat; Tel. 88 92 09 34; Sonntagabend und Montag Ruhetag; das Hotel ist durchgehend geöffnet. Gehobene Preisklasse.
Einkehr: *Epfig:* • Restaurant Kirmann; 6, Rue des Alliés; Tel. 88 85 51 17. Familienbetrieb, preiswerter Mittagstisch, Wein gratis.
Sehens- und Wissenswertes: *Muttersholtz:* • Maison d'Initiation à la Nature et l'Envieronnement du Ried. Auskunft erteilt die Association Regionale tour l'Initiation à l'Environnement et à la Nature en Alsace (Ariena); 36, Rue de Sélestat; Muttersholtz; 67600 Sélestat; Tel. 88 85 11 30. – *Sélestat:* • Bibliothèque Humaniste; Rue de la Bibliothèque; 67600 Sélestat; Tel. 88 92 03 24; Montag bis Freitag 9–12 Uhr und 14–17 Uhr, Samstag 9–12 Uhr geöffnet.
Auskunft: • *Sélestat:* Syndicat d'Initiative; Bd. du General Leclerc; 67600 Sélestat; Tel. 88 92 02 66. Montag bis Freitag 9–19 Uhr durchgehend, Donnerstag nur 10–12 und 14–16 Uhr, Samstag 9–12 und 14–17 Uhr geöffnet, von Mai bis September; von Oktober bis April Montag bis Freitag 8.30–12 und 14–18.30 Uhr und Samstag 14–16 Uhr.
Karte: 3615 IGN – Série Verte Nr. 31, 1:100 000.

37 Durch Ried und Rheinauenwälder zur Kleinen Camargue

Marckolsheim – Artzenheim – Kunheim – Biesheim – Neuf-Brisach – Heiteren – Balgau – Fessenheim – Blodelsheim – Wald des Harth Nord (Grunhutte) – Ottmarsheim – Mulhouse

Tourencharakter: Durchgehend flach, auf Nebenstraßen und langen Strecken durch den Wald. Durch ihren schnurgeraden Verlauf verleitet die relativ wenig befahrene D 468 die Autofahrer leider zum Schnellfahren. Wer die Dörfer meiden will, kann die ganze Strecke am Canal du Rhône au Rhin entlangfahren (40 km).

Länge der Tour: 57 km.
Höhenunterschied: Ohne.

Die **Elsässische Camargue** nennt man die letzten Reste eines Naturschutzgebiets, das sich zwischen Marckolsheim, Mulhouse und Basel noch erhalten hat. Zwischen Rhein und Rhein-Seitenkanal bestehen noch letzte Reservate einer außerordentlich artenreichen Tier- und Pflanzenwelt, wichtiger Stützpunkt für die zahlreichen Zugvögel, wo Wildschwein und Kiebitz leben und Orchideen gedeihen. 120 ha dieser Landschaft stehen unter Naturschutz, und die CINA, die Freunde der kleinen Camargue, sorgt sich um den Erhalt dieser Rheinauen-Landschaft und macht darauf aufmerksam, daß zur Anlage der Schleusen und Kraftwerke sehr viele Baumbestände geopfert werden mußten. Von den insgesamt 7700 ha, die noch verblieben sind, möchte man 6700 ha als Naturschutzgebiet ausweisen. Dies ist das Ziel der Organisation. Landwirte und Gemeinde zögern häufig und bangen um ihren Grund und Boden, weshalb die Anlage dieser Schutzzonen zum Teil erheblich erschwert wird. In dieser bizarren Auenwaldlandschaft sehen wir auf unserer Fahrt efeuüberwucherte Bäume. Am Forsthaus »Grunhutte« gibt es ein Reservat mit Wild- und Wasser-

vögeln, außerdem einen Hirschenpark mit japanischen Sikhas.

Auf den Feldern sieht man dann modernes Landwirtschaftsgerät, sogenannte Sprinkler, und Hochspannungsleitungen, die das industrienahe **Mulhouse** ankündigen. Von Mulhouse, der Pforte zur Kleinen Camargue, erstreckt sich diese Rheinauenlandschaft weiter über Petit Landau nach Rosenau bis zur schweizerischen Grenze in Basel. **Marckolsheim** wurde zum Beginn und Ende des Zweiten Weltkriegs zum großen Teil zerstört, weshalb sich die Stadt Märtyrer-Stadt/Cité Martyre nennt. Daß man hier besonders umweltbewußt denkt, beweist auch die Bürgerinitiative, die sich 1975 erfolgreich gegen den Bau eines Bleiwerkes wehrte. Am Rand des Waldes, inmitten von Maisfeldern gelegen, liegt auch unsere Ferme Auberge La Hueb, wo wir sehr ländlich untergebracht sind. Nach Bauernart wird das berühmte Schiffala/Schweineschulter serviert. Zwie-

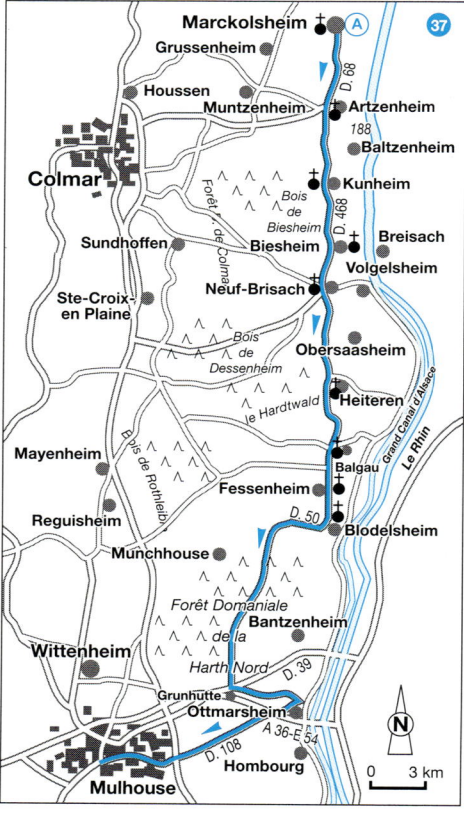

Die Festungsstadt Neuf-Brisach wurde 1699–1708 nach Plänen und unter Leitung von Vauban, dem Baumeister Ludwigs XIV., erbaut.

belkuchen, Bauernbratwurst, Enten und Hähnchen, Hammel- und Schweinefleisch-Gerichte gibt es auf Bestellung. Hervorragend ist auch der Preßkopf und ungewöhnlich saftig das Schiffala, nicht zuletzt deshalb, weil hier die Schweine aus der eigenen Zucht kommen.

Neuf-Brisach entstand um 1700 gegenüber dem deutschen Breisach. Breisach war 1648 französisch geworden, mußte aber im Frieden von Ryswick wieder an Österreich abgetreten werden. Daraufhin wurde nach Plänen und unter Leitung von Vauban, dem Baumeister Ludwig XIV., 1699–1708 die Festung Neuf-Brisach erbaut. Eine regelmäßige, achteckige Stadtanlage mit dem Place d'Armes/Waffenplatz im Zentrum und rechtwinklig sich kreuzenden Straßen. Eine perfekte Mischung von Aufklärung und militärischer Architektur. Große Schäden nahm die Anlage 1945, heute steht sie unter Denkmalschutz.

Die einzige ganz authentische und rein karolingische Kirche Frankreichs steht in **Ottmarsheim.** Um das Jahr 1030 gegründet, wurde die Kirche 1049 von Leo IX., dem einzigen elsässischen Papst, geweiht. Lange Zeit hielt man das Bauwerk in Ottmarsheim für eine alte heidnische Kultstätte, weil es so gar nicht den üblichen Dorf- und Klosterkir-

chen entsprach. Erst im 19. Jh. erkannte man, daß Ottmarsheim eine Nachbildung der Pfalzkapelle Karl des Großen in Aachen ist. Acht schwere Rundbogen bilden das Achteck des Untergeschosses. Über den wuchtigen Pfeilern zwischen den Bogen erheben sich die acht Pfeiler des Emporengeschosses. Hinter ihnen verläuft wie im Untergeschoß ein Umgang. Er ist vom Innenraum durch acht Emporenöffnungen getrennt, die jede durch eine zweigeschossige Arkadenstellung untergliedert sind. Über diesen Innenraum wölbt sich die Kuppel. Harmonie und majestätische Ruhe strahlt dieses sakrale Bauwerk aus, für das wir uns Zeit und Muße bei der Besichtigung nehmen sollten.

Als grüne Stadt weist sich Mulhouse besonders durch seinen zoologischen und botanischen Garten aus. Wenige Minuten vom Stadtzentrum entfernt liegt der wohl schönste Tierpark Frankreichs. Die 25 ha dieser 1868 gegründeten Anlage sind zu einem Drittel bewaldet. Über 1100 Tiere, etwa 220 verschiedene Arten, belegen die Gehege und Käfige, Becken und Volieren. Die vielfältige Tierwelt scheint zu wetteifern mit dem Reichtum der Flora. Bunte und exotische Farb- und Klangflecken inmitten unberührter Natur.

Streckenbeschreibung

Wir verlassen **Marckolsheim** auf der D 468. Nach etwa 5 km erreichen wir den Dorfausgang von **Artzenheim,** das wir links liegen lassen, und radeln weiter nach **Kunheim** (4,5 km), begleitet vom Canal du Rhône au Rhin zu unserer Rechten und dem Hardter Wald. 4 km weiter sind wir in **Biesheim,** von wo aus wir die achteckige Festungsanlage von **Neuf-Brisach** erblicken, das wir nach weiteren 2 km erreichen. Wir durchqueren die Festungsanlage und setzen unsere Fahrt auf der **Route du Tabac** Richtung **Heiteren** fort. Dabei überqueren wir die N 415 und kommen nach 5 km in Heiteren an. Unsere Straße überquert das Bahngleis kurz vor unserem nächsten pappelgesäumten Dorf **Balgau,** das wir nach weiteren 5 km erreichen. Von hier sind es nur 1500 m nach **Fessenheim,** das wir auf Radwegen befahren. Kastanien säumen unsere Fahrbahn, und Radwege, die uns von Fessenheim hinausgeleiten, führen uns nach weiteren 3 km nach **Blodelsheim**. Hier verlassen wir die D 468 und fahren am Dorfausgang rechts ab in die D 50, überqueren das Bahngleis, und nach etwa 2 km erreichen wir den **Forêt Domaniale de la Harth Nord**. Nach etwa 1,5 km Waldfahrt biegen wir links ab und folgen dem Weg zum **Maison Forestière de Salzlecke** und zur **Grunhutte,** die wir nach herrlicher Waldfahrt nach etwa 10 km erreichen. Hier überqueren wir die D 39 und die Eisenbahnstrecke, halten uns links und radeln weiter auf einer Waldstraße nach **Ottmarsheim** (4 km). Von Ottmarsheim nehmen wir die D 108, die uns über die Autobahn und den Canal du Rhône au Rhin durch den **Forêt Domaniale de la Harth Sud** nach **Mulhouse** führt (8 km).

Nützliche Informationen

Ausgangsort: Marckolsheim; 3300 Einwohner, 15 km südwestlich von Sélestat, im Zweiten Weltkrieg größtenteils zerstört (Cité Martyre).
Zielort: Mulhouse; zweitgrößte Stadt des Elsaß, 223 000 Einwohner, an der Nord-Süd-Verbindung Strasbourg–Basel, zwischen Vogesen und Rhein gelegen.

Einkehr mit Übernachtung: *Marckolsheim:*
• Ferme Auberge La Hueb; Raymund und Madelaine Augsburger; 67390 Marckolsheim; Tel. 88 92 53 76; von März bis Ende November Mittwoch bis Sonntag mittags und abends geöffnet. An Wochentagen ist der Gasthof jedoch von 14–16 Uhr geschlossen. Zimmer und Ferienwohnung. Unterbringungsmöglichkeit für Reiter und Pferde. Zufahrt: In Marckolsheim Richtung Illhäusern, nach der ersten Brücke nach links abbiegen und dem ausgeschilderten Weg zur Ferme Auberge folgen.
Übernachtung: *Mulhouse:* • Hôtel du Musée; 8, Rue de l'Est; Tel. 89 45 47 41. Ohne Restaurant, 44 Zimmer. Vom 23.12. bis Anfang Januar geschlossen. Sehr zu empfehlen, mittlerer Komfort.
Einkehr: *Mulhouse:* • Au Quai de la Cloche; 68100 Mulhouse; 5, Quai de la Cloche; Tel. 89 43 07 81; Spezialitäten: Lotte (fester Fisch ohne Gräten) mit Kartoffelpuffer, Muscheln und Gemüse in leicht gewürzter Currysauce, außerdem geschmorte Kalbsnieren und Spätzli in Senfsauce. Hervorragende Lammgerichte. • Le Cellier; 4, Rue des Trois Rois; 68100 Mulhouse; Tel. 89 66 04 84; Samstagmittag und Sonntag Ruhetag. Einfache, schmackhafte und preiswerte einheimische Gerichte, große Portionen, gerade das Richtige für Radlerfamilien. Ein Stammlokal der Mulhousener. • Auberge Alsacienne, Parc Zoologique; 31, Avenue de la 9e D.I.C.; 68100 Mulhouse; Tel. 89 44 26 91.
Sehens- und Wissenswertes: *Mulhouse:*
• Parc Zoologique et Botanique; 68100 Mulhouse;111 Avenue de la Première (Südeingang); Tel. 89 44 17 44. Man kann auch den Bus 12 vom Bahnhof nehmen. Mai bis August tägl. von 8–19 Uhr geöffnet, im April und September von 9–18 Uhr, Oktober und November von März, 9–17 Uhr, Dezember bis Februar 10–16 Uhr.
Auskunft: • *Mulhouse:* Office du Tourisme; 9, Av. du Maréchal Foch; 68100 Mulhouse; Tel. 89 45 68 31; Juli bis September durchgehend von Montag bis Samstag 9–20 Uhr und Sonntag von 10–15 Uhr geöffnet; von Oktober bis Juni Montag bis Freitag von 9–12 und 14–19 Uhr, Samstag 9–12 und 14–18 Uhr.
Karte: 3615 IGN – Série Verte Nr. 31, 1:100 000.

Nach dem Vorbild der Aachener Pfalzkapelle entstand die achteckige Kirchenanlage von Ottmarsheim.

Sundgau und Mulhouse

Südlich von Mulhouse, dem industriellen Herzen des Elsaß, liegt die friedlich abgeschiedene, ländliche Region des **Sundgaus**. Sie ist geprägt vom Ackerbau auf den fruchtbaren schweren Böden und der Karpfenzucht in den unzähligen Teichen und Seen, die das Land wie Sterne übersäen. Zum Ansporn der Touristen hat man hier die »Routes des Carpes Frites« erfunden. Doch nicht nur eine Straße des »Gebackenen Karpfen« durchfurcht den Sundgau. Nein, von Altkirch, dem regionalen Handelszentrum, weisen sich alle Straßen als »Routes des Carpes Frites« aus. Mit Ferrette, dem letzten Sitz der einst mächtigen Grafen, sind wir an die Grenze zur Schweiz gelangt, wo der Sundgauer Jura mit dem Schweizer Jura eine fließende Landesgrenze bildet.

Mulhouse

Die zweitgrößte Stadt des Elsaß – 125 000 Einwohner – liegt im Drei-Länder-Eck Frankreich, Deutschland und der Schweiz. Namensgebend war eine schon im 8. Jh. erwähnte Mühle an der Ill. 1293 wurden die Stadtrechte zuerkannt, nach dem Dreißigjährigen Krieg gewann die Kommune durch den Westfälischen Frieden von 1648 weitreichende Garantien zur Selbstbestimmung, die jedoch 150 Jahre später durch ihre freiwillige Entscheidung, sich auf die Seite des revolutionären Frankreichs zu schlagen, gefährdet wurden. Aber der wirtschaftliche Aufschwung, vor allem der Textilindustrie, blieb von dieser politischen Entscheidung unangetastet. Schon im 18. Jh. wurden für die damalige Zeit fortschrittliche Maßstäbe des Sozialwesens aufgestellt. So hatte man hier bereits Arbeitersparkassen und Lebensversicherungen. Heute ist Mulhouse noch immer ein bedeutender Standort der Textilindustrie, der sich ein großes Autowerk (Peugeot) mit vielen Zulieferbetrieben sowie zahlreiche moderne High-Tech-Firmen zugesellt haben. Die örtliche Universität hat sich auf Textilforschung und Chemie spezialisiert. Einen üblen Ruf haben bei den rheinabwärts gelegenen Nachbarregionen die Kaligruben der nahen Umgebung, weil die Salze das Fluß- und Grundwasser schwer beeinträchtigen. Noch immer ist man auf der Suche nach einer zufriedenstellenden Lösung für dieses Problem.

Doch gerade Mulhouse hat sich um die Radwege verdient gemacht, die bis hinüber zur Schweizer Grenze gebaut werden, und ebenso um die Erhaltung der Kleinen Elsässischen Camargue (Tour 37), für die Mulhouse das Eingangstor ist. Trotz aller Industrie ist Mulhouse eine grüne Stadt.

Symbol der Stadt und ihrer Kultur ist neben den Museen, die wir in Tour 40 vorstellen, der »Schweißdissi« (von 1906): Fast nackt steht er auf seinem steinernen Sockel und überblickt den Rhône au Rhin Canal. Der muskelschwellende Koloß, der sich den Schweiß von der Stirne wischt, steht für den vom Calvinismus geprägten Fleiß der Mulhousener: »Im Schweiße Deines Angesichts sollst Du Dein Brot essen.« Dieses Monument gegen die Müßigkeit steht allerdings nicht dort, wo gearbeitet wurde, sondern am Square du Tivoli.

Heute, da die Industrie darniederliegt, setzt man hier mehr als anderswo im Elsaß

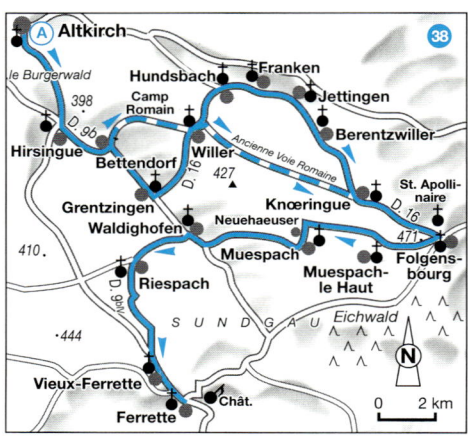

auf Europa, auf die Einbindung in die Region Oberrhein. Für diese europäische Zukunft steht der 100 m hohe Turm auf der Place de l'Europe, der Tour de l'Europe. An Sonnentagen spiegelt sich das Licht tausendfältig in der riesigen Glasfensterfront. Den Place de l'Europe zieren die Wappen der europäischen Großstädte, und das Wasserspiel am Tour de l'Europe wirbt für eine zarte spielerische Annäherung an Europa.

38 Auf Straßen des gebackenen Karpfens nach Ferrette

Dörferroute: Altkirch – Hirsingue – Bettendorf – Henflingen – Grentzingen – Willer – Hundsbach – Jettingen – Berentzwiller – Knœringue – Folgensbourg – Muespach-le-Haut – Neuehaeuser – Muespach – Steinsoultz – Waldighofen – Riespach – Vieux Ferrette – Ferrette
Auf dem Alten Römerweg (Variante): Altkirch – Hirsingue – Bettendorf – Voie Romaine/Alte Römerstraße – über Willer und Knœringue

Tourencharakter: Hügelig, nach Ferrette hin ansteigend.
Länge der Tour: Dörferroute 40 km; Variante auf dem Alten Römerweg 37 km.
Höhenunterschied: 100 m.

Durch den tiefsten Sundgau führt uns diese erste Tour und durch weltabgeschiedene Dörfer, deren Höfe sich in herber Schönheit präsentieren. Wir sind unterwegs auf der Routes des Carpes Frites, und überall stoßen wir auf das Symbol des Blauen Karpfens auf weißem Grund, das die Straßen kreuz und quer durch den Sundgau ziert. Manchmal vor dem Ortseingang, manchmal dahinter neben dem Straßenschild angebracht, so als ob man den Radler erinnern möchte, nicht den Karpfen zu vergessen.

Altkirch, Hauptort des Sundgaus, auf einem langgezogenen Hügel gelegen und überragt von der neoromanischen Kirche von 1845, ist Ausgangspunkt für alle unsere Erkundungen des Sundgaus. Die Stadt entstand im 13. Jh. unterhalb einer Burg der Grafen von Ferrette, die an der Stelle der heutigen Kirche lag. Durch seine zentrale Lage wurde Altkirch die Hauptstadt des Sundgaus. 1324 kamen durch Heirat die Grafschaften Ferrette und Altkirch an das Haus Habsburg, 1648 an Frankreich. Heute hat Altkirch etwas Industrie, ist regionales Handelszentrum für den Sundgau, hat aber seinen ländlichen Charakter weitgehend bewahrt. Den Sundgau, dessen sanfte Hügel von den Hochspannungsmasten nachgezogen werden, durchradeln wir ein Stück des Weges auf den Spuren der Römer. Die alte Römerstraße gibt den Blick über die ganze Region frei. Mit Ferrette erreichen wir dann den elsässischen Jura.

Immer wieder fallen uns in diesem weltabgeschiedenen, ländlichen Bauernland die Höfe und Fachwerkhäuser auf. Die Bauernhäuser des Sundgaus unterscheiden sich von denen aller anderen Regionen des Elsaß. Wohnungen und Stallungen sind unter einem Dach. Sie tragen wenig Blumenschmuck, dafür ist das Mauerwerk zwischen dem Gebälk in lebhaften Farben gehalten. Ochsenblutrot, auch beigebraune Töne harmonieren aufs Schönste mit der strengen Schönheit des Fachwerks. Wer die reizvollen Dörfer genießen will, wählt die Route über die Dörfer und hebt sich die alte Römerstraße für den Rückweg auf. Auf der Dörferroute läßt man dann Landschaft und ländliche Kultur auf sich wirken und Orte wie Hundsbach, Riespach, Knœringue. Riesige alte Höfe, die so leider gar nichts mehr von der Lieblichkeit der Outre Forêt-Dörfer haben.

In **Knœringue,** einem prächtigen Dorf mit schönen Fachwerkhäusern halten wir in der Krone/A la Couronne, wo wir eine willkommene Pause einlegen. Die freundlichen Wirtsleute haben ein besonderes Faible für die Radler, dementsprechend fallen auch die Portionen aus. Spezialität des Hauses, wie sollte es auf der Route des Carpes auch anders sein, ist der gebackene Karpfen. Er wird übrigens in Grießmehl gewendet und in kleinen Portionen fritiert. Meist kann man ihn »à volontiers« haben, das bedeutet, man kann nachbestellen so viel man will. Hier in Knœringue radeln wir quer durch den Wald nach Folgensbourg hinüber. Die Buchen bieten ein Laubdach über der Fahrbahn. Vorbei an Einzelhöfen, Pferdekoppeln und Fleckvieh auf der Weide, zum Greifen nah, um der heiligen Appolonia unsere Reverenz zu erweisen, deren Kapelle wir in Knœringue finden. In **Riespach**, das wir später erreichen, stehen herrliche alte Bauernhöfe, in denen die Mennoniten nach ihrer Verfolgung in der Schweiz ein Rückzugsgebiet hatten. Hier lebten sie und hatten ihre Kultstätten und konnten ihrem »neuen Glauben« – keine Waffe zu ergreifen und absolut friedlich in Gemeinschaft miteinander zu leben – unangefochten nachgehen.

Wenn auch vom Militärlager der Römer bei **Willer** nichts weiter als ein vom dichten Laubwald umstandener befestigter Erdhügel geblieben ist, so wußten doch die römischen

Typisches Sundgauer Bauernhaus.

Gutsherren schon, sehr gut hier zu leben. So hat man im nahen Kœstlach, in der unmittelbaren Nachbarschaft von **Vieux Ferrette**, die Überreste einer römischen Villa Rustica ausgegraben.

Wo der südliche Sundgau mit malerisch anzusehenden Landschaftsstufen allmählich zu den Höhen des Jura aufsteigt, ließen sich die Grafen von Ferrette ihren Stammsitz auf einem Hügel in 470 m Höhe anlegen und befestigen. Unterhalb der Ruine des Château liegt das schöne Ferrette, bereits seit dem 12. Jh. eine maueumgebene Stadtsiedlung.

Ferrette grüßt uns mittelalterlich, blumengeschmückt, von zwei Schloßruinen überragt, die an die kalkigen Felswände geschmiegt sind, und in lebhaften Farben: rot das herrliche Renaissance-Rathaus auf der Höhe, das sich mit dem Wappen derer von Ferrette und Habsburg schmückt, grün das alte Haus des Kachelofen-Bauers. Die gut erhaltene gotische Kirche, die majestätisch die Stadt überblickt, verfügt über wundervolle Glasmosaikfenster; in den Felsen gehauen hinter der Kirche eine Lourdes-Grotte. Ein farbiger Willkommensgruß sind die blumengeschmückten Häuser des Städtchens, das seinem Namen Cité Fleurie alle Ehre macht. Die Grafen von Ferrette hatten, wie in Altkirch, auch in Ferrette ihr Schloß. Altkirch war sozusagen der Amtssitz derer von Ferrette, Ferrette aber, idyllisch gelegener Ausflugs- und Aufenthaltsort des 20. Jh., war von jeher die bevorzugte Wohnlage der Grafen. Hier regierten und beherrschten sie den Sundgau bis zum Revolutionsjahr 1789, als aufständische Bauern aus der Gegend von Belfort das Schloß anzündeten. Aber nicht nur Ferrette brannte lichterloh im Revolutionsjahr, sondern auch die Schlösser der Lehensherren in Hirsingue und Hirtzbach, die wütende Bürger angezündet hatten. Nach dem Zweiten Weltkrieg hat man die Burgreste saniert und eine Aussichtsterrasse angelegt. Auf merkwürdige Weise kam die Burg in den Besitz der Fürstenfamilie Grimaldi. So nennt sich Rainer, Fürst von Monaco, unter anderem auch Comte de Ferrette. Durch das alte Walltor gelangt man zu den zwei Burgen, von wo aus man die drei Gebirgsketten Schwarzwald, Vogesen und den Jura sowie die Stadt Ferrette und den Sundgau überblicken kann. Zu der älteren Oberburg aus dem 12. Jh. kam ab dem 15. Jh. die schon für Feuerwaffen eingerichtete Unterburg. Relativ gut erhalten ist die untere Mauer mit Schießscharten und zwei Rundtürmen. Von der oberen Plattform, die 612 m hoch liegt, hat man eine herrliche Aussicht bis hinüber zum Schweizer Jura. Wanderwege in alle Himmelsrichtungen machen Ferrette zu einem idealen Standort. Unsere Einkehr halten wir im ochsenblutroten Hotel Collin, das gediegenen Komfort ausstrahlt, eine Atmosphäre des 19. Jh. verbreitet und dennoch preiswerte Gerichte in hervorragender Qualität anbietet. Fisch ist bestimmt auf der Speisekarte. Karpfen in allen Variationen, aber auch sehr zu empfehlen die Fischpastete und die Fischsuppen.

Streckenbeschreibung

Willer. Von dem einstigen Militärlager der Römer ist nichts geblieben als ein befestigter, von dichtem Laubwald umstandener Erdhügel.

Durch die Dörfer: Von **Altkirch** starten wir auf der Grande Place und biegen nach rechts in Richtung Ecole Lavijerie, radeln die Kuppe hinunter und schwenken in den Burgerwald hinein, den wir auf teils schlechter Wegstrecke in Richtung **Hirsingue** durchqueren (5 km). In Hirsingue wenden wir uns der D 9bis nach **Bettendorf** zu (2 km). In Bettendorf halten wir uns rechts und radeln nach **Henflingen** (1 km), das wir in Richtung **Grentzingen** durchqueren. Vor der Kirche von Grentzingen biegen wir links ab in die D 16^{II} und fahren 3 km nach **Willer**. Wir durchqueren Willer und folgen unserer Straße nach **Hundsbach** (2 km). In Hundsbach biegen wir rechts in die D 16 ein und fahren zunächst nach **Franken** (1 km), einem kleinen Weiler mit schöner Einkehr in der Brauerei Au Canon/Zur Kanone, und gleich am Ortsausgang erblicken wir ein Schild, das auf die **Routes des Carpes Frites** verweist. Nach weiteren 1000 m erreichen wir **Jettingen**. Wir bleiben auf der einsamen D 16 und radeln in das 2 km entfernte **Berentzwiller**. Auf leicht gewellter Fahrbahn erreichen wir nach weiteren 3 km **Knœringue**, wo wir mit der königlichen Einkehr (À la Couronne) eine willkommene Pause einlegen können. Von Knœringue bietet sich ein besonders schöner Abstecher nach **Folgensbourg** (3,5 km). Von Folgensbourg ra-

deln wir weiter auf der D 463 nach **Muespach-le-Haut** (3 km), wo wir die Rue de la Diligence/den alten Postkutschenweg, einen betonierten Wirtschaftsweg, nach **Neuehaeuser** (2,5 km) nehmen. An der Kreuzung biegen wir links ab und radeln unter einer alten Eisenbahnbrücke hindurch nach **Muespach** (1 km). In Muespach folgen wir der D 463 zunächst nach Steinsoultz (3 km) und anschließend nach Waldighofen (1,5 km). Gleich nach Waldighofen steigt die Straße kräftig durch den Wald an. Von hier aus sind es knapp 2 km nach **Riespach**, wo wir der ansteigenden Straße auf der D 9b^{IV} Richtung **Vieux Ferrette** folgen. Nach etwa 1000 m radeln wir an einer kleinen Kapelle vorbei und nach weiteren 2 km stoßen wir auf die D 432 mit einem landwirtschaftlichen Silo als Wegzeichen zu unserer Rechten. Wir halten uns links und fahren nach Vieux Ferrette hinein, das noch etwa 1 km nach der Kreuzung liegt. Von Vieux Ferrette zieht die Straße gleich nach **Ferrette** hoch (kaum 500 m).

Auf dem Alten Römerweg (Variante): In **Bettendorf**, gleich neben der Marienstatue, gibt es einen mit einer roten Raute markierten Weg, der uns auf der alten Römerstraße durch Wald nach **Willer** führt (4 km). Unsere Straße mündet am Dorfeingang in die D 16^{II}, der wir bis zum Wegkreuz folgen, dann biegen wir am Ortausgang rechts in den Alten Römerweg, einem einsamen Kammsträßchen, das 7 km weit nach **Knœringue** führt.

Nützliche Informationen

Ausgangsort: Altkirch; 6200 Einwohner, 312 m hoch gelegen. Regionale Hauptstadt des Sundgaus. 18 km südlich von Mulhouse auf einem Höhenrücken der Ill.
Zielort: Ferrette; 727 Einwohner, 40 km südlich von Mulhouse, im Jura, unweit der Schweizer Grenze.
Einkehr mit Übernachtung: *Bettendorf:*
• Au Cheval Blanc; 68560 Bettendorf; Tel. 89 40 50 58; Spezialität: Carpes Frites à volontiers und frischer Lachs auf Sauerkraut. Restaurant Mittwochabend und Donnerstag geschlossen.
Ferrette: • Hôtel-Restaurant Collin; 4, Rue du Chateau; 68480 Ferrette; Tel. 89 40 40 72. Restaurant Ruhetag Dienstag und Mittwoch. Heimeliger Gasthof mit komfortablen Zimmern, hervorragende Küche. Spezialität ist unter anderem der geräucherte Karpfen mit Meerrettichsauce/ Carpe Fumée.
Einkehr: *Knœringue:* Restaurant à la Couronne; 68220 Knœringue; 7, Rue d'Altkirch; Montagabend, Dienstag und Mittwoch geschlossen. Spezialität: Frittierter Karpfen, Wild, Pfeffersteak.
Sehens- und Wissenswertes: *Altkirch:*
• Musée Sundgauvien. In einem Gebäude des 16. Jh. mit volkskundlicher Sammlung; Place de la République; 68130 Altkirch; Tel. 89 40 00 04 - 28; im Juli und August geöffnet tägl. außer Montag 15–17.30 Uhr; im September und Juni Sonntag von 15–17.30 Uhr.
Auskunft: • *Altkirch:* Syndicat d'Initiative; Tour Bloche; Place Xavier Jourdain; Tel. 89 40 02 90.
Karten: 3615 IGN – Série Verte Nr. 31, 1:100 000; bzw. Cartes des Vosges – Club Vosgien: Sundgau, 1:50 000.

39 Durch die Teichlandschaft des Sundgaus zu den Mennoniten

Altkirch – Carspach – Hagenbach (Canal) – Wolfersdorf – Dannemarie – ehem. Eisenbahntrasse – Friesen – Lepuix-Neuf – Courtelevant – Faverois – Le Porchy – Etang Fourchu – Suarce – Strueth – Hindlingen – Friesen – Largitzen – Hirtzbach – Altkirch

 Tourencharakter: Rundtour. Flach auf Kanal- und Radwegen, mäßig bis kräftig ansteigend zum Etang Fourchu.
Länge der Tour: 58 km.
Höhenunterschied: 100 m.

Wasser ist das Merkmal dieser Tour. Ob die Tausend Augen der Teiche und Seen, die uns ständige Wegbegleiter sind, oder die Wegstrecke entlang des Canal du Rhône au Rhin. Es sind auch die Teiche, die die Mennoniten schufen, als sie das Land urbar machten und beispielgebend für die Landwirtschaft wurden.

In großer Weltabgeschiedenheit bieten ihre Farmen und der erhabene Etang Fourchu, der König unter den Waldseen, den Höhepunkt dieser Radreise. Mit der alten Tradition und Heimat verbunden ist man im Sundgau noch heute. Allgegenwärtig ist die Bearbeitung des Bodens und allgegenwärtig ist das Wasser. Kanäle, Teiche und künstlich angelegte Bassins dienen der Aufzucht von Karpfen und Schleien. Ganz besonders um Friesen finden wir reichhaltige Fischgründe, was sich auch in der Küche des Sundgaus niederschlägt. Die Flüsse Ill und Largue boten einst gute Grundlagen für den Transport der Holzwirtschaft.

Bäuerliche Tradition wird gepflegt und dennoch ist man weltoffen. So hat sich in Carspach das Théâtre de Carspach einen Namen gemacht, der weit über die Grenzen des Sundgaus bekannt wurde. Alles Laienspieler, schreiben sie ihre Stücke selbst – Elsässer Alltag mit Humor bewältigt. Alljähr-

Rast vom Radeln auf der »Relais Nautique« am Canal du Rhône au Rhin.

lich zu Beginn der Winterspielzeit (Januar, Februar, März) wird in der Auberge Sundgovienne die Theater-Saison mit einem großen Fest eingeläutet. Lieder auf Deutsch und Französisch machen die Runde, und der Gast wird in die Sundgauer Tradition des Festefeierns einbezogen. Ein Stück der Utopie im Elsaß, als eine harmonische Synthese zwischen Deutschland und Frankreich, leuchtet auf. Sundgau, Land, wo auch die Ideen der Revolution auf fruchtbaren Boden fielen, erleben wir in **St. Ulrich:** Noch immer grünt der Freiheitsbaum, der 1848 gepflanzt wurde, als von der Revolution anderswo schon gar nicht mehr die Rede war.

In **Friesen,** ganz im Zeichen des Karpfens, verkauft fast jeder Bauer diese Fische an den Besucher. Köstlich zubereitet, kann man ihn im Restaurant de la Carpe essen, wo wir nach unserer anstrengenden Radreise Einkehr machen werden. In **Mertzen** scheint die Zeit seit 1950 stillzustehen. Das alte Bahnhofsrestaurant Café de la Gare wirbt mit dem Plakat einer alten Cola-Flasche, original aus der Zeit von 1950, innen das Interieur eines alten Wartesaals. Man kann draußen sitzen, ins Tal hineinblicken, und über dem Fahrradweg verlaufen noch die alten Eisenbahnbrücken. Weideland, keine

Felder mehr. Die Wirtin spricht deutsch und erinnert sich wehmütig an die Zeit, als die Züge noch ihr Haus passierten. Und dann oben auf der Anhöhe: Wir haben auf dem Weg zu den Mennoniten das Tal de la Largue und den Kanal hinter uns gelassen. Wald, Weide und Brachland und immer wieder eingestreut Karpfenteiche. Wir fahren auf einer einsamen Wegstrecke, und wir sind umflogen von Bussarden und großen Raubvögeln, die fast über unsere Köpfe hinwegschwirren. **Lepuix-Neuf,** verschlafen, weltabgeschieden, umgeben von Teichen, deren größter Bon Bois ist.

In **Courtelevant** scheint die Zeit stillzustehen und die Welt ist zu Ende. Die Straße endet im Dorf, die Gärten reichen hinunter bis an die Dorfstraße, auf der die Kinder tollen, und die graue Sandsteinkirche döst ebenso in der Sonne wie der Hund. Alte Frauen wärmen sich in den letzten Strahlen der Herbstsonne und haben ihre Liegestühle in den Gärten direkt neben der Straße. Kein Autoverkehr trübt die Idylle. Die alte Wassermühle aus dem 18. Jh. wurde restauriert. Jeden Sonntag ab 14 Uhr kann die Wassermühle besichtigt werden. Erst 1989 hat man sie wieder instand gesetzt. Das Rad dreht sich zwar, doch ohne Mahlbetrieb.

In einer großen Waldlichtung auf einsamer Höhe treffen wir auf die Höfe der Mennoniten, eingebettet in Felder und Teiche, in denen sich das Licht der Herbstsonne spiegelt und dem Grau der Höfe einen Silberton verleiht. Von majestätischer Schlichtheit sind diese grauen, großangelegten alten Höfe der Mennoniten, die nicht verfallen sind, sondern offensichtlich bewirtschaftet werden. Der Friedhof, in unweiter Entfernung zu den Einzelgehöften, birgt die grauen schlichten Steine der ersten Siedler. An der Kapellenwand, angeschlagen auf vergilbtem Papier, ihre Geschichte und die dieses Friedhofs. Die Mennoniten, vertrieben aus den Kantonen Bern, Emmental und Oberland, wo sie verfolgt wurden, siedelten um das Jahr 1740 in der Kommune Florimont. Als fleißige Bauern rodeten sie den Wald und schufen Platz für zahlreiche Höfe, die von Seen umgeben waren. Sie bauten auch Mühlen und gingen ihrem Beruf als Weber nach. In treuem Glauben an ihren Gott versammelten sie sich regelmäßig auf ihren Farmen, um das Wort Gottes miteinander zu teilen. Die Bibel war die Grundlage ihrer Glaubensgemeinschaft, und die Bibelworte bildeten das Fundament für ihren Gottesdienst. Im Jahr 1845 ließ Josef Klopfenstein, Besitzer der Farm Le Porchy auf der Anhöhe vor dem Etang Fourchu, eine Kapelle bauen. Seitdem dient sie der mennonitischen Gemeinde. Es ist anzunehmen, daß der Friedhof schon vor dem Bau der Kapelle angelegt worden war. Um das Jahr 1931 wurde er vergrößert und 1983, nachdem viele Gräber schadhaft geworden waren und der Ort nicht mehr respektiert wurde, hat man eine Friedhofsordnung zur Erhaltung der alten Gräber verfaßt und sie zum historischen Monument erklärt. Von den Familien der Versammlung wird der Friedhof bis zum heutigen Tag unterhalten. Artikel 1 der Friedhofsordnung besagt (er bekundet den ausgeprägten Gemeinschaftssinn der Mennoniten): »Wenn einer aus den Familien stirbt, muß die Versammlung benachrichtigt werden, damit sie zur Hilfe und zum Rat der Familie der Trauernden eingesetzt wird, und die Organisation der Beerdigung für dieses verstorbene Mitglied der Gemeinde übernimmt.« Über der nicht mehr genutzten Kapelle, die sich in einem ziemlich desolaten Zustand befindet, stehen die Worte: »Le ciel et la terre passeront, mais mes paroles ne passeront point.«/Mögen Himmel und Erde vergehen, meine Worte vergehen nicht (Lk., 21/4/33).

Und dann der **Etang Fourchu,** ein Waldsee, reich an Karpfen und Forellen, Sonntagsangler sitzen rundum. Eingebettet ist dieser See zwischen Buchenwald und anderen Laubbäumen, im Herbst golden verfärbt, und im Wasser bildet sich eine orange-grüne Reflexion.

Festlich gedeckt finden wir nach unserer anstrengenden Radreise zu den Mennoniten den Tisch im Restaurant de la Carpe. Drei Saucen serviert die Wirtin zu dem in einer Grießpanade frittierten Karpfenstücken. Paprikasauce, Kapernsauce und eine Curry-Mayonaise dazu Pommes-Frites und Salat, alles wie immer à volontiers. Fazit nach so reichhaltiger Speise: Man braucht unbedingt einen Quetsch/Zwetschkenschnaps zur Verdauung!

Letzten kulturellen Höhepunkt bietet nach einer herrlichen Talfahrt das überaus schöne **Hirtzbach.** Durch das Dorf fließt ein Kanal, blumengeschmückt die Fachwerkhäuser, und ein altes Schloß gibt es auch, das Schloß der Freiherren von Rainach-Hirtzbach, Dreiflügelanlage des 18. Jh., und eine Kirche, 1834 neu erbaut, am Platz der mittelalterlichen St.-Mauritius-Kirche. In schöner Berglage grüßt die St.-Afra-Kapelle.

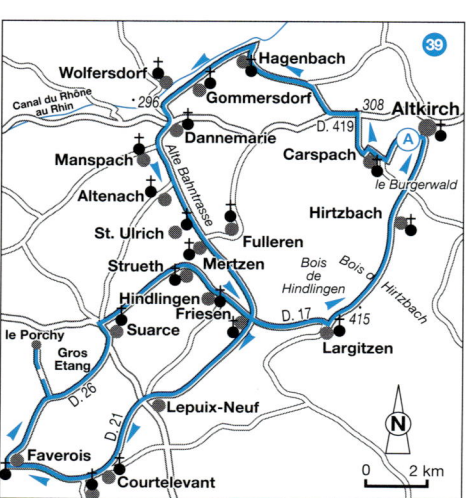

Streckenbeschreibung

In **Altkirch** radeln wir von der Grande Place auf der D432 in Richtung Hirtzbach. Nach etwa 1 km biegen wir rechts nach **Carspach** ab. Wir durchqueren Carspach, und nach dem Bahnübergang halten wir uns geradeaus und benutzen einen unmarkierten Feldweg, 1 km lang, vorbei am Petit Bannholz, bis unser Weg in die große Department-Straße 419 einmündet, die sehr befahren ist. Hier biegen wir links ab und radeln etwa 800 m, vorbei an der Auberge Sundgovienne zu unserer Rechten, bis zur Kreuzung, wo wir rechts in die D25 Richtung Hagenbach abbiegen. Nach 3 km auf dieser herrlichen, einsamen Straße durch den Forêt de Carspach erreichen wir **Hagenbach.** Hier wenden wir uns rechts in die D103 und folgen dieser Straße etwa 500 m bis zur Kanalbrücke. Unmittelbar vor der Kanalbrücke biegen wir links in den geteerten Radweg des Canal du Rhône au Rhin, dem wir jetzt auf einer Strecke von 4 km bis **Wolfersdorf** folgen. An der Brücke von Wolfersdorf endet unsere Kanaltour, und wir wenden uns nach links und folgen dem gut ausgeschilderten Radweg durch **Dannemarie.** Am Ausgang von Dannemarie radeln wir unter der großen Eisenbahnbrücke hindurch, und nach etwa 1 km auf der D103 schwenken wir links in den ausgeschilderten Radweg, der auf der alten Bahntrasse verläuft. Dieser Weg führt uns im herrlichen Laubwald von La Petite Forêt an Altenach, St. Ulrich, Mertzen, Strueth und Hindlingen vorbei nach **Friesen** (7 km). In Friesen verlassen wir die alte Bahntrasse und radeln durch Friesen hindurch zur D17 (später D21), die uns auf kräftig ansteigender Straße durch den Oberwald nach **Lepuix-Neuf** führt. Wir radeln auf der D21 nach **Courtelevant** weiter, wo wir eine Mühle aus dem 18. Jh. besichtigen können. Hier mündet unsere Straße in die D463 ein. Wir halten uns rechts und fahren an Florimont vorbei in Richtung **Faverois** (3 km). In Faverois verlassen wir die D463, biegen rechts in die D26 ab und fahren zunächst etwa 3 km in Richtung **Suarce.** An einem Feldweg zu unserer Linken sehen wir ein Schild mit der Aufschrift Chapelle. Wir folgen diesem Feldweg, der den Namen Chemin de la

Chapelle trägt, und kommen nach 1,5 km zur ehemaligen Mennoniten-Kapelle mit dem dahinterliegenden Friedhof. Nach unserer Besichtigung der Umgebung, einschließlich der Mennoniten-Bauernhöfe, kehren wir zu unserer Straße zurück und setzen unsere Fahrt durch den Grand Bois am **Etang Fourchu** vorbei in Richtung **Suarce** fort, das wir nach weiteren 3,5 km erreichen. In Suarce-Mitte biegen wir rechts in die D26 ab, halten uns an der Straßenabzweigung wieder rechts und radeln durch den Niederwald in Richtung **Strueth,** das wir nach 4 km erreichen. Wir befinden uns auf der D7^b und steuern **Hindlingen** (1 km) und Friesen (1 km) an. In **Friesen** halten wir unsere Einkehr, radeln dann durch Friesen hindurch, und am Dorfausgang biegen wir links in die D17 nach Largitzen ab, das wir nach 2 km erreichen. Wir radeln auf der D17 nun weitere 5 km in herrlicher Talfahrt durch den Hirtzbacher Wald nach **Hirtzbach.** Von hier aus überqueren wir die D432 und fahren durch den Bürgerwald zu unserem Ausgangsort nach Altkirch zurück (3 km).

Nützliche Informationen

Ausgangsort: Altkirch; 6200 Einwohner, 312 m hoch gelegen. Regionale Hauptstadt des Sundgaus. 18 km südlich von Mulhouse auf einem Höhenrücken der Ill.
Zielort: Mennoniten-Siedlung Le Porchy und der Etang Fourchu.
Einkehr mit Übernachtung: *Altkirch:*
• Auberge Sundgovienne; Route de Belfort; 68130 Altkirch-Carspach; Tel. 89409718; Montag und Dienstagmittag sowie Weihnachten bis Ende Januar geschlossen. Hervorragendes Speiselokal mit komfortablen Zimmern, mittlere Preisklasse. Spezialität: Karpfen in Portwein.
Altenach: • Relais de la Largue; 68210 Altenach; Rue Ste. Barbe; Tel. 89251292; Spezialität: Carpe Frite und andere Sundgauer Gerichte; sehr preiswert. Zimmer und Ferienwohnung, Rad- und Pony-Vermietung; ganzjährig geöffnet. Anfahrt: Auf unserer Radroute 400 m vom ehemaligen Bahnhof Altenach gelegen.
Einkehr: *Friesen:* • Restaurant de la Carpe; 68580 Friesen; Tel. 89076603; Montag und

Dienstagabend geschlossen. Spezialität: Karpfen und Forellen.

Sehens- und Wissenswertes: *Courtelevant:*
• Mühle aus dem 18. Jh.; sonntags ab 14 Uhr.

Auskunft: • *Altkirch:* Syndicat d'Initiative; Tour Bloche; Place Xavier Jourdain; Tel. 89 40 02 90.

Karten: 3615 IGN – Série Verte Nr. 31, 1:100 000; bzw. Cartes des Vosges – Club Vosgien, Sundgau, 1:50 000.

40 Sonntagsausflug nach Mulhouse

Altkirch – St. Morand – Wittersdorf – Walheim – Luemschwiller – Tagolsheim – Illfurth – Kanalweg Zillisheim – Brunstatt – Mulhouse und zurück

Tourencharakter: Abfahrt von Altkirch-Mitte, sonst flach.

Länge der Tour: 40 km hin und zurück.

Höhenunterschied: Von Altkirch-Mitte zur Ebene 90 m.

Den Sonntagsweg der Mulhousener nehmen wir in umgekehrter Richtung. Wenn die Museen leer sind, erkunden wir das reiche Kulturerbe der Grünen Stadt. Sehr viel tut man hier für die Ökologie: So sorgt man sich von hier aus auch, daß das restliche Radnetz bis hin zur Schweizer Grenze ausgedehnt wird. Von unserem herrlichen rustikalen Quartier in Wahlbach, wo uns ein opulentes Mahl am Abend erwartet, starten wir durch den tiefsten Sundgau. **St. Morand** erinnert an den ersten Missionar des Sundgaus. In Illfurth, wo mit der Burnkirche die älteste Kultstätte des Landes stand, erinnern heute nur noch der Turm aus dem 14. Jh., die neugefaßte Madonna auf der Mondsichel (Ende des 15. Jh.) und ein Versperbild an die alte Kirche. Von hier ab genießen wir Kanalwege: satte Viehweiden, in denen die für den Sundgau so typischen schwarz-weißen Kühe grasen, wechseln mit flachem Brachland,

wo die Graureiher ihr Revier haben. Hie und da erhebt sich einer dieser majestätischen Vögel in die Lüfte und fliegt mit einem Fisch im Schnabel zu dem stelzenden Reiher im Gras des Brachlands, um mit ihm das Morgenmahl zu teilen. Auf dem Kanal schaukelt ein gutes Dutzend Motorboote und Jachten, und in der Sonne liegt gleißend ein Bootsrestaurant, auf dessen Oberdeck man sein Frühstück einnehmen kann. Die ersten Mulhousener sitzen schon in der Sonne und genießen Sundgauer Luft und die reichlichen Einkehrmöglichkeiten. Im Altkirchener Sundgau-Museum haben wir erfahren, daß es den Bauern des Sundgaus nicht immer so gut ging wie heute. Sie lebten unter einfachen Bedingungen, das Schweinefleisch war der einzige Tafelgenuß. Gemüse-, Kartoffel- und Kohlsuppe wurden durch ein Stück Speck aufgebessert. Deshalb war man hier auch den revolutionären Ideen besonders aufgeschlossen – man wollte aus der Abhängigkeit vom Adel herauskommen. Die Tatsache allerdings: nach der anfänglichen Euphorie ließ auch die Revolution kein zusätzliches Speckstück auf den Tisch gelangen.

Wer heute durch den Sundgau radelt, kann sich derlei angesichts der gediegenen und reichen Bauernhöfe nicht mehr vorstellen. Noch im 18. Jh. dichtete Karl Michael Bellmann: »Wein vom Sundgau muß es sein« – bis dahin war hier also auch Wein angebaut worden, aber anläßlich der großen Mengen pflanzlicher Rohstoffe, die man besonders im Mulhousener Stoffdruckzentrum benötigte, stellten die Weinbauern ihre Betriebe um und pflanzten Krappflanzen und Reseda. Doch ebensowenig ließ sich mit diesen Anpflanzungen die goldene Nase verdienen, wie mit den Lehmziegelgruben bei Ferrette, weshalb der Sundgau sich ganz auf sein landwirtschaftliches Erbe besonnen hat.

Mulhouse ist noch immer bedeutender Standort der Textilindustrie. Die örtliche Universität hat sich auf Textilforschung und Chemie spezialisiert, weshalb das Stoffdruck-Museum mit seiner einmaligen

Das Renaissance-Rathaus ist eines der wenigen Zeugnisse der Vergangenheit von Mulhouse.

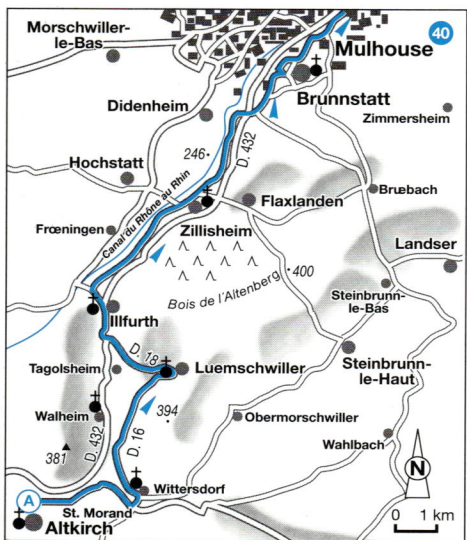

sammenbruch der Schlumpf-Träume. Als Ausstellungsort dienen ehemalige Fabrikgebäude an der Avenue de Colmar in Mulhouse. Die Beleuchtung des immensen Ausstellungssaales besteht aus etwa 900 alten Straßenlaternen.

Für Eisenbahn-Freunde ist das Musée Français du Chemin de Fer/Eisenbahn-Museum ein absolutes Muß. Man kann hier u. a. die älteste Dampflok aus dem Jahr 1844 mit holzverkleidetem Zylinder und den Luxuszug Sézanne von 1847, der sogar mit Ölheizung ausgestattet ist, bewundern. Dem Eisenbahnmuseum ist ein Feuerwehr-Museum angeschlossen.

Streckenbeschreibung

Wir verlassen **Altkirch-Mitte** und fahren auf der D 419 am Rande des Klosterwaldes bergab nach **St. Morand** (1,5 km). Nach weiteren 1,5 km erreichen wir **Wittersdorf**. In Wittersdorf halten wir uns links, biegen in der Dorfmitte links ab, überqueren den Walbach und radeln auf der D 16 nach **Walheim** weiter. Von hier aus sind es noch 1,5 km am Weilenberg vorbei nach **Luemschwiller**. In Luemschwiller nehmen wir die D 18 nach **Tagolsheim**, das wir durchqueren und fahren unter der Eisenbahnbrücke nach **Illfurth** (1,5 km). Wir durchqueren Illfurth und folgen der Beschilderung für Fahrräder, die uns zum Kanalweg führt. Wir bleiben auf dem Kanalweg, lassen **Zillisheim** rechts liegen (2 km) und radeln bis **Brunstatt** (5 km). Hier müssen wir unseren Kanalweg verlassen, fahren durch Brunstatt hindurch und nehmen von hier den Radweg nach **Mulhouse-Mitte** (6 km). Nach unserer Museumsrunde radeln wir zu unserem Ausgangspunkt **Altkirch** zurück.

Nützliche Informationen

Ausgangs- und Zielort: Altkirch; 18 km südlich von Mulhouse, 6100 Einwohner, Regional-Hauptstadt des Sundgaus.
Einkehr mit Übernachtung: *Altkirch:* • Café-Restaurant du Soleil; Roger Martin; 10, Rue Maréchal Foch; Wahlbach; 68130 Altkirch; Tel. 89 07 81 48. Sehr preiswerte Bleibe in einem behäbigen alten Fachwerkhaus.

Sammlung dieser Art – über 4 Millionen Muster und Entwürfe, die auch heute noch verwendet werden, lagern hier – unser erstes Ziel sein könnte. Nicht nur weibliche Herzen schlagen höher beim Anblick der bedruckten Tücher und Batiken, der Cashmire und der mit Bildern und Texten geschmückten Schnupftücher. In einem Saal wird die Technologie des Stoffdrucks gezeigt.

Weiterhin sind sehenswert die Gemälde des Musée des Beaux-Arts, dann das Automobil-Museum, das seine Existenz allerdings einem traurigen Kapitel Elsässer Wirtschaftsgeschichte verdankt: Fritz und Hans Schlumpf, ehemals die Textil-Könige des Elsaß, mußten im Oktober 1976 den Bankrott ihres Unternehmens anmelden. Konnte sich Fritz Schlumpf noch 1972 als der sechstreichste Mann Frankreichs feiern lassen, wurde ihm vier Jahre später seine unglaubliche und unheimliche Sammlerleidenschaft für Automobile, vor allem alles, was Bugatti hieß, zum Verhängnis. Für horrende Summen wurde die größte Bugatti-Kollektion der Welt zusammengestellt, dafür Löhne und Gehälter des Unternehmens eingefroren und jeder verfügbare Franc in die ständige Erweiterung des Museums gesteckt. Im Oktober 1976 führten Arbeitsniederlegungen, Demonstrationen und die Belagerung der Schlumpf-Villa in Malmersbach zum Zu-

Schleuse am Canal du Rhône au Rhin.

Donnerstag geschlossen. Spezialitäten: In diesem rustikalen Kleinod abseits der großen Route können wir hervorragend zubereitete Wildgerichte, darunter die Frischlings-Terrine vom Wildschwein mit Salat und reichlichen Gemüsebeilagen genießen, außerdem Karpfen in allen Variationen. Zufahrt: Altkirch, Wittersdorf, unser Radweg, weiter dann Tagsdorf (D419), Heiwiller (D19) nach Wahlbach (5km).

Einkehr: *Mulhouse:* • Le Retro – Buffet de la Gare; 14, Avenue de General Leclerc; Tel. 89561645; im August Samstag und Sonntag geschlossen. Hier speisen Sie in einem Bahnhofsrestaurant ganz besonderer Art. • Turm de l'Europe; 3, Bd. de l'Europe; Tel. 89451214. Wenn man die Stadt und Umgebung von oben sehen will, sitzt man hier in bester Aussichtslage. Das Restaurant dreht sich und Sie drehen sich mit ihm um seine Achse, der Aussicht wegen.

Sehens- und Wissenswertes: *Mulhouse:*
• Stoffdruck-Museum; 3, Rue de Bonnes Gens am Canal du Rhône au Rhin gelegen. Tel. 89455120; tägl. außer Dienstag 10–12 und 14–18 Uhr. • Musée National de l'Automobile Mulhouse; 68100 Mulhouse; Tel. 89422917; geöffnet tägl. (außer Dienstag) von 10–18 Uhr, 25.12. und 1.1. geschlossen, Mai bis September auch Dienstag geöffnet. • Musée Français du Chemin de Fer/Eisenbahn-Museum; 2, Rue Alfred de Glehn; 68200 Mulhouse; Tel. 89422567; von April bis September tägl. 9–18 Uhr, von Oktober bis März 9–17 Uhr. Für Eisenbahn-Freunde ein absolutes Muß. Man kann hier die älteste Dampflok aus dem Jahr 1844 mit holzverkleidetem Zylinder und den Luxuszug Sézanne von 1847, der sogar mit Ölheizung ausgestattet ist, bewundern. • Dem Eisenbahnmuseum ist ein Feuerwehr-Museum angeschlossen: Musée Historique; im Rathaus; von Oktober bis Mai tägl. außer Dienstag 10–12 Uhr und 14–17 Uhr, 15.6.–30.9. 10–12 und 14–18 Uhr. Außerdem Donnerstag 20.30–22.30 Uhr! Der Archäologie und Volkskunde der Region gewidmet. • Stoffdruck-Museum (Technologie des Stoffdrucks, Mustersammlung); 3, Rue de Bonnes Gens, am Canal du Rhône au Rhin gelegen. Tel. 89455120; tägl. außer Dienstag 10–12 und 14–18 Uhr.

Auskunft: • *Mulhouse:* Office du Tourisme; 9, Avenue Foch; 68100 Mulhouse; Tel. 89456831; Oktober bis Juni Montag bis Freitag 9–12 und 14–19 Uhr, Samstag 9–12 und 14–18 Uhr, von Juli bis September Montag bis Samstag 9–20 Uhr und Sonntag 10–15 Uhr.

Karten: 3615 IGN – Série Verte Nr. 31, 1:100000; bzw. Cartes des Vosges – Club Vosgien, Sundgau, 1:50000.

Allgemeine Radkunde

Von Rudolf von Bitter

Das richtige Rad

Das richtige Rad zu den vorgestellten Touren oder die richtige Tour für Ihr Rad? Selbstverständlich kann jeder mit dem Rad fahren, mit dem er gerne fahren möchte. Unter dem Stichwort »Tourencharakter« finden Sie Angaben über den Schwierigkeitsgrad der jeweiligen Radtour.

Rennräder oder **Rennmaschinen** sind ausgelegt für Fahrten auf Asphalt, nicht für Feldwege und Kiesstraßen. Für Feld- oder Wirtschaftswege sind breitere Reifen und robustere Rahmen als bei Rennrädern üblich empfehlenswert. Wer trotzdem mit dem Rennrad fahren will, macht sich auf der Karte kundig, wie er Feld- und Waldwege auf befestigten Straßen umgehen kann.

Ein **Mountainbike** empfiehlt sich für Radtouren durchs Gebirge. Die Zahnkränze und Kettenblätter sind für extreme Steigungen gedacht. Grundsätzlich kann man mit einem Mountainbike alle Touren bewältigen.

Ein **Touren- oder Trekkingrad** ist am besten geeignet für Touren, die teils über befestigte Straßen, teils über Feld- und Waldwege führen. Die breiteren Reifen und die robuste Ausstattung bei Felgen und Speichen erlauben es, auch auf holprigen Wegen zu fahren, die Gangschaltung mit ihren Mehrfach-Kettenblättern und -Zahnkränzen ermöglicht schnelles, bequemes Fahren auf Straßen und erleichtert das Bewältigen von Steigungen. Das Tourenrad verfügt (genauso wie das Mountainbike) über einen stabilen, aber nicht zu schweren Rahmen, der auch mit etwas mehr Gepäck nicht ins Schlingern kommt.

Beim **Kauf eines Fahrrads** sollte man sich überlegen, daß ein Fahrradfachhändler auch Servicearbeiten ausführt, wobei er seine Stammkunden in der Regel bevorzugt. Außerdem wird er die richtige Rahmenhöhe und -länge bestimmen.

Wichtig ist, die **richtigen Bremsen** am Fahrrad zu haben: Rücktrittbremse und die heutzutage handelsüblichen Cantilever-Bremsen bringen das Rad auch bei Regen zum Stehen, was man von alten Felgenbremsen nicht immer sagen kann.

Pflege und Reparaturen

Robuste Fahrräder benötigen nicht allzuviel Pflege. Wer sein Fahrrad nicht ständig benutzt und dabei darauf achtet, daß die Bremsen wirken und das Licht funktioniert, sollte beides hin und wieder kontrollieren. Genauso sollte man regelmäßig nachsehen, ob die Reifen nicht spröde werden. Man sieht das an feinen Rissen, vor allem, nach-

dem das Rad unaufgepumpt herumgestanden hat. Man sollte dafür sorgen, daß die Schalt- und Bremszüge sowie die Mechanismen von Schaltung und Bremsen geschmiert sind und die Laufräder sich frei und ungehindert drehen. Mit einer gut geölten Kette und fest aufgepumpten Reifen hat man dann viel Freude am Fahrrad. Falls unterwegs doch eine Panne passiert, kann man sich oft selbst helfen. Im folgenden werden ein paar Handgriffe erläutert.

Das richtige Fahrrad – richtig eingestellt
Am **Sattel** lassen sich Höhe und Neigung regulieren. Je nach Modell verstellt man die Neigung unter der Sitzfläche mit einem Inbusschlüssel oder mit einem Gabelschlüssel. Die Höhe wird mit dem Klemmbolzen am oberen Rand der Sattelmuffe eingestellt. Entweder mit dem Schnellspannhebel oder einem passenden Gabel- oder Inbusschlüssel die Sattelstütze lockern und den Sattel nach oben oder unten bewegen. Die Höhe des Sattels stimmt, wenn die Ferse bei durchgestrecktem Bein auf dem Pedal ruht (das testet man, indem man sich an eine Wand stützt).

Auch der **Lenker** ist verstellbar. Als Faustregel gilt: Zwei Drittel des Körpergewichts trägt der Sattel, ein Drittel der Lenker. Sonst werden entweder die Arme schnell müde vom Abstützen oder man muß auch bei geringen Steigungen aus dem Sattel. Den Klemmbolzen des Lenkers mit Inbus- oder Gabelschlüssel lockern (vier Umdrehungen genügen oft), das Rad vorne hochheben, mit dem Hammer zur Lockerung der Klemmbolzenkeile auf den Klemmbolzen klopfen, Lenker so weit herausziehen oder hineindrücken wie nötig.

Für asphaltierte Straßen sind schmalere **Reifentypen** empfehlenswert, weil der Rollwiderstand geringer ist. Breitere Reifen sind geländegängiger und dämpfen Fahrbahnunebenheiten besser.

Werkzeug und Ersatzteile
Luftpumpe, Flickzeug mit Ersatzventil, 3 Reifen- oder Mantelheber und diverse Gabelschlüssel (auf die Größe achten) für die Räder – wenn sie nicht mit dem handlichen Schnellspannhebel ausgerüstet sind – oder einen Schlüssel für verschiedene Mutterngrößen (einen sogenannten »Knochen«) braucht man für alle Fälle. Schraubendreher, ein Speichenschlüssel, eine Kombizange und Inbusschlüssel machen das Werkzeug komplett.

Auf alle Fälle ist es praktisch, ein paar **Ersatzteile** mitzuführen, die weder schwer noch sperrig sind: Schlauch, Ersatzventil (»Blitzventile« machen das Pumpen leichter), Bremsklotz, Brems- und Schaltzug, Erste-Hilfe-Speichen mit Speichenspanner, Taschenlampe.

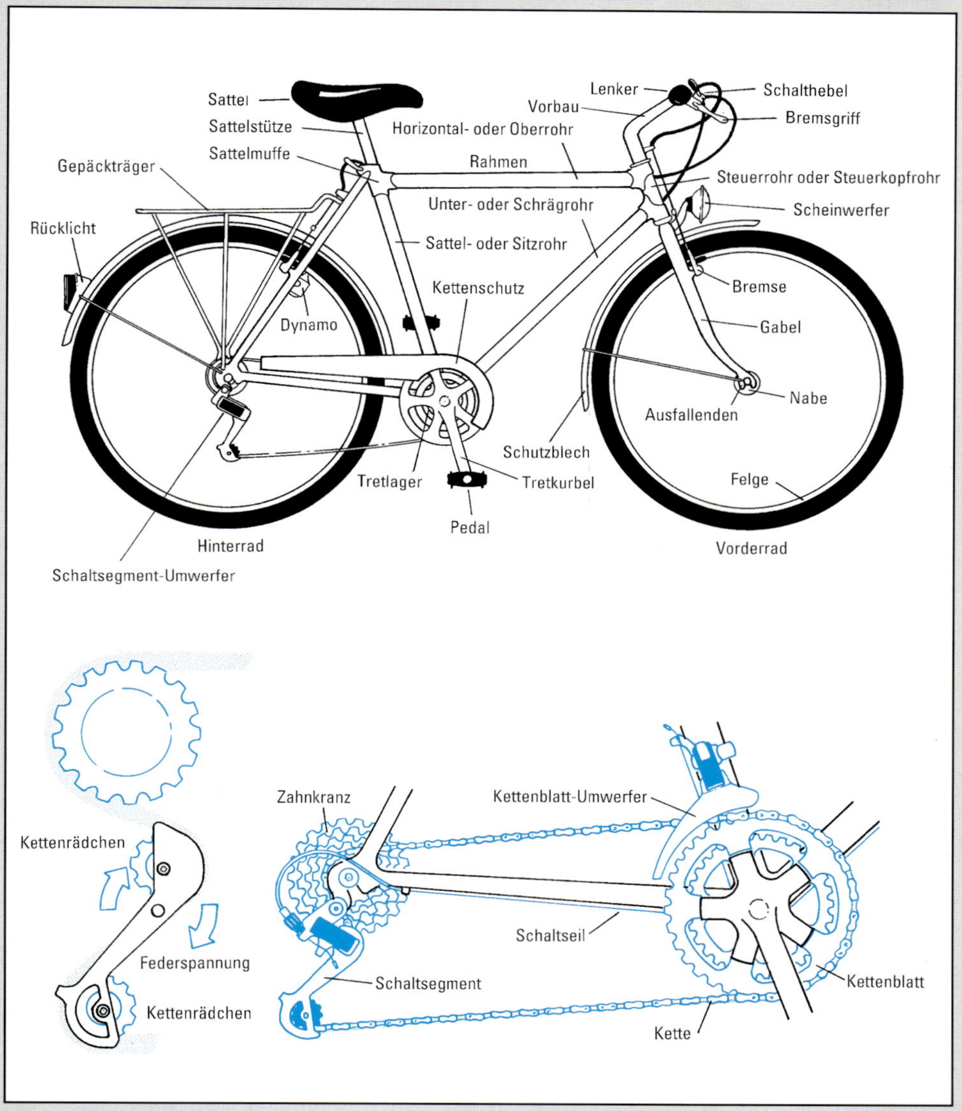

Das Fahrrad und seine Bestandteile.

Ein platter Reifen

Ein platter Reifen kommt häufiger vor, wenn Schlauch und Mantel schon etwas älter sind. Zur Vorsorge sollte man vermeiden, über spitze Gegenstände zu fahren. Auf den Landstraßen fliegen alle kleinen Glassplitter und Eisenteile an den Straßenrand – fahren Sie also mit einem halben Meter Abstand vom Bordstein. Damit bringen Sie die Autofahrer auch weniger in Versuchung, Sie auf engen Landstraßen trotz Gegenverkehr zu überholen.

Wenn der Reifen platt ist: *Zuerst* nachsehen, ob das Ventil nicht lose ist. Bildet sich bei aufgepumptem Reifen eine Blase am Ventil, nachdem man es (mit Spucke) angefeuchtet hat, sollte man den Ventilschlauch (oder das Ventil) auswechseln. Bleibt der Reifen platt, stellt man das Fahrrad auf den Kopf und sucht bei erneut aufgepumptem

Reifen nach der undichten Stelle. Haben Sie die schadhafte Stelle gefunden, markieren Sie sie. Dann hebeln Sie den Reifen aus der Felge, wie im nächsten Absatz beschrieben. Zupfen Sie das Stück Schlauch, in dem das Loch ist, heraus und flicken Sie das Loch wie beschrieben. Ist die Stelle nicht zu finden, muß das Rad abmontiert werden.

Rad abmontieren

Bevor Sie anfangen, suchen Sie sich eine Stelle aus, an der Sie auch die Muttern und Schrauben wiederfinden, die sonst wegkullern. Legen Sie abmontierte Kleinteile in die Haube der Klingel oder in eine Mütze. Lösen Sie erst die Felgenbremse, stellen Sie dann das Fahrrad auf den Kopf. Zur Schonung der Bremsgriffe kann man Badezeug oder Regenjacke unter den Lenker legen.

Vorderrad: Moderne Räder haben einen Schnellspanner mit einem Hebel, den man nur umzulegen braucht, und schon kann man das Rad aus seiner Halterung nehmen. Bei älteren Rädern muß man beidseitig die dicke Mutter lösen (nicht abschrauben; Schlüssel in der richtigen Größe einpacken), um das Rad abzunehmen.

Hinterrad: Wie beim Vorderrad Hebel umlegen oder Muttern lösen. Bei Kettengangschaltung schaltet man zuerst die Kette auf das kleinste Ritzel, dann biegt man den Kettenstraffer nach vorn, so daß man genügend Spiel hat, die Kette vom Zahnkranz abzuheben und so über die Achse zur Seite zu schieben, daß das Rad abgenommen werden kann. Bei Nabenschaltung muß man die Kette über das Ritzel drücken, um die Kette hinten von der Achse lösen zu können.

Haben wir das Rad lose in der Hand, pumpen wir es ein bißchen auf. Mit dem Mantel- oder Reifenheber fahren wir vorsichtig unter den **Mantel** *(Reifendecke)* und hebeln ihn über den Felgenrand. Mantelheber haben meistens eine Öse, mit der man sie an einer Speiche einhängen kann. Mit dem zweiten Mantelheber wiederholen wir dasselbe 10 cm weiter, dasselbe mit dem dritten Mantelheber. Den mittleren Mantelheber können wir jetzt abnehmen und wieder ein Stückchen weiter die Reifendecke über den Felgenrand heben – bis sich der Mantel auf der einen Seite lockert und von Hand von der Felge zu ziehen ist.

Jetzt können wir den Schlauch unter dem Mantel hervorschieben und -ziehen, bis er nur noch am Ventil in der Felge hängt. Ventil abschrauben und den Schlauch abnehmen. Ventil wieder aufsetzen, aufpumpen und nach dem Loch suchen. Feine Löcher findet man nicht so schnell mit bloßem Auge. Den Luftzug der entweichenden Luft spürt man am besten, wenn man den Schlauch nahe an das eigene Auge hält. Mit einem feuchten Handrücken kann man ebenfalls den Luftzug erfühlen. Schneller geht es in einer Schüssel Wasser, die in der Natur allerdings nicht zur Hand ist. Aber vielleicht ist in der Nähe ein

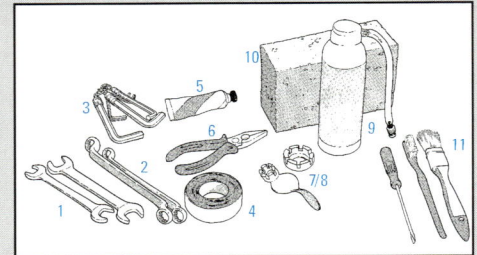

Werkzeug zur Pflege des Fahrrades.

1 Gabelschlüssel	7/8 Speichenschlüssel
2 Rundschlüssel	9 Reifenflickspray
3 Inbusschlüssel	10 Schwamm
4 Reifen-Klebeband	11 Alte Pinsel und
5 Reifenkitt	Zahnbürsten
6 Kombizange	

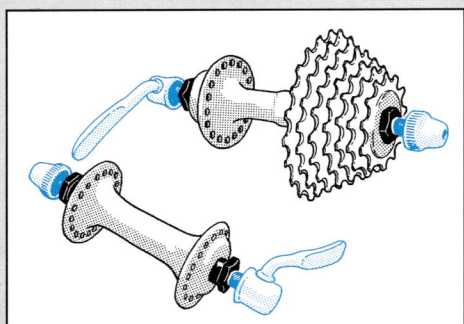

Vorderradnabe und Hinterradnabe mit Siebenfachzahnkranz, jeweils mit Schnellspannvorrichtung.

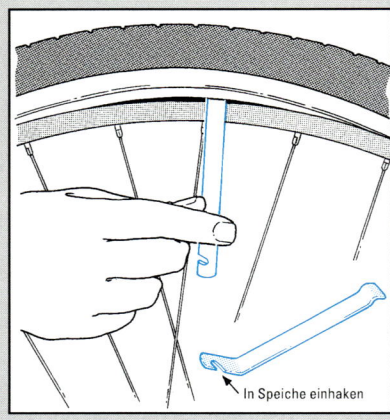

In Speiche einhaken

Einsatz des Mantel- oder Reifenhebers.

Bach, ein Teich oder eine tiefe Pfütze. Das Loch verrät sich durch Luftblasen.

Um das Loch herum den Schlauch leicht aufrauhen (beim Flickzeug gibt es dafür ein durchlöchertes Blechstück oder Sandpapier), Gummierlösung dünn auftragen, warten, bis die Lösung grifftrocken ist, Flicken vom Schutzpapier abziehen, auflegen und festdrücken. Schlauch wieder einlegen (beim Ventil anfangen) und unter den Mantel schieben, leicht aufpumpen, damit er schön gerade liegt, und den Mantel wieder auf die Felge drücken. Wenn es nicht anders geht, wieder mit dem Mantelheber. Vorsicht: dabei nicht neue Löcher in den Schlauch quetschen! Reifen aufpumpen. Wenn Sie noch Pause machen wollen, lassen Sie das Rad solange abmontiert – falls es nicht geklappt hat, müssen Sie nicht noch mal von vorne anfangen.

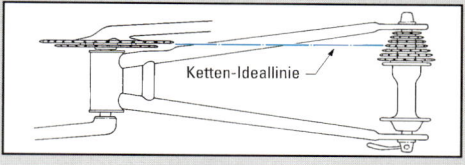

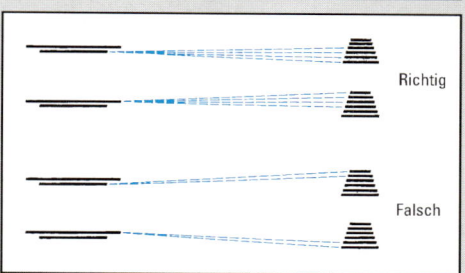

Richtige und falsche Art der Schaltung (Kettenlinie).

Eine Bremse versagt

Bei Nässe ist der Bremsweg länger als bei Trockenheit! Abgenützte Bremsklötze daher rechtzeitig ersetzen. Dabei soll die offene Seite des Bremsklotzhalters nach hinten weisen, damit der Klotz nicht bei der ersten Bremsung herausrutscht.

Ist der Bremsweg immer noch zu lang, stellen Sie die Bremse nach. Drücken Sie die beiden Bremsbacken so zusammen, daß noch 3 mm Abstand zur Felge bestehen, damit die Bremsen nicht zu hart greifen. Dann die beiden Muttern der Nachstellvorrichtung am Seilzug so drehen, daß die Bremsbacken sich allein da halten, wo Sie sie zuerst hingedrückt haben. Da die Bremssysteme je nach Fabrikat verschieden sind, sollte sich jeder sein eigenes Fahrrad-Bremssystem ansehen.

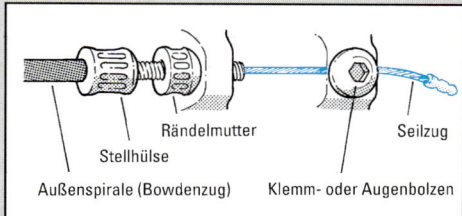

    Rändelmutter   Seilzug

Stellhülse

Außenspirale (Bowdenzug)   Klemm- oder Augenbolzen

Nachstellen des Seilzuges.

Die Kette

Eine verdreckte oder angerostete Kette ist starr und kostet unnötig viel Kraft. Regelmäßiges Schmieren oder Ölen beugt vor. Ein Bad in Petroleum (die Kette vom Zahnkranz in eine Schale mit Petroleum hängen lassen, wenn Sie nicht montieren wollen) löst den Dreck. Mit einer alten Zahnbürste säubern. Anschließend mit Kettenfett Glied für Glied behandeln.

Bevor Sie losfahren, vergewissern Sie sich, daß die Kette die **richtige Spannung** hat. Bei einer Kettengangschaltung überprüft man das nach folgenden Kriterien: Hängt die Kette vorne auf dem kleinen Kettenblatt und hinten auf dem kleinsten Ritzel, soll sie nicht durchhängen. Hängt die Kette auf dem jeweils größten Kettenblatt und größten Ritzel, soll sie trotzdem noch S-förmig durch den Schaltarm mit seinen beiden Kettenrädchen verlaufen, um ihn nicht zu überdehnen. In diesen Positionen sollten Sie nie fahren!

Schaltung

Die Größe der Kettenblätter und die Abstufung des Zahnkranzes mißt sich nach der Anzahl der Zähne. Die **Übersetzung** ist um so größer, je größer der Unterschied zwischen Kettenblatt und Ritzel des Zahnkranzes in Zähnen ist. Das heißt, pro Tretkurbelumdrehung ist der zurückgelegte Weg am größten, wenn die Kette auf dem größten Kettenblatt vorne und auf dem kleinsten Ritzel am Hinterrad liegt. Die vielen Gänge, die ein Rad hat, differenzieren die Übersetzung zumeist zu einer kleinen Übersetzung hin und erleichtern so das Bergauffahren.

Wenn Sie extreme Bergtouren vorhaben, können Sie das kleinere Kettenblatt austauschen und eines mit weniger Zähnen einsetzen. Anhand der Zeichnung sehen Sie, wie Sie nicht schalten sollten: größtes bzw. kleinstes Kettenblatt und größtes bzw. kleinstes Ritzel soll man nicht kombinieren. Solche »Extrem«-Schaltungen verursachen Reibungswiderstände und überbeanspruchen dadurch das Material.

Mit dem **Kettenblatt-Umwerfer** bewegen Sie die Kette von einem Kettenblatt zum anderen. Wenn Sie nur noch das mittlere und ein äußeres Kettenblatt erreichen oder die Kette am Umwerfer schleift, müssen Sie nachjustieren. Der Umwerfer soll hoch genug angebracht sein, damit er nicht das große Kettenblatt berührt.

Mit dem Schaltarm am hinteren Schaltwerk transportieren Sie die Kette über die Ritzel unabhängig von der Stellung der Kette auf den Kettenblättern.

Das Licht fällt aus

Als Lichtanlage haben die Hersteller alle möglichen Konstruktionen entwickelt. Das Prinzip ist immer dasselbe: Der Dynamo stellt den Strom her, der über Kabel zum Glühbirnchen geleitet wird. Ein Massekabel entfällt, dazu ist der Rahmen da. Als erstes nach der **Glühbirne** sehen. Bleibt es trotz intakter Birne dunkel, die **Kabelverbindungen** im Lampengehäuse und am Dynamo überprüfen (Wackelkontakt? Kann man mit einer Batterie prüfen). Leuchtet das Licht, liegt es am Dynamo, leuchtet es nicht, liegt es an den Kabeln, die man überprüfen und notfalls ersetzen muß. Hat der **Dynamo** genügend Reibung am Reifen? Eventuell befestigen. Ein lockerer Dynamo kann außerdem in die Speichen fallen und einen Unfall verursachen.

Wenn das alles nichts nützt, und Sie stehen bei Dunkelheit am Straßenrand, dann lassen Sie Ihre Tourenbegleiter mit funktionierendem Licht vor und hinter sich fahren. Besonders für den nachkommenden Verkehr ist es wichtig, daß Sie **von hinten gesehen werden**. Sind Sie allein und ohne Taschenlampe, mit der Sie nach hinten leuchten können, dann weichen Sie nach Möglichkeit auf den Gehsteig aus.

Fahrtechniken

Der **Fußballen** liegt über der Pedalachse. Daß Sie beim Heruntertreten des Pedals die meiste Kraft aufwenden und beim Steigen des Pedals die geringste, ist klar. Rennradler haben mit Rennhaken und Pedalklammer die Möglichkeit, das Pedal aufwärts zu ziehen und nach vorn zu schieben. Normale Radler können sich von den Rennradlern immerhin abschauen, wie sie das Pedal unten nach hinten drücken und dazu den Fuß mit der Spitze abwärts kippen (»runder Tritt«).

Wiegetritt nennt man die Technik, bei Steigungen, die trotz kleinen Gangs nicht mehr zu schaffen sind, aus dem Sattel aufzustehen und das jeweils obere Pedal mit dem Körpergewicht und Zug am Lenker nach unten zu stemmen.

Ein weiteres Detail der Fahrtechnik ist die **Auswahl der Übersetzung**. Die Gänge sind vor allem dazu da, den Bewegungsablauf gleichmäßig zu halten. Zu kleine Übersetzung bekommt der Muskulatur genauso wenig wie zu große Übersetzung. »Weiches Pedalieren« ist der schöne Ausdruck für diesen Vorgang.

Aus mechanischen Gründen soll man **nicht in Extremschaltungen** fahren, also kleines Kettenblatt und kleinstes Ritzel am Zahnkranz oder

großes Kettenblatt und größtes Ritzel kombinieren. Die Kette liegt dann schräg und produziert anstrengende Reibungswiderstände. Ideal ist es, wenn die Kette gerade verläuft.

Bremsen sollte man stets gleichzeitig hinten und vorne. Besonders bei Bergabfahrten kann zu abruptes Bremsen zu Stürzen führen. Ebenso sollte man schon vor und nicht erst in einer Kurve bremsen, weil man in der Kurve das Gleichgewicht verlieren kann. Bei Nässe gilt dies erst recht. Nehmen Sie in Kurven das innere Pedal nach oben – wenn in der Kurve ein Pedal den Boden berührt, berührt der ganze Radler den Boden.

Gepäck/Zubehör

Praktisch ist die traditionelle **Hinterradtasche** auf dem Gepäckträger über dem Hinterrad. Diese Tasche kann man als Doppeltasche oder als Einzeltasche erhalten. Auf jeden Fall sollte die Innenseite (zum Rad hin) verstärkt sein, damit es keine Ausbeulungen gibt, die die Fahrt behindern. Zugleich sollte die Tasche nicht zu weit vorn hängen, weil sie sonst die Fersen stört.

Für die Karte ist die kleine **Lenkertasche** nützlich. Genausogut können Sie aber auch vorne einen Gepäckträger anbringen (lassen) und einen **Korb** darauf befestigen, in den Sie Karte, Führer, Flasche, Pullover, Badezeug und was sonst schnell zur Hand sein soll, hineinlegen. Bei viel Gepäck ist ein **Doppelständer** sinnvoll. Luftpumpe und Trinkflasche im Trinkflaschenhalter haben ihren festen Platz am Sattel- oder am Unterrohr.

Schutz vor Diebstahl: Am sichersten ist das massive Bügelschloß aus Stahl, aber das wiegt auch viel. Spiralkabel mit eigener Halterung unter dem Sattel sind praktisch, man muß lediglich die Zugkraft der Spirale überwinden. Um das Vorderrad zu sichern, kann man es abnehmen und an das Hinterrad schließen. Auf alle Fälle ist es gut, sein Rad an einen Laternenpfahl oder etwas Ähnliches anzuschließen.

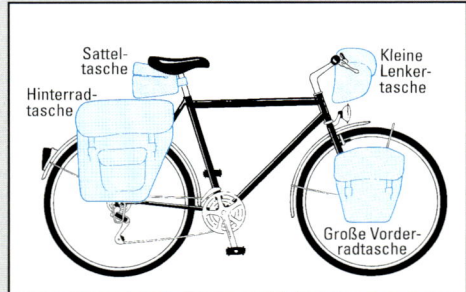

Das bepackte Fahrrad mit Gepäckstücken zur Auswahl.

Anhang

Überregionale Fremdenverkehrsämter für das Elsaß

• *Französisches Fremdenverkehrsamt;* Kaiserstraße 12; 60311 Frankfurt am Main;
Tel. (069) 7405 51.
• *Für das Unterelsaß:* Office Departemental du Tourisme du Bas-Rhin; Maison du Tourisme; 9, Rue du Dôme; 67000 Strasbourg;
Tel. (0033) 882201 02.
• *Für das Oberelsaß:* Association Départementale du Tourisme du Haut-Rhin; 68006 Colmar;
Tel. (0033) 89232111.

Literaturverzeichnis

Anhäuser, Uwe: Elsaß, DuMont – Richtig Reisen, Köln 1986
Beckmann, Dagmar/Strauch, Ulrike: Elsaß, Reihe Anders Reisen, Rowohlt, Reinbek bei Hamburg 1989
dtv MERIAN Reiseführer, Elsaß, München 1984
Ebert, Karlheinz: Das Elsaß, DuMont Kunst-Reiseführer, Köln 1979
Egen, Jean: Die Linden von Lautenbach, Rowohlt Taschenbuch-Verlag, Reinbek bei Hamburg, 1986
Egen, Jean: Les tilleuls de Lautenbach, Editions Stock 1979
HB-Bildatlas Elsaß, HB-Verlag, Hamburg 1992
Hotz, Walter: Handbuch der Kunstdenkmäler im Elsaß und in Lothringen, *Deutscher Kunstverlag,* München–Berlin 1976
Mathäß, Jürgen: Elsässer Restaurants – Die 100 Besten, Meininger-Verlag, Neustadt an der Weinstraße 1990
Michelin Reiseführer, Elsaß, Vogesen, Champagne, Karlsruhe 1990
Morley, Alain: L'Alsace à vélo, DNA-Taschenbücher Strasbourg 1994
Moser, Bruno: Bilder, Zeichen und Gebärden – Die Welt der Symbole, Südwest-Verlag, München, 1986
Parc Naturel Régional des Vosges du Nord, Les Châteaux Forts, Wingen-sur-Moder, 1980
Pays Rural, Publication des Amis de la Maison Rurale de l'Outre-Forêt, Kutzenhausen 1994
Reinhardt, Hans: Das Straßburger Münster, Lescuyer, Lyon
Riedl, Josef Ernst: Wanderungen im Elsaß, Bruckmann-Verlag, München 1993
Schutz, André: Bitche und sein Umland, Bonechi-Verlag, Florenz 1992
Siebeck, Wolfgang: Die Weinstuben des Elsaß, Heyne-Verlag, München 1991
Staub, Alain: Quer durch das Elsaß, Collection Kaléidoscope d'Alsace, Verlag Dernières Nouvelles d'Alsace, Strasbourg 1984
Staub, Alain: Routes romanes en Alsace, Collection Kaléidoscope d'Alsace, Verlag Dernières Nouvelles d'Alsace, Strasbourg 1987
Sturm, Michèle: Bauern- und Berggasthöfe in den Vogesen, DNA-Taschenführer, Strasbourg 1989

Glossar

Anguille
  Aal
Asperges
  Spargel
Baeckaoffa/Baeckeoffe
  Eintopf mit Gemüse,
  Schweinefleisch
Ballotine de Canard
  Ententerrine
  Hammelschulter, Rinderbrust
Beraweka
  Früchtebrot
Bœuf Bourguignon/
  Bœuf à la mode
  in Rotwein geschmortes
  Rindfleisch
Boudin
  Blutwurst

Brochet au Four
  Hecht gedünstet
Brochet
  Hecht
Brochette
  Fleischspieß
Caille
  Wachtel
Canard nantais
  junge Mastente
Carottes glacées
  glasierte Karotten
Carpe farcie
  gefüllter Karpfen
Carré d'agneau
  Lammkarree
Cassoulet
  überbackener Fleischtopf
  mit weißen Bohnen

Cerf
  Hirsch
Charcuterie fine
  Wurstplatte
Châteaubriand
  Rinderfilet, im ganzen
  gebraten mit Sauce Bernaise
Choucroute garnie à
  l'Alsacienne
  Sauerkraut mit verschiedenen Fleisch- und Wurstsorten
Choucroute Royale
  besonders üppig
Choux de Bruxelles
  Rosenkohl
Civet de lièvre
  Hasenpfeffer
Coq au Riesling
  Huhn in Rieslingsauce

Coquilles
  Muscheln
Coquilles St. Jacques
  Jakobsmuscheln
Côte d'agneau
  Lammrücken
Côte de porc
  Schweinerücken
Coupe glacée
  Eisbecher
Courgettes
  Zucchini
Crêpes
  kleine hauchdünne Pfann-
  kuchen
Crudités assorties
  verschiedene Rohkost-
  salate
Cuisses de grenouilles
  Froschschenkel
Dindon
  Truthahn
Écrevisses
  Krebse
Épinards
  Spinat
Escalope de veau à la crème
  Kalbsrahmschnitzel
Escargots
  Weinbergschnecken
Faisan à l'Alsacienne
  Fasan auf Sauerkraut
Faisan aux navets convits
  Fasan mit eingemachten
  weißen Rüben
Fenouil
  Fenchel
Feuilleté d'asperges
  Spargel in Blätterteig
Filets de sole
  Seezungenfilet
Flammekuche
  Flammkuchen – dünner
  Hefeteig, belegt mit Zwie-
  beln, Speck und Crème
  fraiche
Foie gras d'oie en brioche
  Gänseleber in Briocheteig
Foie gras frais
  frische Gänseleber
Frischkas, Siaskas
  Frischkäse mit Zucker und
  Kirschwasser
Gâteau aux marrons
  Eßkastanien-Kuchen
Gigot d'agneau
  Lammkeule
Gratin de langouste
  Langusten überbacken
Haricots verts
  grüne Bohnen

Huîtres
  Austern
Jambon braisé
  Schinken im Ofen gebacken,
  mit Wein übergossen
Knipperle
  leichter Tischwein
Kugelhopf
  Hefekuchen (Gugelhupf)
Langoustines grillées
  gegrillte Langusten
Laperau oder Lapin
  Kaninchen
Le bœuf qui rit
  Sauerbraten
Lotte
  Seeteufel (keine Gräte, nur
  Mittelknorpel)
Loup de mer au gros sel
  Wolfsbarsch in Salzkruste
  (selten, da Mittelmeerfisch)
Marcassin
  Frischling (junges Wild-
  schwein)
Matelote au Riesling
  Fischragout in Riesling-
  sauce
Matelote
  Fischragout
Medaillon de veau
  Kalbsmedaillon
Merlan
  Mittelmeerfisch (Wittling)
Morilles
  Morcheln
Moules
  Miesmuscheln
Noisettes de chevreuil
  Rehnüßchen
Oie rôtie
  gebratene Gans
Oignon
  Zwiebel
Pâté en croûte
  Pastete im Teigmantel
Pêches flambées
  Flambierte Pfirsiche
Petits pois
  junge Erbsen
Pied de porc à la moutarde
  Schweinsfuß in Senfsauce
Pigeon
  Taube
Poire belle Hélène
  Birne Helene
Poitrine de veau farcie
  gefüllte Kalbsbrust
Pommes natures
  Salzkartoffeln
Porc
  Schwein

Porcelet dans le four
  Spanferkel im Ofen
  gebacken
Pot-au-feu
  Rindfleischeintopf
Potée lorraine
  Lothringischer Fleischtopf
Poularde aux morilles
  Masthühnchen mit
  Morcheln
Poulet sauté à la crème
  Hühnchen in Sahnesauce
Poussin de la Wantzenau
  Stubenküken
Quenelles de brochet
  Hechtklößchen
Quiche Lorraine
  Mürbeteig, belegt mit
  Schinkenspeck, Käse
  und Ei
Râble de lièvre
  Hasenrücken
Raie
  Rochen
Ris de veau aux morilles
  Kalbsbries mit Morcheln
Rognons au pinot noir
  Nieren in Rotweinsauce
Salade de laperau en
  vinaigrette
  Kaninchensalat in
  Vinaigrette
Sandre aux nouilles
  Zander mit Nudeln
Sandre farcie
  gefüllter Zander
Sanglier
  Wildschwein
Saucisse
  Wurst
Saumon frais soufflé
  Auflauf von frischem Lachs
Saumon fumé
  geräucherter Lachs
Saumon grillé
  gegrillter, frischer Lachs
Schiffala
  geräucherte Schweine-
  schulter
Sorbet
  Halbgefrorenes
Soupe à l'oignon
  Zwiebelsuppe
Soupe aux poissons
  Fischsuppe
Steak à point
  Steak medium
Steak bien cuit
  Steak gut durchgebraten
Tarte à l'oignon
  Zwiebelkuchen

Tarte alsacienne
  Obsttorte mit Vanillecreme
Tarte au fromage
  Käsekuchen
Tarte aux fraises des bois ou
  aux myrtilles
  flacher Kuchen mit Wald-
  erdbeeren oder Heidel-
  beeren
Tarte flambée
  Flammekueche/Flamm-
  kuchen
Terrine de volaille
  Geflügelterrine

Tête de veau en vinaigrette
  gekochter Kalbskopf mit
  Vinaigrette
Tourte de la vallée du vigneron
  mit Fleischbrät gefüllte
  Blätterteigrolle
Tourte
  Fleischtorte, -pastete
Tripes au pinot gris
  Kutteln in Grauburgunder-
  sauce
Truite à l'oseille
  Forelle in Sauerampfer-
  sauce

Truite au bleu
  Forelle blau
Truite belle meunière aux
  amandes
  Forelle Müllerin mit
  Mandeln
Truite fumée
  geräucherte Forelle
Turbot
  Steinbutt
Turbotin
  Babysteinbutt (edelste,
  teuerste Meeres-Knochen-
  fische)

Ortsregister